游白鹿洞歌

何年白鹿洞傍五老

五老去天不盈尺人俯窥

烟空金我欲揽秀色

芙蓉峰玉石扇用

绿鬓裹玉女如相逢风

萬壑鴻鳴崖傅樹杪

洞門之孫石文松子株

LUSHAN LIDAI SHIKE YANJIU

庐山历代石刻研究

刘　阳 ◎著

江西人民出版社
Jiangxi People's Publishing House
全 国 百 佳 出 版 社

图书在版编目（CIP）数据

庐山历代石刻研究 / 刘阳著 . -- 南昌：江西人民出版社，
2019.9

　ISBN 978-7-210-11434-5

　Ⅰ . ①庐… Ⅱ . ①刘… Ⅲ . ①庐山—石刻—文化研究 Ⅳ .
① K877.404

　中国版本图书馆 CIP 数据核字 (2019) 第 139611 号

庐山历代石刻研究

刘　阳◎著

责任编辑：吴艺文
审读专家：胡迎建
封面设计：同异文化传媒
出　　版：江西人民出版社
发　　行：各地新华书店
地　　址：江西省南昌市三经路 47 号附 1 号（邮编：330006）
编辑部电话：0791—86898470
发行部电话：0791—86898893
网　　址：www.jxpph.com
2019 年 9 月第 1 版　2019 年 9 月第 1 次印刷
开　　本：880 毫米 × 1230 毫米　1/32
印　　张：12
字　　数：288 千
ISBN 978-7-210-11434-5
赣版权登字—01—2019—345
定　　价：48.00 元
承印厂：南昌市红星印刷有限公司
赣人版图书凡属印刷、装订错误，请随时向承印厂调换

（图左）苏轼书壁佩琳琅摩崖石刻拓片　（150cm X 50cm）
　　　　现存于栖贤谷白鹤观后山瀑布西崖壁上

（图右）颜真卿书大唐中兴颂有序碑刻拓片（290cm X 300cm）
　　　　现存于秀峰读书台下

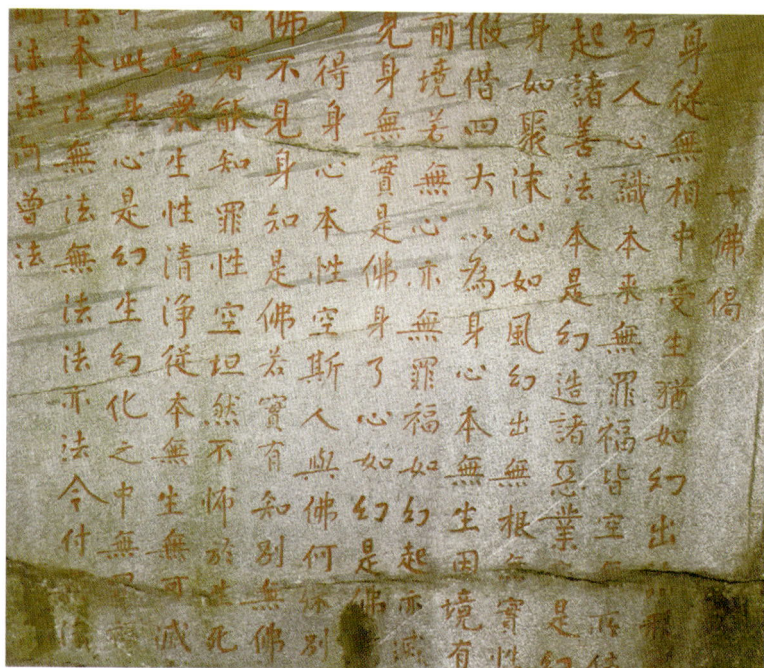

黄庭坚书"七佛偈"摩崖石刻 （240cm X 250cm）
现存于秀峰读书台下崖壁上

朱熹书"归去来馆"摩崖石刻拓片 （70cm×120cm）
现存于温泉镇栗里、虎爪崖下醉石侧面

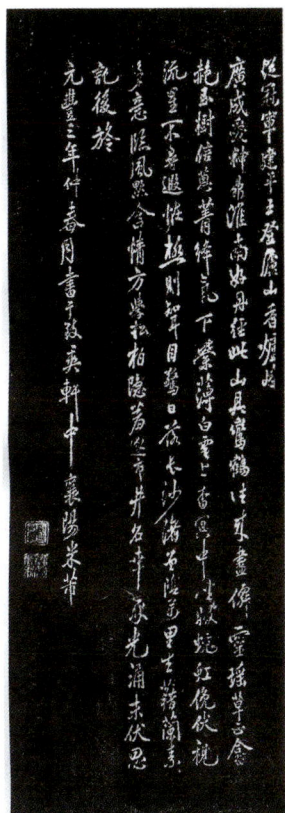

康熙摹米芾书江淹诗拓片
（180cm×62cm）
现存于秀峰读书台上

康熙书"秀峰寺"碑刻（300cm×100cm）
现存于秀峰景区内

赵孟頫书白居易《庐山草堂记》碑刻（只存拓本）

朱熹"枕流"题识（80cm X 100cm）
现存于白鹿洞书院枕流桥下砥石上

米芾龙潭题识（200cm X 80cm）
现存于秀峰龙潭右侧崖壁上

王阳明记功碑摩崖石刻（240cm X 230cm）
现存于秀峰读书台下崖壁上

上之為政，得下之情則治，得下之情則亂。何以知其然也？上之為政，得下之情，則是明於民之善非也。若苟明於民之善非也，則得善人而賞之，得暴人而罰之也。善人賞而暴人罰，則國必治也。然計得下之情將奈何可而得也？故子墨子曰：唯能以尚同一義為政，然後可矣。何以知尚同一義之可而為政於天下也？然胡不審稽古之治為政之說乎？古者天之始生民，未有正長之時，蓋其語曰天下之人異義。是以一人一義，二人二義，十人十義，百人百義，千人千義，萬人萬義。

中華民國廿四年五月
冯玉祥書
（此《墨子》尚同篇，廬山玉淵潭石刻）

李邕《复东林寺》碑拓片（已损毁）
残碑位于东林寺

庐山现存最早的碑刻

李亦书"龙"字（390cm×280cm），
现存于秀峰龙潭北崖壁上

单个字面积大的摩崖石刻

朱端章书"庐山"两大字（465cm×278cm）
现存于秀峰青玉峡右侧崖壁上

别不花书"虎"字（120cm×90cm）
现存于秀峰青玉峡龙潭右侧崖壁上

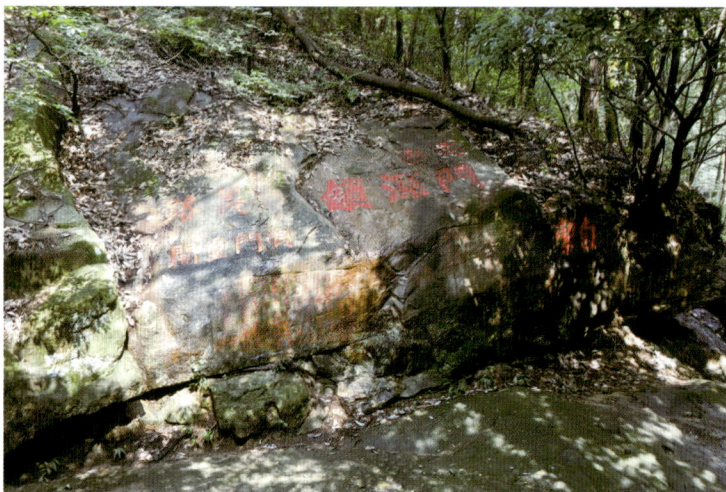

白鹿洞书院摩崖石刻

仙人洞佛手岩石刻

白鹿洞书院贯道溪摩崖石刻

秀峰青玉峡摩崖石刻

仙人洞蟾蜍石摩崖石刻

庐山石刻分布示意图（含史志记载和已佚）

长江

鄱
阳
湖

大矶山

马祖寺

九江绕城高速

S37

莲花洞

马尾水
慈德岭

王家坡藏龙潭

东林寺
剪刀峡
西林寺

好汉坡
修静庵
青莲谷
女儿城
姑岭其他
白照峰
松树路

如琴湖
锦绣谷
仙人洞
花径
上大林寺
御碑峰

三叠泉
吴障岭

神龙宫
石门涧
卧龙潭
天池

仙龙寺

五老峰
含鄱口
太乙村

铁船峰
金竹坪
黄龙潭

木瓜洞
海会寺
凌霄洞
大天池坪

碧云庵
仰天坪

太平湖

栖贤谷玉渊潭
白鹿洞书院
S37
白水栖瀑布附近
白鹭观
罗汉寺
大林寺
栖贤谷三峡涧
卧龙岗
栖贤谷观音桥
栖贤谷万寿寺
栖贤谷

大汉阳峰

黄岩瀑布
万杉寺
黄岩寺
秀峰
秀峰青玉峡
秀峰龙潭

环山公路

秀峰青书台
S37

秀峰龙潭
环山公路

面阳山陶靖节祠与墓
廖王谷
庐山垅

金轮峰三狗军洞内
简寂观

归宗寺窠源
玉帘泉
虎爪崖北
醉石
归宗寺石镜溪
归宗寺
灌缨池
环山公路
栗里
黄龙山

原星子县城
原星子县文物所
原星子县蛟塘镇芦花墩村

图例

● >100方　● 20-99方　● 10-19方　● 4-9方　● 1-3方　● 史志记载/已佚全部

庐山现存石刻分布示意图

长江

G56

G70

G56

杭瑞高速

杭瑞高速

九江长江二桥

九江绕城高速

恩德岭

大黄山

马祖寺

S37

京
京
广
九
铁
铁
路
路

G105

东林寺
剪刀峡
王家坡碧龙潭

好汉坡
菁莲谷
钻岭
岣静庵
女儿城
锦绣谷
花径
白照峰
松树路
仙人洞
上太林寺
佛手岩
卧龙坪
龙首崖
御笔峰
九十九盘古道
神龙宫
石门涧
天池塔
黄龙寺
三叠泉
华盖石
五老峰
吴障岭

铁船峰
黄龙潭
太乙村
木瓜洞

碧云庵
仰天坪
凌霄谷
海会寺

栖贤谷玉渊潭
白鹿洞书院

白水槽瀑布附近
白鹤观
罗汉寺
栖贤谷三峡涧
S37
大林寺
栖贤谷观音桥
大汉阳峰
卧龙潭
栖贤谷万寿寺

黄岩瀑布
万杉寺
黄岩寺
秀峰龙潭
秀峰
秀峰青玉峡
秀峰读书台
S37

鄱

阳

湖

庐山国家重点
风景名胜区

环山公路

九江绕城高速

环山公路

金轮峰三将军洞内
简寂观

鄱阳山陶靖节祠与墓

康王谷

原星子县文物管理所

原星子县南康府画楼

原星子县紫阳堤镇芦花塘村

虎爪崖北
醉石
归宗寺龙潭
王帝泉
归宗寺石镜溪
崔嵬泡

黄龙山

环山公路

九江绕城高速

都九高速

S22

图例

| ● >100方 | ● 20-99方 | ● 10-19方 | ● 4-9方 | ● 1-3方 |

"北冥鱼"文库序

两千多年前，有一位漆园吏说："北冥有鱼，其名曰鲲。鲲之大，不知其几千里也。化而为鸟，其名曰鹏。鹏之背，不知其几千里也；怒而飞，其翼若垂天之云。是鸟也，海运则将徙于南冥。南冥者，天池也。""鲲"本是小鱼的意思，但是它的格局很大，追求亦远大。所以它终将成为大鹏，发奋而起，远迁南海，到达天池。做学术研究，我们是不是也要追求这种大的格局，要有高远的目标呢？答案是肯定的。

学术研究有两大类。一类是自然科学的研究，其研究的指向是"未知"的世界，既然探索未知，就存在探索失败的可能性，甚至存在毫无结果的可能性。失败和没有结果的探讨是有价值的，它在为后人的探讨铺路，告诉后人这条路是走不通的。另一类是社会人文学科的研究，往往对一个研究对象进行不懈的阐释，希望这种阐释能够回答人们心中的疑惑，并对研究问题寻找一个形而上学的解答。这种探讨也是有意义的，它不仅形成了研究对象的阐释链，而且也在不断地阐释中呈现出事物发展的规律；人们虽然知道不可能找到终极真理，但可以推进理解的深化，推进对未知领域的把握。"北冥鱼"文库当然是一个收录人文学科研究成果的文库。

"北冥鱼"文库就像一条北冥小鱼，我们希望它将来成为腾飞的大鹏，"其翼若垂天之云，海运则将徙于南冥"，为学术的积累贡献一份心智。虽然像小鱼，但追求的是大鹏高飞的精神和目标。

"北冥鱼"文库要求选题可以小，但研究的格局一定要大。我们可以选择一个具体问题进行研究，但要求有求知、求真、求善、求美的格局，而不仅仅是为了稻粱谋的应付和为私交的应酬。这就涉及文库的入选标准和要求了。做学术研究离不开读书和思考，离不开行万里路的考察。我们提倡的是读书的心得，情感的深化，考察的启发，但最终将表述为理性的研究成果，同时也不排除灵动的创作作品。

做学术研究，在当代社会已然成为了一种生存模式，而且这种生存模式有不断扩大的趋势，人数将会越来越多。毋庸讳言的是，体制内有一些人并不喜欢这类生存模式的，仅仅是为了稻粱谋而混迹于学术研究队伍之中。他们对待学术研究完全没有兴趣，对待职业发展也仅仅盯住职称的晋升而已。他们也需要"著作"，为的是晋升需要，至于自己到底写了什么，完全无关紧要，只要有人愿意出版就行了。我们更反对偏离学术问题的无端引申，将学术问题转化为偏离正常轨道的讨论。同样毋庸讳言的是，人文学科的研究回避不了意识形态问题，价值判断是人文学科的核心，因此我们反对所谓"不做判断"的价值判断，反对隐含的反核心价值观的价值判断。我们明确表达真心希望看到更多更好体现兴趣、情怀、思考、判断的学术研究。

我们提倡平心静气的学术研究。希望收录我们文库的著作，都反映了作者某一个时期的研究成果，而不是应景所为。学术研究是无止境的，每一个研究者对研究对象的平心静气的思考，都可能形成推进研究对象理解深化的成果，形成为阐释学意义上的意义链，这就是学术积累的价值所在。

我们提倡独立思考的学术研究。一般而言，学术研究是有渊源的，是有着较为明显的师承关系的。但不同的渊源自然会在对问题的阐释中形成不同的理路，阐述出不同的意义，这是学术繁荣发展的好事。只要是独立思考所得的结论，言之成理，持之有据，就体现了学术拓展的价值所在。

我们提倡交叉融合的学术研究。任何学术的分野都是人为的，也是必然的。现代社会"分工所具有的限制人的、使人片面化的影响"（《马克思恩格斯选集》第三卷，第446页，人民出版社1972年版）随处可见，学术的分野同样存在现代社会限制人、使人片面化的问题。我们不可能超越时代的限制和片面性，但我们可以试着做学术交叉与融合的工作，推进对问题更全面一些和更周全一些的认识，体现出学术的人学价值所在。

我们希望"北冥鱼"文库的出生，就像庄周的出生一样，虽然并不高贵显赫，凭着对社会人生的独特思考，在中国文化的发展史中形成了近乎儒家的显赫地位，发挥着持久的影响。俗话说："法乎其上，得乎其中。"我们就是要有"北冥鱼"的精神，追求远大的目标，哪怕暂时蜕变不成大鹏，也相信终有展翅千里的时候。

"北冥鱼"文库由江西省文化厅"江西传统文化资源保护与开发研究中心"、江西省教育厅"数字化社会与地方文化发展研究中心"与江西科技师范大学文学院共同组织与资助。

郑苏淮

2017年9月10日于南昌香溢花城

序

中国名山大川大多有石刻出现。现存最早的石刻文字，是出土于陇右岐山之阳的石鼓文，不少学者认为写作时代在春秋战国时期。唐代韦应物、韩愈为之作《石鼓歌》。

庐山是举世闻名的千古文化名山，被誉为"人文圣山"。其石刻历史源远流长。据吴宗慈《庐山志》转载《一统志》云："紫霄峰石室极深险，人不可至，有好事者缒而下，摹得百余字，字奇古不可辨，惟'洪荒漾，予乃橉'六字可识。"但好事者在何年找到古字，志载不详。此峰高而壁峭，一般人难得上去。宋代陈舜俞《庐山记》中曰："石室中有夏禹刻字，仅百馀，人无复至者。"直至清光绪间，有一位都昌县举人杨蓉镜登上紫霄峰并探得石室所在，所作《登紫霄峰摹禹碑歌》记录了他的见闻。他腰缠铁索爬上去了，"腰缠铁索挂山隈，足底步虚鸣风雷。……籀书斯篆走且僵，眼界心胸拓万古。七十馀字识者希，就中六字辨依稀。……予生好古嗟太晚，直向灵岩索真本。"这首诗收录吴宗慈编撰于1947年的《庐山续志稿》卷六"文存补"中。攀登的艰险，石刻奇字的形状、价值，其发现时的兴奋心态，在其笔下均有淋漓尽致的形象描绘。杨蓉镜探奇的勇气，实在令我辈敬佩。关于他的生平记载，在《都昌三黄诗文集·蛰庐文略》中有《诰赠奉直大夫候选教谕杨君墓表》。关于石室古字的价值，明代郭子章在《豫章诗话》开篇中就给予高度评价："予谓石室六字，实开豫章万世文字之祖，与衡山禹刻并大域中。"今天若能组织考古者、文字工作者找到石室文字，一旦发现，公之于世，那就比石鼓文字还要早，这是有待破解的一个谜。

庐山成为文化名山，始于中古。由于晋室南渡，江南经济、文化的发展，使得处于水陆要冲的庐山地位凸现。东晋慧远驻锡东林寺，庐山成为南方佛教活动中心。其后，南朝初陆修静在山南金鸡峰下修炼，开创南天师道。唐宋时庐山佛宇多达360所，三大名寺（东林、西林、大林）、四大丛林（开先、万杉、归宗、栖贤）名传遐迩。唐李渤隐白鹿洞，南唐在此创办庐山国学。宋初改为书院，经朱熹修复，名扬四海。从此，庐山佛道儒三家文化相互影响而传承不绝，因而历代名人、诗人到这里或仕宦，或寻幽访胜，络绎不绝。这些人文活动，大大促进了历代庐山石刻的丰富性。近代文廷式对此有精辟论述：

吾尝谓名山列岳，多栖真灵。其关道术者盖不可胜记。然一山而兼宏扬三教者，则惟匡庐为异。于晋宋间，则释慧远倡开莲社，净土之大宗也。雷次宗、周续之等阐明经义，则唐疏之先声也。自南唐设国学，而二徐、欧、晏辈皆出于江西，开北宋之文治。至周子衍太极，而考亭与象山宣讲此地，实道学之宏规。①

庐山以其独特的奇峰飞瀑、儒佛道文化，加以所处大江大湖之旁的便利交通，吸引了历代无数朝野权贵、文武官员、文人学者、骚人墨客、高僧名道前来游览、隐居、讲学。或赞咏，或感悟，吟诗作文，题识纪事，留刻于千岩万壑中，琳琅满目、美不胜收。

现存庐山最早石刻为初唐李邕碑。大量石刻主要集中在山北东林寺、牯岭南天池山、九十九盘古道，山南的白鹿洞书院、秀峰、万杉、归宗、醉石、卧龙潭、玉渊、玉帘泉等地。庐山石刻最多处在书院与秀峰，其中仅秀峰青玉峡就将近两百处。很多是历史文化名人所作，如苏东坡、黄庭坚、曾巩、张孝祥、李梦阳、王阳明、邵宝乃至康熙皇帝，现代的戴季陶、蒋介石。有的石刻冷落在深山中、溪流边，直至近年才被文史工作者发现，比如"罗汉寺"三大字石刻是2009年才被发现。秀峰涧旁一处明代石刻，前几年才被发现，惜缺折一些。值得瞩目的是，大多摩崖石刻在瀑溪泉旁。

石刻或擘窠巨制，或寸字见方。一是摩崖，二是碑刻。摩崖多用于题识、题记，利用天然崖壁，石质较硬，不易风化；碑刻多用于较长篇幅的诗文序记，笔画细腻，更为传神，碑刻能移动，但与摩崖相比，易于断裂。摩崖可比喻为壮伟的大丈夫，碑刻为秀逸的仕女。

石刻与名山胜水辉映成趣，是庐山文化遗产的重要组成部分。其朝代之久远，分布之广泛，名家之众多，书道之精深，在祖国名山中堪称翘楚。可以说，是荟萃中华书法艺术的宝典，不仅具有较高的历史、文物、书法价值，同时还有文化传播、开发和认识上的

---

① 《文廷式集》卷七"笔记"（中），中华书局1993年版，第906页。

价值。是人们欣赏、研究、临摹、收藏的文化珍品。对于推介庐山，促进旅游，传承文化，对于保护、抢救、利用石刻艺术，发挥其文史、文献价值，都具有重要意义。

有关庐山石刻的书籍，二十世纪以来，主要有三十年代吴宗慈编撰的《庐山志》所载金石部分以及《庐山金石汇考》，但吴志未有石刻图片，其时摄制条件有限。八十年代有徐新杰编撰的《庐山金石考》。金，指的是铜器铭文，不过，庐山铜器铭文极少。后来还有孙家骅、李科友编辑的《白鹿洞书院碑刻摩崖选集》（北京燕山出版社 1994 年版），还有吴宗慈编、胡迎建辑补的《庐山诗文金石广存》（江西人民出版社 1996 年版，书内附有照片）。近年则有陶勇清主编、胡迎建释读的《庐山历代石刻》，收录的石刻数量更多，内容更丰富，所摄制的照片更为清晰。但作为石刻文化的荟萃、归纳与研究，则以刘阳所撰写的《庐山历代石刻研究》一书具有更上层楼的理论价值。此书展现了个性化的学术思想和特色，是文献性的也是普及型的，更是研究性的。可以说，这本《庐山历代石刻研究》，是在前人文化积累基础上的一次超越。

本书作者刘阳，数年前在江西科技师范大学文学院攻读"艺术方向"研究生时师从于我。我结合其实际情况，指定了"庐山历代石刻研究"这一课题，乃是因为：其一，虽然有关庐山石刻的图书出版过一些，但偏重于原物的收集与说明、释读乃至点评，基本上可以说是资料书。我一直期待有更多的研究性的文章与论著出现，而本人苦于没有时间投身其中；其二，刘阳同学刻苦努力，而我因从事过庐山石刻释文、点评方面的工作，可以做些具体指导。果真，刘阳不负期待，几年来，"咬定青山不放松"，锲而不舍，逐渐推进，终于有了丰硕厚实的成果。在硕士论文答辩时，答辩委员们一致同意评为优等。更为幸运的是，这一论文得到文学院领导的重视，列入学院图书出版系列计划之中。刘阳在毕业之后，工作之余，继续从事论文的补充与修订工作，有时根据其不足，驱车到庐山各石刻处，踏访拍照，在获取一手资料的同时，也带回她的感悟与思考。经过这几年下来的打磨，终于可以交付出版了。

作者首先展示了庐山石刻形成的背景，即对庐山的地理沿革、文化传统与历代来山名人的游历情况有一简要的阐述。接着按朝代先后对历代石刻的分布作了归类的介绍与分析。以翔实的石刻文献为基础，上升到理论高度、全方位来论述，分析石刻有五大方面的价值：

作为文献来说，石刻有着珍贵的文史价值，包括其史志价值、辑佚价值、校勘价值，记录了庐山历史的兴衰与发展。具体表现在：一、记述了古人活动的踪迹与具体时间，可补史志之不足；二、石刻诗文可辑补现存文献图书之不足；三、利用石刻可校勘现存图书文本字句讹误，且石刻作者署款时间，为研究其生平提供了最为准确的资料。不仅为山石增辉，为风景线嵌秀，而且有助于人们了解庐山、认识庐山、了解名人在庐山的活动提供了极其宝贵的文献史料，给人启迪，发人深省。

艺术价值表现在，庐山石刻各种书体一应俱全，篆、隶、楷、行、草，无所不有，洋洋洒洒。笔法沉着，变化多端，美不胜收。如北宋黄庭坚《七佛偈》碑刻是庐山碑刻中的精品。其刻字刀法的运用，能保存书法的笔画线条、笔势、笔意和结构的丰富形态，是当今书家临写的范本。庐山历代石刻是我国石刻艺术的重要组成部分，它的艺术特点体现在镌刻汉字构成的优美造型。作者在论述中，对庐山石刻的字体、布局、结体、笔势、书法的源流等多有考证、鉴赏，还追溯各种书法字体的演变与特征，从而让庐山石刻书法欣赏者、爱好者、临摹者知其所本，更好领悟其特征。也是向一般读者传授赏析中国书法作品和古诗文的知识和方法。

这其中，还有庐山人物画碑刻研究，主要有秀峰寺观音像，东林寺高僧名贤碑刻画，展示了庐山浓厚的宗教文化氛围、宗教文化的魅力，深入其中，可以找到庐山作为宗教名山的有力佐证。

石刻体现了中国文化价值，作者精心归纳数点：铭地名之符号，述人物之盛事，记山水之大美，镌游玩之行迹，展生活之风貌，寓高远之情志，弘佛道、儒学之道。既有对山川美景的赞美，又有对人生感悟的抒发，林林总总，细大不捐，可以窥见当年名人的志趣，也体现了名人自身的文化修养。

关于庐山石刻的美学价值，作者分为形制之美与书法之美、景观之美三方面论述，即从线条、肌理、造型，笔法、结体、章法诸要素作有分析，然后分析其自然与人文之美。庐山是自然美和艺术美融于一体的世界级名山，分布在庐山千岩万壑中的石刻，则是庐山艺术美的重要组成。

从文学角度来分析庐山石刻的文学价值。不仅文学体式多样，有题诗、题识、题记、记叙，有墓志、联语，创作手法多样，有白描，有比喻，有夸张，有拟人，或用典。文辞优美，赏心悦目。如张寰题"喷雪奔雷，濯缨洗耳"、彭玉麟题"漱雪流云"、涂相的《白鹿洞诗》、紫霞真人的《游白鹿洞歌》等，或如韩陵片石，或长篇巨作，均能激发人们的想象。

第八章可以说是归结性的论述与简评，但同时提出了两个严肃的话题：一是即如何弘扬石刻文化。文化在今天的中国已经越来越得到人们的推崇、追求，这是民族走向全面小康的过程中必然提出的精神需求，必然出现的文化现象。旅游不仅是自然风光的过目，更重要的是在游览中感受文化；其二，如何保护好这些石刻遗存，因为庐山石刻不仅是中华瑰宝，更是世界遗产。但随着时间推移，有的石刻字迹变得模糊不清，难以辨认。若干年后，也会因为风化等原因发生变化，如果情况严重，也许会损坏无存。作者具有其忧患意识，提出了她有关保护的若干建议。

此外，作者还精心编制庐山石刻的统计表，分朝代的摩崖石刻目录、碑刻目录，有石刻种类、大小尺寸、坐落方位、文字内容的介绍，置于附录中。

可以说，这部书对庐山作了分层次、多角度的翔实而细致的研究，展现了个性化的学术思想和特色，体现出可贵的人文精神和独到眼光。我为之欣慰，相信它是打开庐山历代石刻宝库的钥匙，是带领读者走向曲径通幽的向导，是引领读者欣赏满园春色的智者。

我期待，刘阳今后继续从事这方面的研究，还期待有更多的江西学者投身到庐山石刻乃至江西境内的石刻研究中去。

胡迎建

写于南昌青山湖畔泊如斋

时在己亥孟夏

目录
CONTENTS

引言

"智者乐水,仁者乐山。"许多人对山有特别的情愫。"山不在高,有仙则灵",我们对于山的憧憬和期待,并不仅仅在于山本身的高峻挺拔,更多的是在于这座山所承载的精神气质和文化内涵,犹如人的语言、文字有一种特殊的魅力,深深地吸引着听众或读者。庐山作为世界的名山,首先被人热爱的是其自然之美,但让人们铭记于心的恐怕更是庐山自古以来形成的源远流长的文化,因此,庐山才有世界文化遗产的称号。延续至今,人们对于庐山文化的思考,形成了人与自然的交流对话,人们将对话的内容以一种特殊的形式记录和保存下来,勒之于石,使自然之物有了历史的温度和表情,坚硬的岩石便有了生命的印迹。石刻,将人类的活动与玄思,深深锲入大自然的身体之中,成为大自然特有的烙印和语汇,时刻让我们对她保持着向往和崇敬之心。

对于《庐山历代石刻研究》,我的脑海里一直萦绕着几个问题,这也是本书试图想去解决的几个问题。历代庐山石刻的内涵是什么?我们如何去界定历代庐山石刻?怎样去认识庐山石刻的起源?庐山石刻的本质内容是什么?为什么庐山会有这么多的石刻?庐山石刻的价值体现在哪里?本书关于研究庐山石刻的方法论有哪些?

首先,庐山历代石刻的内涵是什么?

本书以庐山历代石刻研究命名,将庐山石刻放在庐山的文化大背景下进行考察，为使读者对庐山石刻有一个全面的了解，在此有必要详细阐释，以更好地发掘庐山石刻的精华，展现庐山石刻的潜在价值，帮助人们更好地理解庐山石刻的特点以及庐山石刻所表现出来的各方面价值：

一、"庐山"之内涵

本书所探讨的石刻为广义庐山范围的石刻，而非狭义的，或者仅指庐山山体本身。确切地说，它包含庐山山体本身及其庐山周边地区，即指庐山风景名胜区、九江市靠近风景区的浔阳区、山南的星子县（今属庐山市）等。

庐山国家重点风景名胜区成立于1982年，地处东经北纬29°28′~29°45′，115°51′~116°10′，主体面积有302平方公里，外围保护地带面积有500平方公里，具体包括石刻所在的白鹿洞书院、秀峰、东林寺、西林寺、归宗寺、观音桥、仙人洞、天池寺、白鹤观、卧龙潭、醉石、莲花洞、九十九盘、如琴湖、牯岭、三叠泉、简寂观、石门涧、星子县城（今属庐山市）、青莲谷、黄龙寺、五老峰、万杉寺、太平观、仰天坪、马尾水、碧龙潭、含鄱口、庐山垅、吴障岭、栖贤谷、罗汉寺、三峡涧、玉渊潭、万寿寺、面阳山、金竹坪、女儿城、栗里、原星子县文物所、花径、华盖石、玉帘泉、好汉坡、日照峰、恩德岭、掷笔峰、神龙宫、剪刀峡、铁船峰、濯缨池、虎爪崖、康王谷、芦花塘村、马祖寺、锦涧桥、木瓜洞、碧云庵、修静庵、松树路、来龙埂、太乙村、大孤山、白水槽、三将军洞、海会寺、黄岩寺等近70处。

二、"历代"之界定

"历代"正常情况下应该为历朝历代，即按照自然朝代划分从夏、商、周起直至明、清、民国时期。那么，是不是在研究庐山历代石刻的时候，也必须依照此定义"历代"的含义呢？

中国文学史是中国五千年历史的精粹，学者们在研究中国文学史的时候，着眼于文学的本身发展变化，体现文学本身的阶段性特点，试图打破朝代分期的框架，将中国文学史分为上古期、中古期和近古期。我们在研究庐山石刻之时应观照庐山石刻本身的历史发展变化事实，鉴于此，书名中的"历代"二字圈限本书所研究的石刻选材的时间跨度。

史书记载的最早庐山石刻要追溯到夏禹时期的刻字，也有称庐山石刻始于慧远，这些石刻均已佚，我们只能在史书上得知它们的存在。现存最早的石刻出现在唐朝，因此，在对庐山石刻分类时以石刻的存佚状况为依据，将其分为唐代以前的石刻（史书上记载的存佚石刻），现存的从唐代、宋代、元代、明代、清代至民国时期的庐山石刻。本书的研究对象主要是现存的庐山石刻，史志所载的庐山石刻以统计的方式呈现研究结果，而庐山现存的石刻数量庞大，各朝代、各阶段也有其不同变化的特点和规律。其中少数制作随意、粗劣或书刻欠精者予以舍弃。民国以后石刻数量较多、时代较近、史料价值相对较低等因素，未列入本书研究范围之内。

三、"石刻"之梳理

庐山历代石刻研究的本体和对象是庐山的历代的石刻，归根结底着眼于石刻本体的研究，那么，何谓"石刻"？不少研究学者对石刻这个概念的界定有所不同，目前并无定论。必须根据庐山及庐山历代的客观事实和实际情况分析考察。

古人言："山之骨在石。"《说文解字》："石，山石也。在厂之下；口，象形。"言"石"之本义为山石，《现代汉语词典》对石有五种解释：一指构成地壳的矿物质硬块；二指石刻即金石；三指古代用来治病的针即药石；四指中国古代乐器八音之一；五指姓。

从"石"的解释中不难发现：石，是与人们的生产生活和人类历史发展密切相关的一种自然物质。就"广义"言之，"石"包含四方面的内容：一、石器时代，人们用各种石头制作的各种生产工具、生活用具，有些沿用至今；二、历史时期，人们用石头加工成的各种艺术品；三、以石头为对象，加工琢磨成的各种艺术品；四、石头为载体镌刻的文字材料①。

石刻与石头在最早期的功能其实是一样的，主要是用于生产生活中，例如：作为"拴马桩""时间表"，经过时代的演进，生产力的不断发展，制造生产工具的技艺不断进步，石刻其他方面的功能慢慢突显出来，人们将早期象形文字刻于石质或器具之上，随着人们不断充分利用石料作为建筑材料，将起初把文字刻在天然石块和石壁的简单方式，通过对天然石块、石壁进行打磨、切割、整合、造型等人为加工，制作成石板、石碑、石建筑等，人们在这些石质材料上，不仅刻写文字还雕刻各种图像，这时候，石刻的记载功能就慢慢显现出来了。随着社会的发展，经济水平的提高，各朝代观念与意识层面的差异，石刻的多方面价值也不断展露出来，形成了至今为止琳琅满目的各类石刻。

广义的石刻应该包括一切经人类凿刻过的石质文化艺术品，像铭文石刻、造像石雕、石刻画像、纹饰、石建筑物雕饰、构件等多种形制的作品都包括其中，石刻艺术是造型艺术中的一个重要门类。狭义的石刻即指铭文石刻，主要是含有文字的这一部分石刻，也可

① 徐自强、吴梦麟：《古代石刻通论》，紫荆城出版社1997年版，第1页。

称为以石为载体的文字作品。因此，笔者认为，庐山历代石刻是以摩崖石壁、石块、碑石等石制材料为载体，以文字（极少数图案）为表现形式，具有丰富史料价值、艺术价值、文化价值、美学价值和文学价值的文字艺术品，是庐山历史和文化的展现。

清叶昌炽在《语石》中曰："唐初石刻如《庙堂》《圣教》诸碑，皆黝然作淡碧色，光如点漆，可鉴毫发，扣之清越作磬声，真良材也。亦多浅蚀，若无屋覆，露处田野，其久也，驯至漫漶无一字。燕赵间辽金幢多黄沙石，坳突不平。拓出之后，疥痏遍体。石质尤脆者，历年稍久，字面一层蛇蜕，拂而去之，片片落如拉朽。如此等石，其寿不及百年，不如不刻。"① 可见，古人特别重视选石，不同的石刻材质对于刊刻效果和石刻的保存具有极为重要的历史意义，同时直接影响石刻的艺术价值。如前文所提及，庐山历代石刻研究，最后我们要归结在本体石刻的研究，因此特别有必要对庐山石刻做一个系统而科学且又符合实际的分类。

依据不一样的分类标准，石刻的分类方法甚多，并无定式。结合庐山石刻的实际情况，本书将石刻分为摩崖石刻、碑刻两类来论说。此外，考虑到除文字石刻外，还涉及为数不多的几方庐山宗教画像碑刻，因此，在讨论庐山石刻的艺术价值这一章节中，亦提及庐山佛教人物画碑刻，从而丰富了庐山石刻的形式。本书主要论述文字的石刻，为撰写方便，将石刻内容是单句或只有几个字称为题识；双句以上，一般称为题记；石刻仅有少数字就列出石刻内容。按照景区所在地点，加上类目，比如白鹿洞书院题识、青玉峡题记。在本书第七章历代庐山石刻的文学价值中，专门对石刻文字内容的

---

① 叶昌炽：《语石·语石异同评》，中华书局 1994 年版，第 418 页。

文学体例体式作详细的介绍。

1. 摩崖石刻

摩崖石刻"摩"字取"摩擦"之"摩",其本义即在崖壁石面摩擦平整后,用钢凿刻字。清代著名金石学家冯云鹏在《金石索》中云:"就其山而凿之,曰摩崖。"庐山的摩崖石刻是指在天然的石面上、山崖边的平整处或独立的大石块凿而为之,或略微经过加工形成一块较为平整的岩面后施刻文字或图案。其材料主要是花岗石,属于深成岩,常能形成发育良好、不易风化、颜色美观、外观色泽较好的岩石,并且稳定性高,可保持百年以上。由于其硬度高、耐磨损,也是自然界中易于获取的一种石材,因此成为露天雕刻的首选之材。在花岗岩石上刻字,石质较硬,大都是就地取材,依原石或依山傍岩而凿开,往往字数不多,多用于题识、题记,一般横写居多,有的也因石面粗糙或凿刻者简率从事,干脆因陋就简,从而显得字较大,不如碑刻规整郑重,但摩崖石刻的笔画伸缩度大一些。摩崖石刻多在重要景点、景区和交通要道旁,有的处于景观险要处,上为峭壁悬崖,下临深谷大壑,有的在瀑布泉潭旁,可见激流险滩,飞瀑急湍。在凹凸不平的山壁上,没有太多的人工修饰,字迹与岩石纹理相互交错,笔画线条也随岩石崖壁的凹凸变化而起伏,形成人工与天然之间鬼斧神工般的牵制①。

在山崖上直接镌刻的摩崖石刻是最原始的石刻之一,它最初仅仅作为一种记事方式而存在,起源于远古时代,北朝时期得到极大的发展,隋朝以后经历唐、宋、元、明、清,石刻一直绵延不绝,用于人们的生活和创作中。

---

① 蒋勋:《汉字书法之美》,广西师范大学出版社 2009 年版,第 73 页。

2. 碑刻

碑刻是庐山石刻中的又一重要类别,《说文解字》:"碑,竖石也。"在石头上凿刻文字,以示标记或文告,在秦代被称为刻石,汉代以后才称为碑刻。碑刻于西汉开始大量出现,西汉之前,人们更倾向于将文字铸刻在钟鼎之上,称之为铭文。如今我们所说的碑刻是指刻在碑上的文字或图画,据吴宗慈的《庐山志》记载:"星子县(今属庐山市)产石材,有麻石、青石、绿豆石。彭朝杰曰:'东古岭麻石为大宗,贩运者上至吉安,下至芜湖。办统捐时,岁纳税额八百元。统捐撤后,有地方公益捐,额半之,青石产八都驼岭,四都丫髻山。驼岭尤古老,斫为砚,名金星宋石;次者作碑材,亦名铁壳重,销额逊于麻石。'"①可见,庐山南出产青石,在青石之上刻字是庐山碑刻的最主要形式。青石是沉积岩中的一种,因其具有石质细腻、储存量大、耐磨性强、不易风化,且取材较为方便,被誉为建筑行业的理想材料,广泛应用在人们的生产生活中。庐山碑刻材质主要来源于星子县(今属庐山市)横塘境内的箬岭所开采青石,石质精良,坚而细润。因材质的不同,碑刻工笔刻画较摩崖石刻细致,极为传神,刻字边沿更为齐整。摩崖石刻位置相对固定,碑刻易移动,但与摩崖相比,易于断裂。刻字或寸字见方,多以竖写为主,因为可刻小字,故碑刻往往字多而规整。

碑刻的制作需要经过摹勒直印上石和镌刻两个重要步骤,碑刻所载多为长篇诗文序记,根据碑刻形制,石刻文体用途的区别,又可将庐山的碑刻分为纪事碑、典籍刻碑、造像碑、题名碑、墓碑、功德碑等。庐山碑刻最集中和让人震撼的地方当属白鹿洞书院,那

---

① 吴宗慈撰,胡迎建校注:《庐山志》,江西人民出版社1995年版,第341页。

里是全国重点文物保护单位，内存有上百方碑刻。庐山及其附近既有碑石，又有花岗石，这些优良的石质材料，相对于中国其他名山来说，能够为人们提供就地取材之便，拥有得天独厚的条件。

其次，我们怎样去认识庐山石刻的起源，怎样去理解庐山石刻的本质内容？

"积土成山，风雨兴焉。""山林川谷丘陵，能出云，为风雨，见怪物，皆曰神。"①中国先民认为自然山岳是云、风、雨、雷、电等自然现象产生的原因，进而自然山岳还逐渐被人格化，上升为神，具有控制人类社会的功能。"凡山之巍然高峙者，其气盛，其气盛则其神灵，所以灵异而祷者趋焉。"吴宗慈《庐山志》记载，江州地区"每遇旱，土人每触龙于此，祈雨辄有应"。南宋宝祐年间赵与志知南康军时，逢大旱，行地方官员之职责，前往青玉峡龙潭向龙神祈祷降雨，以祈丰收，于龙潭旁刻石："郡守青田赵与志，宝祐戊午祷雨来此。"记叙祷雨于龙潭之事。元朝皇庆间，马应翔为南康路总管，适逢旱灾，曾前往庐山乌龙潭祷雨，于是"乞水下山，水罂甫至，醮筵，甘泽大沛"。当地人们为感谢庐山神，还勒石于乌龙潭侧，以记其事。

古人很早就会借助符号和文字这种形式来祈祷神灵，巧妙地将文字和庐山联系在一起，造就了庐山石刻，慢慢地从一种无意识状态变成一种文化观念和文化意识，借助石刻这种物化形式传承下来，那么，庐山石刻也随之越来越多。

对于庐山石刻的起源，可以从两个方面加以探讨，一个是以最早出现的石刻或史书记载的，又或历史考证的方面，另一个则是从

① ［清］冉观祖：《礼记详说》卷136《祭法》，四库全书存目丛书·经部·礼类，第99册，第581页。

石刻所附着的文化意识形态出发。从前者出发，首先容易造成争论，就像文字本身的起源都还有一定争论，是甲骨文最早，还是陶文又或是别的符号形式，陷入这种是非的争论中无益，况且单纯的考古证据也不可尽凭。早期的人类由于书写载体的不便，石刻也许只是单纯书写记事的功用性。再者，这种反映呈现式的研究已不乏见，而从文化意识层面出发探讨鲜有为之，亦可更深入研究庐山何时起，出现如此多的石刻及其原因，何时起有意识地或自觉性形成庐山文化。所以笔者以为关于庐山石刻的起源问题，不只是一个历史问题，而是一个文化意识问题。石刻文化是出于人再现外物印象的本能，是精神外化于石。

从现有史书资料中索隐钩沉，庐山石刻文化也存之久矣，据史载已有两千多年的历史。据吴宗慈《庐山志》转载《一统志》云："紫霄峰石室极深险，人不可至，有好事者缒而下，摹得百余字，字奇古不可辨，惟'洪荒漾，予乃檴'六字可识。"①又《舆地志》载："摹得七十余字。"然迄无人亲见之，《桑纪》又载："石室今亦不知所在。"此峰高而壁峭，一般人难得上去。宋代陈舜俞曾在《庐山记》中说过："石室中有夏禹刻字，仅百馀，人无复至者。"以前每每看到这条史料，笔者常常会思考，为什么唐以前的庐山石刻只在史书里？是真的没有，还是刻了没能保存下来？纠缠在这种纠葛之中对于研究庐山石刻毫无意义，就算有，没有保存下来，对于我们石刻这种需要符号形态的直观研究也无从考究，另外其实不管是哪一种，没保存下来也说明：至少庐山在唐以前，这种石刻行为大多数也是个体的无意识行为，是一种随意个体行为，也并

---

① 吴宗慈撰，胡迎建校注：《庐山志》，江西人民出版社 1995 年版，第 355 页。

未形成一定的含有系统性意义的文化。而隋唐直至北宋时期，这种个体的无意识行为已经明显地向个体有意识行为转变，大批的名人游历庐山，并镌石题字。自南宋开始，随着白鹿洞书院的发展，尽管朱熹重建白鹿洞书院的意图是打造一个文化学术的阵地，一个讲明圣贤之学的殿堂，宣扬理学思想，但后来还是走向科举取士。随着书院逐渐官学化的趋向，这种情况至明清达到顶峰。这个时期的庐山石刻也具有明显的集体有意识。明清时代，根据笔者已统计的数量看，庐山石刻的数量达到了顶峰，题刻者的身份背景也更加具有官员身份，内容具有教化意识。所以在时间顺序的安排上主要以个体无意识阶段到个体有意识阶段，再到集体有意识阶段，将庐山石刻的朝代划分为唐以前，隋唐至北宋，南宋至明清。这里必须说明的是宋朝作为一个整体又很难完全地割裂开来，所以对于宋朝庐山石刻的态度，笔者是把它作为一个个体有意识过渡到集体有意识的一个重要时期来看待。

白鹿洞书院并非始创于南宋，却在朱熹的手里得到迅速发展，为什么？固然离不开当时的历史政治背景和宋朝重视文人的传统，还有朱熹的个人能力与影响有关，但应该还有更深层的文化原因。任何事物的发展都是在一定文化背景中产生的，庐山石刻其时间轴线也一定遵循文化意识背景——白鹿洞书院创建、发展——白鹿洞书院石刻。所以按照这个思路逻辑逆推理，我们可以从白鹿洞书院石刻的数量变化去找寻白鹿洞书院创建、发展的文化意识。这让笔者想起了朱熹和陆九渊交往的故事，朱熹是一面批评佛道，一面又在自己的理学里无意识地吸收了佛道精髓，而陆九渊更是吸收佛道的精髓创立心学。尽管二人认识论的途径、方法有激烈的争论，但朱熹还是请陆九渊到白鹿洞书院讲学而引起轰动，成为当时文化的盛事。中国人的文化信仰里讲究两个字，一个"中"，一个"和"字。一个"中"字是认为自己处于某种中心，自己的核心地位不能变，一切从自己的核心看待问题，但"中"字的另一面还有中庸的意思，就是说会去平衡其他的各种内容，这就不得不提第二个"和"字，所谓和而不同，以中庸致和，以和达中庸。

其三，我们如何来解释庐山具有如此多石刻的这种现象？

庐山既具有得天独厚的地理地貌优势与交通便利之优势，又有多种文化融于一山之特色，引来历代大批名人蜂拥而至，从而不断形成了丰厚的文化积淀。庐山石刻得益于地理、交通优势，又在文化滚雪球方式中成长，仿佛小的雪球在以一颗石头为中心开始，初期需要借助外力的推动，当雪球的体积到达足够大时，可依靠自身的惯性自行向前推进，外力作用就相对弱化。庐山的"山川之胜"似最初的雪球中心，"翰墨之缘"则是文化观念和意识不断发展提供的不竭动力。石刻文化融入生命的力量和意义，同时作为生产生活实践活动的内在环节和产物，间接记录了人类意识的发展演变过程，是研究人类文化意识的活化石，它们为我们提供了一个研究人类精神现象及认识发展的新视角，从唐到民国时期的庐山石刻，正是这样的一个发展过程。

对隐匿于它们之中的人类文化意识进行探究，是笔者所认为的庐山石刻文化转向的理论意蕴所在。庐山石刻就像一面镜子，对镜自观，一方面可以窥视个人的精神价值，另一方面，还可以透视集体的文化价值。但也应认识到这种反映并不是机械的"镜像式"反映，而是能动的反映。它所反映的不只是庐山石刻的"镜像"，而是庐山石刻文化内在本质或普遍联系，当前，对于庐山石刻的研究大多停留在何种反映式的呈现上，并未深入探讨其文化发展内涵。

由于文化意识的本质、规律或普遍联系并不直接表现于现象中，因此单纯通过搜罗庐山石刻的客观性方法是很难认识或获得的，而必须进行能动的、创造性的建构。这就要求我们把反映与建构结合起来，既承认客观实在性和客观真理的存在，认识与反映庐山石刻又承认主体的主观能动性，正确看待庐山石刻文化作为主体对经验材料的整合、建构与对客观存在的解释。

庐山石刻好似一种象征，具体地说，就是去动态阐释建立在石刻内容、形制和文化意识的一种相互建构关系。象征是隐秘的但却是人所共知之物的外部特征，通过庐山石刻符号性找到其所暗示喻指的文化。庐山石刻作为一种文化表现形式，为了寻找文化的发展脉络，笔者将庐山石刻的发展总结出两个发展脉络：一是从无意识向有意识发展；二是从个体向集体发展。结合前面的文化发展划分，庐山石刻在文化发展这条主线上分为前象阶段、连象阶段、后象阶段，这在本书第五章节庐山历代石刻的文化价值中会作进一步论述。

其四，庐山石刻的价值体现在哪里？

庐山成为文化名山，始于中古。历代佛、道、儒三家文化在庐山相互影响而传承不绝。庐山以其独特的奇峰飞瀑、儒释道文化，加之所处大江大湖之旁的便利交通，吸引了无数官员、文人学者、骚人墨客前来游览、隐居、讲学，高僧名道来此参禅修道。他们观照奇山胜水，寻觅先哲遗踪，将不少题识、纪事、诗联作于摩崖或镌碑，所作石刻题记或诗文，都力图融入情感，希望留存后世。石刻与名山胜水相得益彰，有着珍贵的文化价值。正如清代叶昌炽在《石语》中曰："山川之胜、翰墨之缘，可以兼得。"[1]

---

[1] 叶昌炽：《语石·语石异同评》，中华书局1994年版，第223页。

　　对庐山石刻进行全方位、多角度的深入研究，把握庐山石刻发展的生命脉搏，是认识庐山石刻文化的必经之路，通过研究，我们可以发现：庐山石刻分布集中，石刻数量之多、时间跨度非常之长、品类之盛且名人手笔之浩繁、影响之深远，庐山石刻这种艺术形式作为庐山儒释道文化和隐逸文化的高度结合与体现，其蕴含极高的史料价值、艺术价值、文化价值、美学价值和文学价值，堪称中国名山之一流。

　　最后，本书关于庐山石刻的方法论是什么？

　　近年来，研究地域文化者越来越多，针对庐山的研究不断涌现，既有关于庐山自然方面的研究，也有对其文化内涵、价值的一些分析论述。为更加全面细致地对庐山石刻文化进行研究，笔者实地考察，遍阅与庐山文化、石刻文化、庐山石刻文化等有关的论文资料、古籍文献，通过研读、整理、分析各类相关文献，发现只有极少部分研究专注于庐山石刻。

　　期刊论文方面，笔者在知网上以"庐山石刻"为主题进行检索，共计4条，按时间排序分别是：2004年周跃喜、胡萍在《江西日报》报道《庐山发现最早摩崖石刻》；2007年张学孝发表的《庐山石刻保护有喜有忧》；2008年胡海胜发表的《庐山石刻景观的格局分析》；2010年胡迎建发表的《论历代庐山石刻的文史价值》。

　　著作类，对于历代庐山诗文金石的搜辑，以民国吴宗慈编撰的《庐山志》所载的规模最为浩大。后来胡迎建注释《庐山志》，分为上下两册出版，上册的纲之二山川胜迹，对山南山北每一路的景点景观做了详细而又生动的阐释，将石刻在各处的分布予以简要的说明，并在纲之六目之二十九专门列金石目，包含（一）碑铭镌刻类和（二）题识镌石类；此外文存部分由胡迎建校注辑补、金石目部分由宗九奇点校的《庐山历代诗词金石广存》，是摘取《庐山志》艺文部分，另行出版，金石部分录碑文 50 余篇，碑铭存目近 300 篇，另录摩崖石刻 560 余条。除此以外，以庐山石刻为主题的还有：由孙家骅、李科友主编的《白鹿洞书院碑刻摩崖选集》（北京燕山出版社 1994 年版），将白鹿洞书院的石刻单独搜集成册；由李才栋、熊庆年编撰的《白鹿洞书院碑刻集》（江西教育出版社 1995 年版），为白鹿洞书院研究丛书之二，将书院的碑刻单独收录成册，以上两本著作主要是以石刻拓片的形式向读者呈现白鹿洞书院石刻的面貌，未有详细文字介绍；徐新杰的《庐山名胜石刻》成书于 1995 年，书中主要以文字的形式介绍庐山石刻中的诗文部分内容，缺乏图片材料，且辑录的石刻内容较为简单；欧阳泉华主编的《庐山石刻》（中国社会出版社 2003 年版）一书，以石刻拓片或者石刻图片的形式向读者展示庐山石刻，并描述石刻的内容、位置、尺寸等，但缺乏对石刻文化的深入评析；贺伟编著的庐山故事丛书《会讲故事的庐山石刻》（江西美术出版社 2007 年版）及其再版《石刻里的故事》（江西教育出版社 2016 年版），书中挑选史学、文学、书法艺术较高的石刻加以故事性的介绍，仅圈点出庐山石刻的小部分，而不能让读者窥探庐山石刻之全貌；庐山刻石组委会分别于 2008 年和 2011 年出版的《庐山刻石》，收录的基本上是近现代作品，且现代居多，对于具有极高价值的古代石刻几乎未施笔墨。以上叙及的关于庐山石刻方面的论著，大多以罗列石刻、或添以趣味性的故事介绍为主。唯陶勇清主编、胡迎建撰文的《庐山历代石刻》（江西美术出版社 2010 年版）一书较为详尽和全面，把庐山石刻以拓片的形式向读者展现了庐山石刻的魅力，有释文、标点、点评，让读者对石刻的文字内容也了然于心，并分别从石刻的尺寸、种类、方位等方面加以记录，且附有作者介绍和考证，对石刻的书体艺术和文化价值的分析见解独到，但是整书精选的石刻篇幅以庐山山下石刻居多，山上石刻如仙人洞石刻、花径石刻、五老峰石刻、三叠泉石刻付之阙如。此外，《星子县志》《九江县志》《白鹿洞书院古志》等县志、府志、书院志对庐山石刻也有或多或少的涉及。

目前，庐山石刻研究的现状是零散、局部的研究，绝大多数学者注目于庐山石刻研究中的某一方面，例如：庐山石刻的分布特征、庐山石刻某方面的价值等，研究存在片面性，成果较少，并且缺乏系统的、综合的、全面的研究。目前为止，尚未有学者、专家对庐山石刻进行全方位、多角度的系统化、综合性研究，笔者将以全新的视角，从单一到综合，从微观到宏观，从零散到系统，从历史到现实，从表象到内涵，力求在前人研究的基础上有新的思考方向。

总的来说，关于庐山石刻文化方面的研究还大有开拓之局面，譬如将庐山石刻置于一千多年来庐山发展史和书院文化、隐逸文化、儒释道文化、山水文化发展史的宏观背景下，弄清各个历史时期庐山石刻的基本面貌，了解掌握各个时期庐山石刻的精华所在，清晰、准确地勾勒出一条庐山石刻的历史脉络，进而将庐山石刻的史料价值、艺术价值、文化价值、美学价值、文学价值等诸多方面进行全方位的研究考察，透过纷繁复杂的表象，洞悉庐山石刻宏富而深邃的内涵，对源远流长、特色鲜明的庐山石刻，力求有一个较为全面、系统深入的了解，客观反映庐山石刻在一千三百多年以来的发展历史中的地位、作用和影响。

庐山文化方方面面，包罗万象，难以殚述，笔者只不过是希望形成庐山石刻文化的主轮廓，找出人们心中的那个庐山形象及文化。因此，以此为思考，本书的写法上也重视两个结合，重点考虑如何勾勒庐山石刻的文化轮廓以形成对庐山文化的整体概念，重视整体构形，避免支离破碎。为此，笔者将首先从庐山之地理沿革、文化传统以及名人游历概况来探讨庐山石刻形成的背景，就唐代以前的石刻（即史志上记载的存佚石刻）和现存的石刻以朝代为线索归纳石刻的分布概况，进而按朝代的先后顺序以及石刻分布的地理位置对庐山石刻进行研究，分别从时间和空间角度厘清众多石刻，确立了分时、分类、分地的多角度结构和体例，对庐山石刻及石刻资料做系统的收集和整理；从史志价值、辑佚价值和校勘价值来论述庐山石刻的史料价值；从庐山石刻的形制艺术、书体艺术、佛教人物碑刻画艺术性来研究庐山石刻的艺术价值；区分石刻内容的差异，精选篇幅中具有文化代表性的石刻来阐释其文化价值；关于庐山石刻美学价值方面，主要是从形制、书法和景观之美来具体分析；在文学价值方面，则向人们展示其文学体式丰富、创作手法多种多样，语言魅力独到等特征。

我们做研究很难逃脱对于某一方面文化的影响，很难跳开前人对此看法的裹束，因此不断地陌生化是必要的手段，这是方法论，使笔者能更清楚地看清事物的原貌而洞察本质。文化的本质在于人，而人的本质在于意识，对于石刻的研究也应该着眼于人，而不是单纯的物。笔者并非否定物的研究，而是要更重视人的研究。当前石刻的研究多数呈现出对物的形制的考察，犹如对镜自观，只反其形，不传其神。笔者又常常想，为什么绘画最高超的画师也未必如镜子一般能尽画每一个细节的真实，那为什么我们对美术作品的感染力远超于镜子呢？答案是生命，是绘画赋予了生命。

本书统计石刻数目以现有文献资料和实地考察为基础，主要是以吴宗慈《庐山志·艺文》、孙家骅、李科友主编《白鹿洞书院碑刻摩崖选集》陶勇清主编、胡迎建撰文《庐山历代石刻》、欧阳泉华主编《庐山石刻》、徐新杰《庐山名胜石刻》和《庐山金石考》等著作以及胡海胜《庐山石刻景观格局的格局分析》一文为基础，综合近年来的研究成果，采用分类统计法，对庐山现存可考、待考、已佚等石刻进行分类统计，并在书的附录部分附上庐山历代石刻的统计表及唐代至民国时期的碑刻和摩崖石刻目录。

因庐山石刻中碑刻主要采用刀刻、摩崖石刻采用钢凿的制作方式，为便于论述，在书中均以刀刻概言之。

本书第二章论述庐山历代石刻分布，对历代石刻地点进行分类时，为更能有效、快速地找出分布规律，仅将庐山各地点分为山南和山北两大类，例如，仙人洞景区位于庐山西北部，在统计此地点石刻数量时，以山西北仙人洞为名。对于庐山东部和西部地区的石刻分布点，还是以东西方向中轴线为区分，划归山南、山北两面。

本书将一些重点石刻图片穿插放置在彩页或正文当中，现作说明如下：（一）将一些具有代表性的或者较珍贵的图片和拓片置于彩页。（二）正文中配置的图片，主要选取笔者实际调研时所拍摄的照片。无奈条件有限，亦配以相关拓片补充之。另外，将庐山石刻中具有典型意义的石刻，单独放置。虽然笔者根据意识之分，分析石刻文化时，将庐山石刻以时间为轮廓划分为前象阶段、连象阶段和后象阶段，但从石刻分布的地理位置角度来分析，笔者还是按照朝代顺序，力求找出分布的规律，即：文化现象的时空和文化本质的三象。

第一章

庐山石刻形成的背景

为何庐山会有石刻且有如此之多的石刻，庐山石刻形成的原因和背景是什么呢？我们可以从还原庐山石刻最本真状态的角度来看，即指在石质材料上刻的字。其所涉及的因素就包括人和物。人指历代庐山石刻的书手和刻工，物指刻石所需要的物质准备，所以，讨论庐山为何有如此多的石刻，实质上是在讨论为何有如此多的人会留刻于庐山之中以及庐山给书手、刻工提供了哪些优越的条件。我们准备从庐山的地理地貌和归属沿革、庐山的儒释道和隐逸文化传统及历代名人游庐山之概况这三方面契入分析。

第一节　庐山之地理沿革

王勃在《滕王阁序》中描述江西"襟三江而带五湖，控蛮荆而引瓯越"，而庐山则如毛泽东诗所云"一山飞峙大江边"[①]，古往今来，恰似天外飞来，独自耸立在长江之南、鄱湖之滨。若其"南面巍崛，北背迢递，悬溜分流以飞湍，七岭重嶂而叠势"[②]，其非凡的气质在突起于一碧万顷与一川平畴间，显得高峻挺拔，卓尔不群。

庐山地理位置占据了极为有利的优势地位。东晋慧远在《庐

---

① 徐四海主编：《毛泽东诗词全集·七律登庐山》，东方出版社 2016 年版。
② 吴宗慈编，胡迎建校注：《庐山诗文金石广存》，江西人民出版社 1996 年版，第 20 页。

山略记》开篇，对庐山的地理位置作了论述："山在江州浔阳南，南滨宫亭，北对九江。九江之南为小山，山去小山三十里馀。左挟彭蠡，右傍通川，引三江之流而据其会。"[①]庐山地处东经北纬29°28′～29°45′，115°51′～116°10′，西北两面紧接九江市和九江县，南面毗邻星子县（今属庐山市），西南面连接德安县，东面濒临鄱阳湖而与湖口县相望。从高空鸟瞰庐山，整座山体呈椭圆形，据测绘，庐山山体约为282平方公里，由东北方向向西南方向倾斜、延伸，南北长约29公里，东西宽约16公里，整个风景名胜区面积约为302平方公里，最高峰大汉阳峰海拔1474米，庐山层峦叠嶂，有山七重，圆基周回，山峦相对起伏不大，在群峰环绕的中间谷底相对宽展，而在边沿的山峰却极为陡峭，峡谷深幽，使整个庐山呈外陡上平的态势[②]，所有这些悬崖峭壁、奇峰叠嶂、深峡邃谷、飞瀑流泉以及山间盆地、峰巅湖池，襟带千顷鄱湖、万里长江，组成了庐山如此瑰丽多姿的壮景，吸引诸多历史名人的到来，也为后人创作石刻提供可歌可颂的素材。

庐山交通便利、通达。众多中国名山航船不得及，独庐山不同，邻近江湖。庐山的地理位置十分优越，尤其是在古代，人们出行的方式并没有很多的选择性，车马舟楫是远程的主要交通工具，这种优越性就更加明显和突出。首先，庐山乃是水陆要冲之地。庐山突起于连贯东西的中国第一大河流——长江，又紧邻处于沟通南北水道的中国第一大淡水湖——鄱阳湖。鄱阳湖乃是中国古代水运交通要道，鄱阳湖水系可视为南北交通的枢纽。依赖于长江和鄱阳

---

① 吴宗慈编，胡迎建校注：《庐山诗文金石广存》，江西人民出版社1996年版，第5页。

② 徐顺民、熊炜、徐效钢、汪国权、张国宏、贺伟：《庐山学》，江西人民出版社2001年版，第24—46页。

湖的水利之便，庐山便成为交通极为便利之地，也是历代文人们的极好去处。历来游山者甚多，过往者更是数不胜数，"舟遥遥以轻飏，风飘飘而吹衣"①，不知有多少文人学士在谈笑间泊岸，行不多时，便可直达山麓，这为庐山的文化创作和石刻创作者提供了客观的优良条件。

庐山独特的地质地貌亦为庐山文人活动提供适宜的条件。人总是倾向于生活在舒适的环境中，险恶的自然环境显然不利于人类的生存，对比国内其他名山，庐山山岭和谷地相间分布，两者相对高度不悬殊，峰岭之间的谷地相对平缓，在相对平缓的地带上较大规模的建筑物恰好为人们提供了场所，像海拔约 1160 米庐山牯岭，谷地平坦开阔，两山谷之间溪流众多，植物繁茂，适宜建造，为人类的生存、聚居，甚至是隐居提供了极大的可能性，庐山优美的风景和独具特色的"外陡里平"地形，具有无可比拟的优势，适宜人类精神活动开展，也为精神文明创作的兴盛创造了一种可能性。

庐山气候宜人，为庐山自然风景增分添彩。地处亚热带季风气候区，由于江、河、湖万顷碧波的共同作用，使庐山的气温得到充分的调节。初夏时节，犹如春季一般，故白居易有诗云"人间四月芳菲尽，山寺桃花始盛开"，说得尤为生动；夏季庐山山上，十分清凉，气候宜人，是人们休闲避暑、文化创作的极佳之地；庐山的秋季，气温稳定，秋高气爽，与山下相比，气温相差并不是很大，即使是在隆冬季节，牯岭一带也仍适宜居住或游览憩息。庐山四季可谓是北宋郭熙笔下的"春山淡冶而如笑，夏山苍翠而如滴，秋山明净而如妆，冬山惨淡而如睡"。天将雨时，则有白气先抟，而缲

---

① 陶渊明著，逯钦立校注：《陶渊明集·归去来兮辞》，中华书局 1979 年版。

络于山岭下 ①，因其地形封闭，江湖水分蒸发不易于扩散，往往凝结成云雾，这些云雾变幻莫测，使庐山在烟雾缥缈中呈现出许多奇特的景象，云峰相称，为庐山的自然之美锦上添花。

庐山险峭的高崖，飞瀑流泉，也成为吸引众人的一大优势。庐山水源充足，四季雨水丰沛，加上庐山的高低地势，形成了庐山千瀑飞泻的壮景。庐山的岩层结理发育较好，地面植被覆盖率高，发育了许多泉水，而且水质甚佳。唐代茶圣陆羽曾品定庐山谷帘泉为"天下第一泉"、庐山栖贤寺下石桥潭水为"天下第六泉"，因此，不少文人慕名而来，涌现了许多赞美瀑布、泉水为主题内容的石刻素材。

庐山是风景优美的赏析休憩之处，并非通都大邑，其丰厚的文化积淀与其归属的变化密不可分，这种归属的变化下必然导致文化的冲撞击荡，也必然引起文化的交流与融合。距庐山最近的名城要数九江，古称"柴桑""浔阳""江州"。今"九江"名城位于庐山山麓，依长江中游南岸，其上游有多条河流汇入长江，东奔至海，是江、湖、河的交汇之处。春秋时，为吴之西境，楚之东境，有"吴头楚尾"之称，此处既是军事战略要地，又是经济发达之区域，周边地区人口密集，南来北往的商贾极多，"据三江之口，当四达之衢，七省通连，商贾集至"，号称"七省通衢"，三国至南朝时期，便是长江中游一带的重镇，又是全国"四大米市"之一，鄱阳湖四周更是著名的鱼米之乡，北有九江，南有南昌，东有饶州，西有南康府，离庐山均距离不远，为文人生活、旅游提供了便利，经济的繁荣昌盛，给庐山带来了兴盛，为庐山文化的发展奠定了坚实的基础。庐山在两汉、

---

① 吴宗慈编，胡迎建校注：《庐山诗文金石广存》，江西人民出版社 1996 年版，第 4 页。

三国、吴、晋至南朝陈皆属于柴桑县，隋隶溢城县，唐隶浔阳县，五代杨吴，始在庐山的南部置星子镇，隶属江州德化县。宋太平兴国三年（978），升星子镇为县，仍属江州，七年（982），以江州星子县置南康军，割吴障山北属德化，山南属星子，由是庐山区域分为九江、南康二境所管辖。元、明、清三代均无变更。至民国初年，废府制，再改德化为九江县，星子县仍然保持旧名，山之分隶无改变。民国十五年（1926）设庐山管理局，隶九江市政府。民国十九年（1930），江西省政府议决，庐山管理局直属省政府管辖①。新中国成立后，庐山属九江市管辖，现庐山属九江市庐山市辖区内。

总体来说，整个江西省历代远离政治核心区域，也因此远离长期的战争和政治斗争，内部局势相对安定，而处于江西北部的庐山，其所处区域，政治局面相对更为稳定，即便历史上在九江、鄱阳湖区域内经历过几次小规模的战争，各朝代末期政治局面混乱，民国时期亦现凋敝，导致集体上的文化顿挫，庐山仍然保持相对安定且文化昌明，这里便成为文化人非常向往之地，这为石刻的大量产生和保存提供了非常必要的保障。

唐末著名诗人王贞白在《庐山》一诗中称赞庐山："岳立镇南楚，雄名天下闻"，当我们对中国的名山作综合对比时，显而易见：庐山无论是地理位置、气候条件、水文条件，抑或是交通条件均位于前列，加上庐山的奇石、怪松、秀水、花树、云瀑、峭壁等，样样俱备，处处称奇，"匡庐奇秀甲天下"，方能体会，且庐山适宜居住、政局稳定，周边地区经济繁盛，这些适宜的条件对人们登临庐山、驻足庐山、栖身庐山产生了极大的吸引力。庐山的奇秀俊美激

---

① 吴宗慈撰，胡迎建校注：《庐山志》上册，江西人民出版社 1995 年版，第 430 页。

发了历代文人墨客的创作激情和灵感，为庐山石刻的产生和发展打开了一扇大门。

第二节　庐山之文化传统

庐山文化，佛、道兼而有之。清初著名戏剧家李渔曾为庐山简寂观等地写过两副名联："足下起祥云，到此者应带几分仙气；眼前无俗障，坐定后疑生一点禅心"，"天下名山僧占多，也该留一二奇峰，栖吾道友；世间好话佛说尽，谁识得五千妙论，出我仙师"。李渔在对联中道、佛并提，认为此地道不如佛之兴盛，但同时表明庐山这地方即栖身修行之地，也适宜传经布道。清康熙年间，江西巡抚朗廷极将康熙御书"秀峰寺"护送至开先寺立碑后作《秀峰寺记》，其中写道："东南名胜首匡庐，据江湖之会，屹然为豫章巨镇。崇岩邃壑，蜿蜒五百里，其中道释之宫棋布星列，而佛庐尤盛"，可见庐山三教文化兼而有之，至今游人在游览仙人洞美景之余，还可在其圆形石门两侧见一副石刻对联，这一隶书对联别有趣味："仙踪渺黄鹤，人事忆白莲"，"仙踪"和"黄鹤"指的是道家，而"白莲"则指佛家，从对联中便可知佛、道两家都曾在此栖修，也体现了庐山对不同宗派的宽容，对各种文化的兼容并蓄。

庐山向来是佛教的兴盛之地。元代诗人张率在其诗中说："庐山到处是浮图，若问凡家半点无"，道出庐山佛宇林立的事实，展现此地佛教繁盛的图景。最早在庐山留下佛教足迹的可追根溯源到东汉末年，安息国（今伊朗一带）太子安世高出家修道，周游列国，在汉桓帝时，来到都城洛阳，后因战乱，辗转至南边，往江西一带传化，至庐山东面的宫亭庙。历史的车轮驶至东晋334年，一贾姓子弟出生于雁门楼烦（今山西宁武附近），借其出生于士族家庭的优势，从小接触了大量的传统文化典籍，"内通佛理，外善群书"，二十一岁时便皈依佛教，法号慧远，师从道安。自二十四岁起开始讲经，后因战乱，随师往南至襄阳。东晋孝武帝太元三年（378），前秦苻坚攻襄阳，道安为镇守襄阳的朱序所拘，乃"分张徒众，各随所之"，慧远自此离开相随二十五年的恩师，率数十弟子南下广东罗浮山。太元六年（381），途经浔阳，见庐山闲旷，足以息心，便停留下来，筑龙泉精舍以居，门徒日渐增多，龙泉精舍地狭难容，先期来山的同门师兄慧永见此状，便向江州刺史桓伊请求为慧远另建一座寺庙。太元十一年（386）建成，因地处西林寺之东，故命名为"东林寺"。从此，慧远倾其一生，献心庐岳，"迹不入俗，影不出山"三十余年，聚徒弘法，撰文立说，写下了《庐山记略》及诗，明代郭子章《豫章诗话》认为："庐山之吟咏，自慧远始。"他精于般若学，领导庐山僧团，将佛教思想"中国化"，影响广及海内外。进入唐代以后，东林寺得到朝廷和文人雅士的更多关心和扶持，香火一直旺盛，其建筑之恢弘，规模之巨大，足以称海内名刹。会昌五年（845），唐武宗推行毁佛运动，东林寺也难逃厄运。进入北宋后，东林寺在一段时间内再度不振。宋真宗年间，东林寺重新得以重视，宋神宗又发诏"尽撤律为禅"，升东林寺为禅宗，延请著名高僧常总为寺住持。自此，东林寺赫然大振，继续成为禅宗重要的弘阐之地。南宋期间，东林寺兴废受限于政局是否稳定。直到明太祖朱元璋夺取天下后，对东林寺进行重修。此后东林寺时有兴废，但总的来说无法与昔日相比，并且大部分时间处于荒破之中。清咸丰年间，太平军入九江，寺中建筑和古迹尽付诸火炬，遍地瓦砾，此后，寺虽渐次修复，但已难复旧观，仅勉强维持而已。1938年，日军攻陷九江，寺里珍藏的唐代柳公权碑和李北海碑被毁坏，今只剩残碑。重修的东林寺殿堂楼阁繁复，规模宏大，气派庄严①。

东林寺是中国古代南方的佛教中心。唐宋两代更是庐山佛教的鼎盛时期，据《舆地纪胜》云："寺又晋唐以来碑刻及诸塔铭，庆元（应为淳熙）己酉（1189年内）经回禄之祸，间有存者。"《舆地纪胜》又引《浔阳志》云："东林寺自唐开元以来，迄于保大显德间，文士碑志、游人题咏，斑斑犹在。"东林寺历经风雨，留下柳公权、颜真卿、李邕的唐代之残碑断碣，年代如此久远，供后人赏玩学习，实属难得！庐山的西林寺、大林寺、开先寺（后改名秀峰寺）、栖贤寺、归宗寺、万杉寺、海会寺、圆通寺、天池寺、黄龙寺等皆是佛教名刹，庐山的三大名寺、四大丛林闻名遐迩，历代文人游履不绝于庐山佛教圣地，争相在寺内留石题刻，在古代印刷技术尚不发达的情况下，传播宗教与文化等无时效性限制的内容，刻碑镌石不失为一种较理想的方法。

道教在庐山的影响是深远的。道教是中国土生土长的宗教，其发源于中国传统的文化，东汉时期的庐山就有道教活动，这也标志着庐山道教正式产生。三国时期，庐山南麓金鸡峰下来了第一位著名道士董奉，隐居于山南的般若峰下，擅长医术，医德扬名，留下杏林佳话。三国两晋时期，道士葛玄曾在庐山地区活动，著名的神仙道教派人物葛洪也在江州有活动印迹。南朝到隋朝，庐山的道教活动颇为兴盛，之后又来了一位道教名士陆修静，他是三国吴国丞相陆凯之子，自幼饱读经典，"旁究象维，性喜道术，精研玉书"，所以遍游名山大川，寻访仙踪，广收门徒，弘扬道教，大明五年（461），至庐山南麓鸡笼山后，在东南瀑布岩下营造精庐，建道观

---

① 张国宏：《庐山与宗教》，江西人民出版社2008年版，第24—37页。

名为太虚观，陆修静在此采药炼丹，传授门徒，撰写道经，开南天师修道，后被征召至宗师建康（南京），元徽五年（477）去世，时年七十二岁，弟子奉其灵柩还庐山鸡笼山后，朝廷诏谥"简寂先生"（取"止烦曰简，远嚣在寂"之意），庐山太虚观因而改名为简寂观。陆修静去世以后，简寂观依然非常兴盛，唐宋时期不少名人来此赋诗歌咏之。以简寂观为中心的庐山道教势力强劲，与佛教势力一争雄长。简寂观是唐朝以前庐山道教最为重要的宫观和最大的道家修炼场所，南宋之时，简寂观毁于兵火，后虽有修葺，但趋于衰败，后经战争劫难，简寂观只剩若干古迹。经陆修静整顿的道教天师道、整理的道教典籍、创立的各种斋法，对庐山影响颇深。

从唐代中后期起，庐山便是人文荟萃之地，位于庐山山南的白鹿洞书院成为专门传播和研究儒学的教育机构，这里的书院文化逐渐令人瞩目。明代著名文学家、天文学家胡俨在《重建白鹿洞书院记》一文中提道："白鹿洞在南康庐山之阳，五老峰之下，山川环合，林谷幽邃，远人事而绝尘氛，足以怡情适兴，养性读书，宜乎君子之所栖托，士大夫之所讲学焉。"①其绝妙的地理位置和环境吸引着读书人的心。唐贞元中，河南洛阳人李渤与其兄李涉来庐山，在此修筑草堂，隐居读书，养一白鹿随其出入以自娱，时人称"白鹿先生"。唐长庆元年（821），李渤上任江州刺史，在此地建台榭，环流水以植花木，营造隐居读书环境。五代南唐昇元年间（937—943），设庐山国学，是与金陵国学并称的官办性质的两所国学之一，其传授的内容是以儒家孔孟经典为主，兼学史籍、诗文、诸子百家文集之奥旨等，这也是庐山第一所正式的学校。北宋初年扩建为书院，由

① 吴国富编：《新纂白鹿洞书院志》，江西人民出版社 2015 年版，第 32 页。

于四面环山，俯瞰似洞，又因李渤养白鹿以娱，正式命名为"白鹿洞书院"。经过宋代理学家、教育学家朱熹的打造和兴复，白鹿洞书院出现一片繁荣之景，清代《天下书院总志》的作者王昶称白鹿洞书院为"天下书院之首"。白鹿洞书院是中国历史上存续时间最久、影响最大、最具代表性的一所高等学府，人才辈出，被誉为我国高等教育的"书院之源"。它是传承和创新中国儒家传统文化的主要基地，在中国思想史与中国教育史上有着极其重要的地位，对儒学思想的传播、传统文化的教育甚至政治和社会历史进程产生深远的影响。尤其是"新儒学"的领袖和集大成者朱熹，以书院作为他传播儒学、理学的教育基地。庐山的儒家文化是以白鹿洞书院集合为载体，儒家思想在此发展的高度史无前例。

白鹿洞书院的兴盛，为宋代理学的繁盛准备了必要的条件，除白鹿洞书院以外，与理学发展关系密切还有濂溪书院，这两所书院代表了当时教育的发展趋势。濂溪书院原名为濂溪书堂，位于庐山北麓莲花峰下，在周敦颐终老之地。周敦颐是宋代有名的思想家，也是我国理学的开山鼻祖，道州营道县（今湖南道县）人。他的一生与江西有着密切的关系。二十四岁始为官，便来到洪州分宁县（今江西修水县一带）任主簿，晚年知南康军，前后在江西度过了约十八年的仕宦生涯。致仕后因爱庐山之美，遂卜居庐山北麓。前有溪，发源于莲花峰下，"先生濯缨而乐之"，遂以家乡之濂溪命名。南宋始建濂溪书堂于此。濂溪书院的创建，推动了古代教育和儒学的发展和兴盛。

庐山文化相对宽容，宗教历史源远流长，佛、道齐建于此，儒、释、道"三教"并重，这些文化内核在庐山的影响作用可谓此消彼长、强弱不一，各自保留着自己的流变特征。庐山最早的宗教文化以神仙道教文化为主。东晋时期，佛教在此传播并很快扎根，佛教净土宗的初祖慧远久居庐山，弘扬佛法，将佛教中国化，庐山之名大著于世。他自身纵情山水以体悟佛性的举动对许多僧人和文人士大夫的参悟途径与日常生活大有影响，他们可以寄情山水，超然物外，从山水延伸佛理佛教，自东汉以来在庐山一直兴旺发达，并以锲而不舍的精神在江西不断传播发展①。当时东林寺成为南方佛教活动的中心，在佛、道两家对庐山的争夺中，佛家占了明显的优势；进入唐宋时期，庐山宗教空前活跃，达到鼎盛局面，道教一度成为国教，两者关系融洽，互相吸引②。早在殷周之际，匡续遁世隐时，潜居其下，受道于仙人，而适游其岩，遂托室岩岫，即岩成馆，故时人感其所止为"神仙之庐"而名焉③，陆修静在庐山南麓兴建太虚观（后改名简寂观）。陆修静杂糅融合老庄佛儒之学，建构起一个成熟的道教理论体系，从而具有吸引士大夫的魅力和与儒释抗衡的实力④，道家为与佛家相争庐山控制权制造出来诸多庐山美誉，名刹依附名山，而逐渐繁盛，名山也由于拥有名刹，而令人神往⑤。《桑纪》引欧阳玄记中有称："迨东晋末，山之南北，名刹迭兴，远公居东林，陶渊明居栗里，与陆修静辈日见称述，然后庐山之胜，昭著人耳目矣。"

　　庐山佛教和道家投射出的玄妙的逻辑结构一直建构在庐山文化思想发展的进程中，并且不断渗透在文学、艺术等人文创作和

---

　　① 欧阳镇：《江西藏传佛教传播发展述论》摘自《江西文史》，江西人民出版社2017年版，第96页。

　　② 甘筱青：《庐山文化大观》，江西人民出版社2009年版，第114—130页。

　　③ 吴宗慈编，胡迎建校注：《庐山诗文金石广存》，江西人民出版社1996年版，第5页。

　　④ 甘筱青：《庐山文化大观》，江西人民出版社2009年版，第140页。

　　⑤ 周銮书：《庐山史话》，江西人民出版社1996年版，第43页。

文化发展的各个领域，庐山的儒家文化是以白鹿洞书院为载体，儒家思想在此发展的高度史无前例，这种"和"与"合"的思想在庐山体现得淋漓尽致，得到隐逸之士的青睐。首先，从大视野看，佛家为了完成其本土化的进程，必须吸纳本土文化于其佛教理论，且儒家提倡入世观念符合佛家教义；道教是中国土生土长的宗教，其倡导出世思想，从创立开始，就蕴含着传统的儒家文化；儒家为适应时代发展和统治者需求，也渗透着佛、道理论，中国古代大多数文人受儒家入世观念和道教出世思想的共同影响，这使得他们的思想具有双面性、包容性，在相对周全的环境中，庐山一直保持一条基本的线索：儒道互补的思想。所以，他们在不一样的社会环境和人生境遇中，既能做到"修身齐家治国平天下""达则兼济天下"，也能做到"穷则独善其身"或者"远遁山林，全身避祸"[1]。因此，庐山在隋唐时期出现了儒、释、道三足鼎立的局面，特别是宋明之后，儒家的伦理纲常在思想领域被中国的封建统治者予以加倍重视，其地位理所当然尊崇到极致，应时代而生的宋明理学吸收佛道的宗教理论，渗透到儒家的重要思想中，三家相互依存，相得益彰，走向融合，可谓是"儒玄兼综，礼玄双修"。庐山，正是三教合一的演绎地，体现出"天人合一"的基本倾向和特点，中国古代士大夫多具有"天人合一"的思维方式，自觉或不自觉融入自然之中，视自然山水为精神家园，而依托江河湖泊的庐山，对于意想返璞归真、崇尚自然的文人墨客来说，无疑为他们的来去自如提供了舟楫之便，这块沃土，就是陶渊明笔下的桃花源。东晋以来，庐山便成为读书人和士大夫隐居的胜地，

---

[1] 朱小宁，龙剑平：《文天祥被俘后求生心理历程探析》，摘自《江西文史》，江西人民出版社 2017 年版，第 88 页。

有的是逃避乱世、保全性命，有的是厌弃仕途、隐居躬耕，有的是爱好山水、寓情寄托，有的是探究学问、专心读书，也有的因仕途不顺而隐迹山林，其中"翟家四世"（翟汤、翟庄、翟矫、翟法赐）和"浔阳三隐"（周续之、刘遗民、陶渊明）最为有名，陶渊明更被称为"古今隐逸诗人之宗"。唐代经过"安史之乱"，许多文人避居山野，号称"山中四友"的杨衡、符载、李群、李渤等同隐庐山，结草堂于五老峰下。吴宗慈的《庐山诗文金石广存》中辑有杨衡五言绝句《寄庐山隐者》："风鸣云外钟，鹤宿千年松。相思杳不见，月出山重重。"杳，意为远得不见踪影，此诗可见隐士融于自然之中，享受山光水色带给他们的无限美好。历代许多隐逸之士在庐山"拾枯松，煮清泉"，"粗衣粝食老烟霞，勉抱衰颜惜岁华"，在长松碧草之间，嬉山鸟、伴闲云或登山临水，观赏游览；或读书著述，谈玄论禅；或结庐而居，静思人生，将庐山视为隐逸之士的理想家园，由隐士而出现的隐逸传统以及他们的文化创作、文化传播，日积月累，集聚起了颇具特色而又十分丰富的隐逸文化，转化成为庐山石刻的素材和吸引隐逸人士的一大要素。

庐山有着"人文圣山"之称，其文化复杂而深厚，多样而同一。正是由于庐山儒释道文化及隐逸文化的传统，又融合了诸多文化精华，庐山自中古时代以来，就是人们所向往的文化名山，多样的文化为石刻艺术的创作提供了丰富的文化资源，庐山文化极大的包容性意味着庐山可以吸引来自各个领域的人，也意味着庐山文化具有更大的延续性，而庐山石刻也更生动地诠释了庐山"人文圣山"之名。关于这一点，近代文廷式对此有如下论述：

吾尝谓名山列岳，多栖真灵。其关道术者盖不可胜记。然一山而兼宏扬三教者，则惟匡庐为异。于晋、宋间，则释慧远倡开莲社，净土之大宗也。雷次宗、周续之等阐明经义，则唐疏之先声也。自南唐设国学，而二徐、欧、晏辈皆出于江西，开北宋之文治。至周子衍太极，而考亭与象山宣讲此地，实道学之宏观。况前有吴真君，后有吕纯阳，又道家之巨擘也。馀事殷繁，不及悉记。前修既懿，来者方兴，足以壮彭蠡之波光，比空峒之圣迹矣。①

　　厚重的文化积淀，似乎也就预示着庐山从古至今，必定会保留有大量的文化遗存，庐山的石刻正是这些文化遗存中极为突出的表现形式之一。而所谓传统，就是指世代相传、从历史传下来的思想、文化、道德、风范、艺术、制度以及行为方式，对后人的行为有无形的影响作用，庐山儒释道及隐逸文化的传统，既吸引了历朝历代的人踏访庐山，也促使后人有意识无意识的石刻创作，同时赋予了庐山儒家类、道家类、佛家类及风景类石刻鲜明的特征。

第三节　庐山之名人印迹

　　庐山之名远扬，历来是名人游历的首选地之一，这里既是名人的踏足之地，也是历代官员视察、视学之所，既能观赏景色而赏心悦目，也能体会文化而有所受益。清代龚嵘在《庐山志》序（毛德琦重订）开篇写道："宇宙间名山胜地，自五岳外，首推匡庐。"西汉元朔三年（前126）司马迁从长安来到庐山。征和二年（前91），将庐山记于中国第一部纪传体通史中，他在《史记·河渠书》写道："余南登庐山，观禹疏九江"，自此"庐山"便出现于史册之中，庐山浩浩荡荡两千多年的悠久历史文化也始于此。千百年

---

　　①　文廷式著，汪叔子编：《文廷式集卷七"笔记"》（中），中华书局1993年版，第906页。

来，庐山以其独特的地理位置、自然风貌和历史文化，加之庐山所处于中国地理环境中的相对稳定和安康的位置，博得世人的青睐，并争相为之赞咏，庐山的自然之美和人文之美是文人们观照的对象。自晋以降，一千六百多年来，前来庐山寻奇探险的文人雅士不绝于途，他们陶醉于庐山峰壑泉瀑之间，而庐山的自然景色与他们高旷潇洒的志趣和气度极为适应，林林总总，皆成为他们笔下不竭的题材，留下了形式各异的艺术瑰宝。据统计，历代有一千五百多位文化名人留下万首（篇）诗文①。镂之金石，传之久远，庐山的各类石刻当之无愧是最为厚重的历史记录。石刻这种艺术形式区别于庐山其他艺术形式的一大特点是：题作者大多亲自游览过庐山，才能镌石留于山中，从而长存于历史。题刻者创作石刻，大致有以下几类成因：

一、本身是本地人或本地人在外仕宦者。如南宋时曹彦约为南康军都昌县人，官至兵部尚书，与友人同游庐山秀峰龙潭青玉峡时题识。万镒为星子县（今属庐山市）人，嘉靖年间于青玉峡题识。

二、外地人来此仕宦或被谪贬至周边地区。如两宋时期有时任知南康军、知星子县、任南康军司理参军、任南康军签判、南康军别驾等官职十多位历史名人利用政务之余或陪来访者游庐山，包括程师孟、周行先、孔文仲、朱熹、朱端章、曾集、陈宓、史文卿、赵与志、陈淳祖、叶闿、李元度、陈绰、赵邦水、马云阶、夏希道、路京等。如程师孟在庆历初年知南康军与元绛、韩宗彦三人同游石桥潭，同游者元绛在石桥潭还留有石桥潭题识，陈舜俞谪南康（治星子）酒税官，也留刻于此，宋嘉定年间留元刚知赣州期间，与友

① 张国宏：《庐山与宗教》，江西人民出版社 2008 年版，第 1 页。

人一行同游庐山谷帘泉、归宗鸾溪并游记刻石。如元代至正年间任南康路推官的吴思勉，明正德年间任江西佥事的林廷玉。嘉靖年间陈沂二游庐山并分别题刻，明正德年间李梦阳迁江西提学副使期间遍游庐山南北诸胜，且在白鹿洞书院留下多方石刻。明正德年间任江西巡按监察御史的屠侨，明正德年间南康同知马朋，正德年间江西佥事任维贤，明嘉靖年间江西布政司照磨刘世扬均在庐山多处有刻石。嘉靖年间南康知府严时泰、周祖尧、何迁，嘉靖年间南康府同知汪伊，嘉靖后期巡抚都御史胡松，清代星子知县高华等。像这种因做官而有机会就地游览的，古人称为宦游。

三、做官任满后，寓居庐山者。最为典型的就是周敦颐在任期满后寓居于庐山濂溪，刘凝之辞去颍水知县而归隐庐山之南落星湾。因名人而留下妙文名作，由李常撰文、路京书写的刘凝之墓志铭是墓志铭的经典之作。

四、外地人途经江西，来庐山游览。苏辙贬筠州（治高安）时，苏轼趁着从黄州调任商州之际，前往筠州探望其弟苏辙，顺路来游庐山南北，行至栖贤谷中白鹤观，写下的《游白鹤观诗序》，广为传颂，自此白鹤观名声大噪，并在后山瀑布西崖壁上，题刻楷书"壁佩琳琅"四大字，实为难得；李结淳熙十六年（1189）前往四川任转运使途中来游庐山青玉峡并刻有题记，明李元阳在辞官归故里途中，于嘉靖十七年（1538）游历庐山，在龙潭留有题刻。

五、隐居庐山者。李白曾隐居五老峰屏风叠，后人以李白别号"青莲居士"而为峰北侧山谷命名为"青莲谷"，万松嵩为之镌刻"青莲谷"三字隶书，山谷中的溪涧为"青莲涧"，后人在庐山还书写了多方李白诗歌石刻。

六、东林寺、归宗寺、开先寺等众多名僧和道观道士在此学法、修行、传教等。如归宗寺住持真净文、开先寺僧人楚评、天池寺雪屋、开先寺住持释师大、龙虎山道士金旷、信佛的居士俊男、道人紫霞真人、明代四大高僧之一半偈道人、归宗寺高僧明蠡道人、开先寺住持释超渊等。石和阳在他五十四岁即康熙十三年（1674）迁居庐山五老峰西白石寺附近的木瓜洞，并在此隐居三十六年之久，在木瓜洞内左侧石壁上，刻"石破云修"等字。他们所题刻皆有鲜明的儒释道文化特征，其中部分僧人与当时的文化名人有密切的交往，如黄庭坚与归宗寺住持真净文、佛印友善，常谈诗论禅，并多次游历庐山，留下诸多石刻。开先寺僧人楚评在苏轼游历庐山时，特镌刻开先寺题识以记苏轼来此盛事。

七、有因仰慕庐山之胜景、人文之盛而远道寻访，即慕名前来庐山者来此留下石刻。如，米芾曾来庐山，作有《开先寺观龙潭瀑布》一诗，且在龙潭右侧崖壁上书刻题识"第一山"，在附近的青玉峡崖壁上刻题识"青玉峡"；赵季清携家人于嘉定六年（1213）五老峰游玩而留下题记；淳祐元年（1241）花朝节与友人来游庐山刻题识；明代王承至在白鹿洞书院的碑刻《白鹿洞书院诗》，表达了对书院及理学大师朱熹的敬仰之情。

八、上级官员视察、视学。元代至大年间，丞相别不花在秀峰青玉峡壁书大篆"虎"字；明嘉靖年间蔡克廉任江西按察司佥事，后改巡抚江西，于白鹿洞书院贯道溪砥石上刻"千古不磨"四字；明弘治年间邵宝任江西提学副使视学至南康府，修白鹿洞书院，在书院内建宗儒祠、独对亭、忠节堂，置学田，游龙潭时留题记；嘉靖初年（1522）徐岱以监察御史巡按江西，随后几年，多次来往庐山；同年，程启充巡按庐山，与九江官员同游庐山；嘉靖十九年（1540），时任江西按察副使杨绍芳曾视学白鹿洞书院，并留下碑刻《白鹿洞书院》，嘉靖三十、四十年间前后江西提学副使郑廷鹄、黄国倾来白鹿洞书院，留下题识和诗碑；嘉靖三十一年萧端蒙晚年巡按江西，在白鹿洞书院讲学，留下诗碑《白鹿洞诗》。

　　历代名人踏访庐山，镌刻题识，有的是仰慕庐山之胜景而专程远道寻访，希望在庐山留下印迹，并表达赞美之意；有的是因为他们本身是名人，当地官员或庐山寺僧为增荣耀而为之刻石；有的是官员在附近府县做官而就近游历；有的是官员考察庐山，有的是路过庐山而顺便游历；还有少许是为庐山附近官员、僧道邀约外地高官、名人为某一名胜而题字。就目前已发现可考的庐山石刻中可知：唐代书法家李邕、颜真卿、柳公权；北宋大文豪苏轼、书法家黄庭坚、米芾；南宋爱国将领岳飞、理学家朱熹；元代书法家赵孟頫；明代"前七子"邵宝、李梦阳、哲学家王阳明；清代康熙皇帝、宋荦、康有为；民国时期陈三立、冯玉祥以及蒋介石等中国历史上文化、政治、军事、宗教等领域的不少名人都登临过庐山，直接或间接地给庐山文化带来了无限的活力和发展的动力。他们在庐山创作出大量诗词歌赋，编撰学术典籍等，予以庐山深厚的艺术积淀，为这里留下流光溢彩的名山文化，其中就包括数以千计的摩崖石刻和碑刻，可以说是题刻满山，为庐山之景增添异彩。这些石刻或记山水之美，或述人物之胜，或对景抒情，或记过往行踪，有的洋洋大观，有的寥寥数语，都启人深思。名山留名人，名人多名刻，历代名人将诸多的历史故事、佳话、掌故与才华灵性赋予庐山。随着各种文化及文化名人的不断介入，发展到现在，景观陆续被发现，游览路线不断开拓，为文人增添新的题写内容，也为庐山文化充实了新的内容，注入了鲜活的个性，展现了勃勃生机。

　　在引言中我们试探庐山石刻的缘起，更倾向于从文化意识层面出发，庐山石刻最初处于一种无意识状态，由于庐山地理、交通等优势，兼具儒释道和隐逸文化传统，不断地吸引着历代名人纷至沓来，逐渐转为一种有意识的行为，于是大量的石刻出现，这种发展最终走向集体意识的行为，形成了一处又一处的庐山石刻群。

第二章

庐山历代石刻分布

　　庐山石刻数量庞大，各朝代、各阶段、各地点分布不均，且呈现出相应特征。为了对庐山石刻有一个系统的结构性的认识，在本章中采用定量结合定性分析的方法，对庐山石刻进行相对系统而全面的分析，并试图找出各朝代的分布特征，梳理庐山石刻发展的历史脉络，勾勒庐山石刻发展的大致轮廓。本书主要以出版的图书为基础，对庐山现存石刻进行比较查证，从石刻内容、地点、年代、形制、作者身份、书体、文体等八方面进行数据统计整理，并详细记录了其查证资料出处（其查证资料的数据统计见下表）。通过几本资料的比对查证，对个别书籍记载有误但查证已佚的不作统计或误计为已佚的重新统计。

庐 山 石 刻 研 究 资 料 统 计

（单位：方）

《庐山历代石刻》	《庐山诗文金石广存》	《庐山名胜石刻》	《白鹿洞书院碑刻摩崖选集》	《庐山石刻》	《会讲故事的庐山石刻》	《江西日报》
233	186	7	72	155	3	1

　　相传庐山最早的石刻是夏禹刻字，相关的史料记载，庐山

至今仍存蝌蚪文。自晋以来，唐、宋、元、明、清延续至近现代一千六百余年内，各朝代石刻不断出现，因受自然因素和人为因素的影响，诸多石刻已佚，这些珍贵的墨宝，人们只能见于史书之记载。将庐山现存的石刻按照历史沿袭区分，可分为唐代以前的石刻（史志所载的石刻）、现存的唐代石刻、宋代石刻（北宋石刻和南宋石刻）、元代石刻、明代石刻、清代石刻和民国石刻（注：统计整理数据过程中发现北宋和南宋在庐山石刻的分布上有区别，为了更准确地了解庐山石刻的真实演变，故将宋朝细化为北宋和南宋分别整理）。在本书的研究中，对现当代石刻及研究价值相对低的石刻予以舍弃。为此，我们对现存庐山石刻数据进行列表统计。据统计，现存的庐山石刻数量近千方，时代最为久远者可追溯至唐证圣元年（695）乙未岁。从历代石刻的数量上看，明、清和民国时期的石刻数量占绝对优势。庐山石刻的分布范围十分广泛，可以说是遍及南北，主要集中在山北的东林寺、牯岭南的天池山、九十九盘古道，山南的白鹿洞书院、秀峰、万杉、归宗、醉石、卧龙潭、玉渊、玉帘泉等地（见彩图《庐山石刻分布示意图》）。特别是庐山山南地区，因为地理位置优越、人员密集、道路通达、开发较早，位于山南的秀峰、白鹿洞书院等地石刻富集，形成了石刻群。由于秀峰的龙潭及青玉峡侧边崖壁极宜赋刻，因此在庐山各处石刻中，秀峰景区的石刻以密集和精妙著称，仅秀峰青玉峡龙潭一带就将近两百处，其摩崖石刻被列为全国文物保护单位，成为不可多得的国宝；白鹿洞书院则以碑刻集中出名，统共一百四十九处，更值得珍贵的是秀峰及白鹿洞书院的诸多石刻出自名家之手。

按照时间顺序和分布位置进行汇编庐山各类石刻，寻找庐山石刻历史的发展脉络，是揭示庐山石刻文化内涵的一种重要方法，在这种纵深的排列组合中，可清晰地勾勒出庐山石刻发展演变的历史轮廓。庐山现存石刻历代地点分布统计详见下表。

庐山现存石刻历代地点分布表

		朝　代								
		唐	北宋	南宋	元	明	清	民国	不详	总计
地点	不详	0	0	0	1	0	1	1	0	3
	山北东林寺	1	0	0	0	2	1	1	1	6
	山北大孤山	0	0	0	0	0	1	1	0	2
	山北大林寺	0	0	0	0	0	0	1	0	1
	山北佛手岩	0	0	0	0	2	0	3	13	18
	山北牯岭	0	0	0	0	0	1	7	1	9
	山北好汉坡	0	0	0	0	0	0	6	0	6
	山北花径	0	0	0	0	0	0	3	2	5
	山北黄龙寺	0	0	0	0	2	0	21	7	30
	山北黄龙潭	0	0	0	0	0	0	1	1	2
	山北剪刀峡	0	0	0	0	0	0	1	0	1
	山北锦涧桥	0	0	0	0	1	1	0	0	2
	山北九十九盘古道	0	0	1	0	16	1	1	7	26
	山北来龙埂	0	0	0	0	1	0	0	1	2
	山北罗汉寺	0	1	0	0	0	0	0	0	1
	山北马祖寺	0	0	0	0	0	1	0	0	1
	山北女儿城	0	0	0	0	0	0	12	2	14
	山北日照峰	0	0	0	0	0	0	1	0	1
	山北上大林寺	0	0	0	0	1	0	4	0	5
	山北神龙宫	0	0	0	0	0	0	1	1	2
	山北石门涧	0	0	0	0	0	4	0	0	4
	山北松树路	0	0	0	0	0	0	3	2	5
	山北天池寺	0	0	3	0	4	1	7	4	19
	山北铁船峰	0	0	0	0	0	0	3	0	3

续表

| | 朝代 | | | | | | | | |
	唐	北宋	南宋	元	明	清	民国	不详	总计
山北仙人洞	0	0	1	0	7	0	18	9	35
山北修静庵	0	0	0	0	0	0	1	1	2
山北掷笔峰	0	0	0	0	0	0	0	1	1
山南白鹤观	0	1	0	0	1	0	0	3	5
山南白鹿洞书院	0	0	7	1	57	59	4	21	149
山南白水槽瀑布附近	0	0	0	0	0	2	0	0	2
山南碧云庵	0	0	0	0	0	0	0	1	1
山南大汉阳峰	0	0	0	0	0	1	2	0	3
山南恩德岭	0	0	0	0	0	1	1	1	3
山南归宗寺	0	0	0	0	1	0	0	0	1
山南归宗寺鸾溪	0	0	0	0	0	0	0	2	2
山南归宗寺石镜溪	0	3	1	0	0	0	0	1	5
山南海会寺	1	0	0	0	0	0	0	0	1
山南虎爪崖北	0	0	0	0	0	0	0	1	1
山南华盖石	0	0	2	0	0	0	0	0	2
山南欢喜亭	0	0	0	0	0	1	0	0	1
山南黄龙山	0	0	0	0	0	0	0	2	2
山南黄岩瀑布	0	0	0	0	0	0	1	0	1
山南黄岩寺	0	0	0	0	1	1	0	2	4
山南简寂观	0	0	1	1	0	0	0	1	3
山南金轮峰三将军洞内	0	0	0	1	0	0	0	0	1
山南康王谷	0	0	1	0	1	0	0	0	2
山南凌霄洞	0	0	1	0	0	3	0	0	4
山南面阳山陶靖节祠与墓	0	0	0	0	1	1	0	0	2
山南木瓜洞	0	0	0	0	0	1	0	2	3
山南栖贤谷观音桥	0	2	0	0	2	3	1	3	11

(地点)

续表

	地点	朝代								
		唐	北宋	南宋	元	明	清	民国	不详	总计
地点	山南栖贤谷三峡涧	0	0	0	0	0	1	0	1	2
	山南栖贤谷万寿寺	0	0	0	0	0	1	0	0	1
	山南栖贤谷玉渊潭	0	0	2	1	0	4	1	2	10
	山南青莲谷	0	0	0	0	0	1	0	3	4
	山南三叠泉	0	0	0	0	2	0	0	8	10
	山南太乙村	0	0	0	0	0	0	1	0	1
	山南万杉寺	0	5	0	0	0	1	0	1	7
	山南王家坡碧龙潭	0	0	0	0	0	0	7	2	9
	山南卧龙潭	0	1	3	0	2	1	0	2	9
	山南吴障岭	0	0	0	0	0	0	0	1	1
	山南五老峰	0	0	0	0	0	3	10	9	22
	山南秀峰	0	0	1	1	1	3	0	2	8
	山南秀峰读书台	1	0	0	1	2	1	0	1	6
	山南秀峰龙潭	0	2	3	1	10	25	2	1	44
	山南秀峰青玉峡	0	2	16	1	10	16	5	22	72
	山南仰天坪	0	0	0	0	1	0	0	1	2
	山南玉帘泉	0	0	0	0	1	4	2	5	12
	山南濯缨池	0	0	0	0	0	0	0	3	3
	山南醉石	0	3	0	0	2	0	0	0	5
	原星子县蛟塘镇芦花塘村	0	0	0	0	0	0	4	0	4
	原星子县南康府谯楼	0	0	0	0	0	1	0	0	1
	原星子县文物管理所	1	3	0	0	3	2	0	0	9
	总计	4	23	43	9	134	149	138	157	657

庐山之美在山南，是不是石刻多出自山南呢？为了对庐山山南山北的历代石刻发展有所了解，我们在此基础上进一步统计。根据

庐山的自然地理位置将其分为庐山山南、庐山山北。由于原星子县蛟塘镇芦花塘村、原星子县南康府谯楼、原星子县文物管理所属原星子县行政管辖，故将此三个地点归类为原星子县。其余未能查证到的数据均记为不详。其具体历代分布如下表。

庐山历代石刻山南山北分布交叉表

		朝代								
		唐	北宋	南宋	元	明	清	民国	不详	总计
地点分类	庐山山南	1	20	38	8	97	135	38	105	444
	庐山山北	2	0	5	0	34	10	95	52	196
	原星子县	1	3	0	0	3	3	4	0	14
	不详	0	0	0	1	0	1	1	0	3
	总计	4	23	43	9	134	149	138	157	657

由上表可见，从历代庐山山南的石刻整体来说多于山北，无论是从各代数量还是总数看，除唐以外山南石刻均占有绝对优势。历代庐山石刻有其发生、发展、演变的轨迹，各阶段石刻表现不同的特点，庐山石刻发源于上古，兴起于唐、北宋时期，发展于南宋、明、清时期。南宋时期，白鹿洞书院石刻具有典型代表性，明清时期达到顶峰，民国时期石刻保存最多。题刻自南宋开始，其分布范围不断由南向北扩展，其形式多样、内容丰富，充分体现了庐山石刻的产生、发展和演变的过程。

第一节　唐代以前的石刻

从现有史书资料中索隐钩沉，我们不难发现，庐山文化历史久远，庐山石刻也存之久矣，或始于上古时期，或始于慧远。据吴宗慈《庐山志》转载《一统志》云："紫霄峰石室极深险，人不可至，有好事者缒而下，摹得百余字，字奇古不可辨，惟'洪荒漾，予乃欋'六字可识。"但好事者在何年代找到古字，志载不详。又《舆地志》载："摹得七十余字。"然迄无人亲见之，《桑纪》又载："石室今亦不知所在。"① 此峰高而壁峭，一般人难得上去。宋代陈舜俞曾在《庐山记》中说过："石室中有夏禹刻字，仅百馀，人无复至者。"可知，庐山最早的石刻可追溯到上古时期。直至清光绪间，一位名叫杨蓉镜的都昌县举人腰缠铁索，登上峰头并探得石室。所作《登紫霄峰摹禹碑歌》记录了他的见闻。其中说："紫霄峰头露光怪，人间始见古蝌蚪。此碑刻自唐虞世，洪水怀襄曾徼帝。帝曰汝禹于予治，驱逐滔滔昼夜逝。……天书纪功深勒石，点画离奇质丹赤。……人事代谢三千年，莓苔斑驳如列钱。……緪腰铁索挂山隈，足底步虚鸣风雷。……籀书斯篆走且僵，眼界心胸拓万古。七十馀字识者希，就中六字辨依稀。……予生好古嗟太晚，直向灵岩索真本。不随九鼎同销沉，美哉禹功明德远。"② 这首诗收录于吴宗慈《庐山续志稿》中，这位都昌举人拥有不朽的毅力，经过艰险的攀登，终见石室仁于峰顶，石刻奇字的形状、价值，其发现的石室时的兴奋心态，在其笔下均得到形象描绘。毋庸置疑，假设庐山峰顶石室古字事实存在的话，是具有极高的价值，关于石室古字的价值，其实明代郭子章在他的《豫章诗话》开篇就作有评价："予谓石室六字，实开豫章万世文字之祖，与衡山禹刻并大域中。"据《图经》一书记载："紫霄有石室，昔大禹治水时，常登此紫霄，以眺六合，望水湍，因刻于石室中。"传说大禹

① 吴宗慈编，胡迎建校注：《庐山诗文金石广存》，江西人民出版社1996年版，第4页。
② 胡迎建：《论历代庐山石刻的文史价值》，《鄱阳湖学刊》2010年第6期，第31—33页。

治水刻字大如手掌，春夏常有流泉淌过，字难辨清，秋冬水势小了，才能看得清楚。按《南康旧志》："山南紫霄峰有'敷浅原'三大字，未详何时镌石"，另《同治府志》还记载说，庐山最早的名字"敷浅原"三个大字，就是刻在紫霄峰一块大石头上的，人们还传说，秦始皇、汉武帝当年南巡时，都登临过此山。但由于数千年来的风吹雨蚀，诸多石刻现已荡然无存，而此石室的具体位置，至今仍有待查证。

《豫章诗话》云："庐山吟咏，始自远公。"即"崇岩吐气清"。据吴宗慈编辑的《庐山诗文金石广存》记载：庐山最早的石刻始于晋代，释慧远《佛影铭》（碑佚，文存）"义熙八年在壬子五月一日，立台拟像，岁次星纪赤奋若贞于太阴之墟，九月三日铭之于右"。刘遗民《发愿文》（石佚，文存）记载"预慧远公净土社者，凡百有二十三人，刘遗民著《发愿文》刻之于石"。刻石年月无考。

现有的文献书籍中，以吴宗慈撰《庐山志》罗列出的已佚石刻数量最多，仅东林寺就有碑佚文存的记录 41 条（数据来源《庐山志》),《庐山名胜石刻》和《庐山诗文金石广存》列出的庐山金石目录，还包括晋太元石碑、南朝宋谢灵运东林佛影碑记、远公祖师塔铭、南朝齐谢景广福观碑、慧远法师碑铭等，然所载碑石皆已佚。

庐山最早的石刻如果从上古时期算起则有几千年的历史，更多石刻存目于魏晋南北朝时期，这个时期的石刻主要分布在东林寺、西林寺，其中记载的已佚碑刻数量又多于摩崖石刻数量，最早的碑刻主要是以功能性碑刻为主，除墓碑、界碑露天外，绝大多数碑刻藏于寺观书院之内，相对于完全裸露在自然中的摩崖石刻来说，碑刻的文学性强于摩崖石刻，因此，历代史书对于碑刻及其碑文内容的记载也多于摩崖石刻。唐以前的庐山石刻以碑刻为主，并且基本上位于寺院道观内。从整个庐山历代石刻史来看，此期的庐山石刻在数量上略显单薄，却起到了开先河的作用，表现出浓郁的宗教色彩，具有鲜明的时代特征。遗憾的是，唐以前的石刻未能保存下来，我们只能见诸文献文本之中。

第二节　唐代石刻

留存至今的历代庐山石刻中，已发现年代最早的为唐代。庐山唐代的石刻距今已有1300多年的历史，时间跨度如此之长，实属难得。由于年代距今较为久远，保存下来的石刻在总数上不占优势，受自然因素和人为因素的影响，许多石刻已佚或被损毁，从现有的资料统计，现存唐代石刻统共4方，其中摩崖石刻1方，碑刻3方。白居易在东林寺寺廊题诗《读灵彻》："东林寺里两廊下，片石镌题数首诗。言句怪来还校别，看名知是老汤诗。"足以得见佛教名刹东林寺早在唐朝就已镌刻众多，名人诗作荟萃，由此可见一斑，可惜现仅存几方。

现存于莲花洞附近的龙门大壑中"海会寺"三字，是目前在庐山发现最早的摩崖石刻，该石刻刻于唐证圣元年乙未岁（695），此摩崖石刻后面还有乾隆戊午年（1738）松畔子余氏写的一首诗，这也是庐山目前发现的唯一一块保存完好的唐代摩崖石刻。此前，庐山发现的最早摩崖石刻出在宋代，它将庐山摩崖石刻史推前一个朝代，意义重大。

唐开元十九年（731）的李北海（李邕）《复东林寺碑》（图2—1），是目前所存碑刻中的最长者，字多漫漶不清，现只可辨识如下：

图2—1　李邕复东林寺碑

复东林寺碑

其藻瓶巧穷双丘，姚泓奉其雕像，工极五年，殷刊抠衣口口口口其育王赎罪，文殊降形，蹈海不沉，验于陶偶，迫火不蒸，梦口口口口利东化，或塔踊于地，或光华于天，谢客欣味而成。口口口口崇禅师者，传灯习明，安心乐行，指券犹口，薪书如生。次有果胜二维。郡道贞等，皆沐浴福河，栖止净业。诸结已尽，白黑双遣，众生可口惭。岂云伤手握笔，馀勇曷议。齐贤仁，相如好仁，慕蔺名而激节口口日。

口口口法仪外演，禅心内融。性除遍执，门开大空。其一；瞻礼云口。其二；岩幢踊出，宝塔飞来。尊容月满，法宇天开。化城改筑。口口口口万里西传，一时东现。华戎异闻，穷厚惊盼。其四；远实法圣。其五；了性了义，或古或今，心持绍律，定慧通心，睹物情分怀。

李邕文并书

大唐开元十九年七月十五日建。

八日戊寅，当代住山沙门庆哲重立石。

另一《复东林寺碑》乃是崔黯撰文，柳公权于唐大中十一年（857）所书，现已风化残损不堪，文字断续可辨40余字，残碑面积约为

70*72 厘米，碑文楷书直列，字径 4 厘米，残文如下："公权……狱化愚劫……其则……通……有……籁冷……爱而不……林乎曰能即断其……下虞江之木鸠食……之左右为塔若讲若……室若突……胜……之……"①此碑后有王世贞题识："中多率更体，而小变遒劲为文弱，亦可爱矣"，欧阳询字率更，此率更体即欧字体。这块碑刻亦是诸多漫漶之处，清初之时，碑损为多块，康熙年间被收录内廷，仅留一小段存寺。此一小块，或隐或显。光绪初年已失，乃于己丑（1879）冬，康有为来游东林，于厨下觅得之，这是吴宗慈对于这块碑刻的沿革考究②。

现立于秀峰读书台下的碑刻《大唐中兴颂有序》（见彩图颜真卿碑刻），由唐代古文运动先行者元结撰文，大书法家颜真卿手书，此石刻是元结任道州（今湖南道县）刺史时过浯溪作铭刻石，特请书法家颜真卿来此大书其所作《大唐中兴颂》刻于崖壁，世称"浯溪三绝碑"。原碑铭"湘江东西，中直浯溪，石崖天齐。可磨可镌，刊此颂焉，何千万年"，原石刻在湖南永州道县浯溪崖壁，后颜真卿的裔孙颜翊率子弟在白鹿洞授业学经，为怀念祖辈，移拓《大唐中兴颂并序》，刻石于开先寺（今秀峰寺）读书台下③。

就目前已发现的庐山石刻结合史书上记载内容分析，唐代庐山石刻总体数量不多，主要分布在东林寺、西林寺、太平观、简寂观及栖贤寺，其中以东林寺、西林寺为最。由此可知，从分布场所的性质来看，此期庐山石刻的分布还是以宗教场所为主，如同唐以前的庐山石刻，保存下来的形制仍然以碑为主。与庐山整体的开发有

---

①　欧阳泉华：《庐山石刻》，中国社会出版社 2003 年版，第 151 页。

②　吴宗慈编，胡迎建校注：《庐山诗文金石广存》，江西人民出版社 1996 年版，第 508 页。

③　钱成贵：《江西艺术史》，文化艺术出版社 2008 年版，第 345 页。

关，石刻分布地点不如宋明时期广，从地域上来看，石刻集中在山北一带。

第三节　宋代石刻

中国古代的题刻之风，初创于汉魏，盛于南北两宋，庐山的南宋石刻数量略多于北宋石刻数量，总体说来，宋代石刻数量较多，分布地域也较广。据统计，宋代庐山石刻现存可考总数多达近 150处，其中白鹿洞石刻有 27 处，秀峰 25 处，东林寺、西林寺 17 处，归宗寺、观音桥、星子县城（今属庐山市）各 9 处，白鹤观、醉石、太平观各 6 处，卧龙潭、莲花洞、三叠泉、万杉寺各 4 处，牯岭附近、石门涧、玉渊潭各 2 处，仙人洞、天池寺、如琴湖、简寂观、五老峰、庐山垅、栖贤寺、三峡涧、万寿寺、栗里、九十九盘古道各 1 处，此外，还有现存于星子县（今属庐山市）文物管理所的 4 方石刻。

从数据中可发现在白鹿洞书院、秀峰、东林寺、西林寺、观音桥、归宗寺、太平观、白鹤涧、醉石、莲花洞以及庐山附近等 29个地方都曾有过石刻创作，石刻聚集之处为白鹿洞书院、秀峰和东林寺、西林寺，特别珍贵的是朱熹知南康军时，在书院贯道溪旁、山南简寂观、醉石等地留下至今犹存的大量石刻。目前，在山南秀峰青玉峡龙潭旁有北宋李继勋的"仰镜"（图 2—2）、周行先的题识、米芾的"第一山"（见彩图米芾题字），南宋李结的题识、贾似道的题识、史文卿的题记、李亦的"龙"（见彩图李亦题字）、陈绰的题识、赵邦永的题记等；在秀峰青玉峡两侧崖壁上有南宋刘尧夫的题识、朱端章的"庐山"等字的题识、曹彦约的题识、赵希纯的题识、袁甫的题识、史膺之的题识；在秀峰漱玉亭西崖壁上存有北宋米芾的"青玉峡"三字、方道纵的题识、南宋赵与志的祷雨题识，东北崖壁上有南宋方信孺"拾枯松、煮瀑布"等字、刘镗的题识和陈绰的"寿寿福禄"四字以及马云阶的题识；在秀峰读书台下崖壁上，北宋黄庭坚刻《七佛偈》（见彩图黄庭坚摩崖石刻），楚评留刻题识；在秀峰双桂堂后亭内有黄庭坚"聪明泉"三字；在秀峰宾馆后的石壁上刻有南宋叶间的题记。

图2—2　李继勋书龙潭题识

另庐山南麓万杉寺有北宋齐廓的题识、韩绛的题识、何次公的题识；万杉寺后杉树林内存有北宋槐京的"龙虎岚庆"四字；归宗后金轮峰侧石镜溪砥石上有北宋真净文的"归宗"二字和"金轮峰"等字的题识、黄庭坚的"石镜溪"等字的题识、南宋朱端章的"山水"等字的题识和诗句"欲知眼前事，扪石听流泉"，归宗鸾溪桥上流左侧石上，刻有南宋留元刚的题识，归宗鸾溪西崖壁上有陈绰的"福禄眉寿"等字。

山麓温泉镇虎爪崖下的醉石上，也是题刻的热点之一，北宋程师孟刻有一首七言绝句、孔文仲的题识、南宋朱熹的"归去来馆"四字；三峡涧栖贤桥（今名观音桥）的桥拱下，刻有北宋元绛的题识、黄庭坚"三峡涧"三字；栖贤谷中白鹤观后山瀑布西崖壁上，北宋苏轼刻有"壁佩琳琅"题识，在栖贤谷玉渊潭南石壁上，南宋张孝祥刻"玉渊"二字和史文卿的题记；位于山南简寂观港西山麓石台上，南宋朱熹留有一首五言古风，在简寂观遗址前，涧西山麓石台上，朱熹留有"连理"二字；山南卧龙冈附近的卧龙潭右侧崖壁上刻有朱熹的"卧龙仲晦"四字和卧龙冈题识以及曾集的题识；白鹿洞书院内存有朱熹的"白鹿洞"三字、"枕流"二字、陈宓的"流芳"等字题记、陈淳祖的题识；在庐山西南康王谷（今名庐山垅）入口路旁右侧崖壁上，有朱熹所书"谷帘泉"三字。此外康王谷谷帘泉，南宋留元刚也留有题记；牯岭西南的九十九盘古道石壁上有南宋僧人雪屋"南无阿弥陀佛"等字；在五老峰之西，凌霄洞内右侧石壁上刻有南宋赵季清的题记；今藏于星子县（今属庐山市）文物管理所的有：钱氏墓志铭，撰文者北宋曾巩、书写者夏希道；刘凝之墓志铭，撰文者北宋李常、书写者路京；北宋苏颂的"解嘲释注碑"字等，而遗憾的是黄庭坚《开先禅院修造记》碑石已不复存在。

庐山的题刻之风开始盛于两宋时期，此时题刻的热点已不仅局限在东林寺、西林寺宗教场所，大体看来，此时的庐山各处已基本上有人踏足，除庐山西部分布较少外，其余地域分布较密集。分布场所上体现了两个新的特征：1.出现了一个以教育场所——白鹿洞书院为中心的石刻群；2.出现了一个景观景点——开先寺（改名秀峰寺）附近为代表的青玉峡、龙潭石刻群。

第四节　元代石刻

元朝是中国封建史上存在时间较短的一个王朝，石刻数量相对唐宋时期明显下降。现存的近千方石刻中，明、清和民国石刻占多数，即所谓：宋元碑难求，元刻更是如此，其分布特征也是山南石刻数量多于山北。据统计，元代留存石刻数目为14方，秀峰和观音桥2处，其余白鹿洞、东林寺、西林寺、归宗寺、白鹤观、卧龙潭、醉石、莲花洞、三叠泉、玉渊潭各1处。

图2—3　吴思勉玉渊潭题识

　　元代丞相别不花在秀峰龙潭旁刻的"虎"字（见彩图别不花题字），与李亦的"龙"字互为呼应，是何等的气势磅礴；赵孟頫书写白居易《庐山草堂记》；龙虎山道士金旷在金鸡峰下，简寂观油盐石路西留有题识；开先住持释师大在铁线观音像旁作题记，叙述绘刻缘由与经过；在归宗金轮峰下三将军洞内，信佛居士俊男刻有三将军洞造塔题识；在栖贤谷玉渊潭旁石壁上，吴思勉留刻玉渊潭题记（图2—3）。

　　元代题刻少，尤显珍贵，石刻分布的区域重心顺应由北往南的趋势，存留的石刻遗产表现为宗教、纪游、教育三方面内容。

第五节　明代石刻

　　明代在中国封建社会史上历经近三百年之久，保存下来的庐山石刻数量之多，分布之广。可考的庐山石刻数量多达234处，白鹿洞80处，秀峰30处，东林寺、西林寺15处，九十九盘14处，天池寺 10 处，观音桥 9 处，白鹤观、卧龙潭各 8 处，黄龙寺 7 处，归宗寺 6 处，醉石 5 处，仙人洞、莲花洞、三叠泉各 4 处，牯岭周围、石门涧、星子县（今属庐山市）城、星子县（今属庐山市）文物管理所各 3 处，简寂观、五老峰、庐山垅、金竹坪各 2 处，如琴湖、仰天坪、碧龙潭、吴障岭各 1 处，统计数据表明：石刻遗产的数目仍以白鹿洞书院为最。

在白鹿洞书院中：李梦阳为书院铭刻（图 2—4），亦留有"回流山"三字，王阳明将《修道说》《中庸》古本、《大学》古本序、《大学》古本刻于碑石之上，此外，诸多诗词如：杨廉撰文、周广书写的《宗儒祠记》，陆深的《白鹿洞诗》，屠侨的《宿白鹿洞书院诗》，苏祐的《白鹿洞诗》，任维贤的《白鹿洞诗》，严时泰的《白鹿洞书院诗》，胡松的《白鹿洞诗》，徐相的《白鹿洞诗》，杨绍芳的《白鹿洞诗》，紫霞真人的《游白鹿洞歌》，黄国卿的《白鹿洞用韵示诸生》，蔡克廉的"千古不磨"四字，王承至的《白鹿洞书院诗》，王纶的《白鹿洞即事》，汪伊的《谒洞》《秋祭》两首诗，肖端蒙的《游白鹿洞》，王希烈的《游白鹿洞一首》，高旸的《游白鹿洞次阳明先生韵》，韩光祐的《同悬梁黎廉宪游白鹿洞》，袁汝萃的《白鹿洞诗》，王俸的《白鹿洞诗》等，碑刻和摩崖石刻遍布书院。

其次，数量较多的是秀峰青玉峡石刻。宋王之道在其《奉送果上人住开先寺》言庐山开先寺（改名秀峰寺）"庐山最佳处，二林

图2—4　李梦阳题刻

图2—5　陈端甫青玉峡题识

占西东。开先在其间，泉石清而雄"。秀峰之景历来为人们所称道，因此题刻富集。青玉峡龙潭的石刻更是让人叹为观止：林廷玉的"古今奇观"等字、乔宇的"瀑布泉"三字、陈沂的"龙池"二字、方尚成的题记与诗、邵宝的题记、李元阳的题识、马世臣的"静观"二字、周祖尧的"风泉云壑"四字、南滨留"浴仙池"三字；陈端甫在秀峰青玉峡东岩壁上留刻"石屋"二字（图2—5）；在秀峰龙潭旁青玉峡崖壁上，姚元佐刻诗一首、顾桐刻题识。

　　青玉峡的崖壁上也是题刻密布：万镒刻题识、黄焯留题记、宋儒的"千岩竞秀　万壑争流"等字；另外李梦阳在秀峰双桂堂北侧崖壁上刻诗《游开先寺》；王阳明分别于秀峰读书台下和漱玉亭东北崖壁上留刻《记功碑》和青玉峡题识，值得一提的是，王阳明还在东林寺留有碑刻《游东林寺诗》；同时，张寰在漱玉亭北侧崖壁上刻"喷雪奔雷　濯缨洗耳"八字，此典出自许由的故事，借瀑布之水清喻避世出尘之意；此外，陈经在秀峰港水沟旁石上刻诗一首；徐岱于秀峰读书台下崖壁上刻《登读书台》诗一首；在秀峰后双剑峰旁，黄岩空生阁门额上，张启亦镂刻题识。

　　在归宗寺：半偈道人（僧达观）刻"归宗寺"等字在归宗寺东北后山上前往玉帘泉路边，孟遵时刻"天奇"二字于归宗后玉帘泉观瀑台上,明蠡道人题刻的"龙门"二字镌于寺后石镜峰下玉帘泉旁。

此外,还有黄谦留于栖贤谷中白鹤观后山瀑布水口上的"道岸"二字;牯岭之南,仰天坪云中寺附近大石壁上,王思任刻"惊雷不拔"等字;卢襄和郭波分别镌诗醉石之上;马朋在三峡涧观音桥下石台上刻"金井";在观音桥棺材石前砥石上,汪伊亦刻有观音桥题记;三叠泉景点处刘世扬留有两处石刻遗迹,一处是题识,另一处是在三叠泉玉川门出口侧崖壁上,刻"玉川门"三字;在卧龙潭第二潭北面石台上,陶孔肩刻"钓滩石"三字,何迁留诗一首于卧龙潭东岸石壁上;在九十九盘古道旁石壁上,郑廷鹄刻"霞谷"二字、程启充刻题记、李得阳"白云天际"等字。

明代另一重要举措是在归宗寺洗墨池旁建宗鉴堂,宗鉴堂法书收藏有明代僧摹刻的历代书法大师作品碑刻二十多方,这大概是明代高僧宗鉴所收集并刻录的。将名人石刻嵌于壁,成为石刻史上一道靓丽的风景线。清洪亮吉在其《庐山游记》一文最后载:"(洗墨)池侧南嵌宗鉴堂石刻,自宋黄庭坚至明董其昌共数十家,并尚完好。"[①]可惜在抗日战争时期大半被日寇劫运九江,后不知去向,幸存几块现存于星子县(今属庐山市)文物管理所,有摹刻钟繇《力命表》、摹刻米芾《蒋永仲帖》以及董其昌的《鹈鹕词》。

另有归宗耶舍塔铭,直接毁于日寇炮火。

明代的庐山石刻无论是保存数量还是石刻的价值上,都可谓是庐山石刻史上的高峰时期,白鹿洞书院、秀峰以及东林寺仍然是题刻的热点之处,以往没有石刻的佛手岩、九十九盘古道等地都出现了石刻。题刻分布地域显得更为广阔,存留的石刻遗产表现为宗教、

---

① 吴宗慈编,胡迎建校注:《庐山诗文金石广存》,江西人民出版社1996年版,第100页。

纪游、教育三大特点并行，此时的庐山石刻，可见白鹿洞书院石刻已独领风骚。除上述以外，还出现摹刻作品，具有教化意义，突出时人对历代经典作品的重视。

第六节　清代石刻

清代石刻整体来说保存较为完好，数量上也是可观的，达到190余处，其中白鹿洞57处，秀峰46处，归宗寺11处，观音桥11处，莲花洞8处，石门洞6处，白鹤观4处，东林寺、西林寺、仙人洞、醉石、万杉寺、含鄱口、玉渊潭各3处，九十九盘、牯岭周围、三叠泉、星子县城（今属庐山市）、青莲谷、大孤山、栖贤谷、面阳峰、星子县（今属庐山市）文物管理所各2处，卧龙潭、仰天坪、吴障岭各1处。

秀峰石刻遗产首屈一指，至今尚存康熙御书碑刻"秀峰寺"三字及爱新觉罗·胤礽题"洒松雪"三字；蔡士英刻"砥石"等字于秀峰龙潭砥石上；龙潭旁，薛胤隆留"广长舌"等字、释超渊刻"老友壁头坨"五字、龚蕃锡刻"星汉分流"等字、佟世忠题识、韩国人金琦所作的题识、叶光洛的"直泻银河"四字、叶谦刻"匡腰玉带"等字、高晋留有"源头活水"等字、曹东澍"澄心"等字、刘锡鸿的"酌以励清"题识；在青玉峡石壁上，题刻者非常之多，魏裔界刻"惊涛怒浪"等字、孟世泰刻"静观自得"四字、刘源浚的"洗心"等字、郭一鄂刻"雪浪"等字、黄虞再刻"不忍去"等字、刘英枢刻"神龙跃空"等字、吴邦枢刻"可以观"等字、傅熙山"饮石泉荫松柏"等字、原敬刻"印月"等字、金琦刻"匡腰玉带"等字、曹秀先刻"德隐""虚受"四字、郝硕"起为霖雨"等字、张维屏存"不息"等字、熊秉钧刻"科盈"等字、彭玉麟刻"漱雪流云"等字、许兆麟刻"天河垂象"四字、王之藩刻"破壁飞去""吾庐

图2—6 龚蕃锡青玉峡题识

可爱"等字、刘建德的"岩壑灵长"等字、高华的"天地同流"四字、刘瑆留刻"空人心"等字、庄同生的"具有高深"题识；在秀峰前往青玉峡龙潭路边大石上，龚蕃锡刻"片云"等字（图2—6）；秀峰漱玉亭侧石壁上宋荦镂刻"漱玉亭"三字、干建邦刻"活活泼泼"等字；漱玉亭下的石壁上宋至刻"壁公洗钵处"等字，张集馨刻"银河洗甲"等字；漱玉亭东北崖壁上吴嵩岚刻"寄傲中原"等字；秀峰读书台上，有康熙御书《从冠军建平王登庐山香炉峰》；秀峰礼堂后崖壁上龚蕃锡存"心灯佛果"等字；在秀峰后，双剑峰下的黄岩神仙洞第二门额上，张斝刻石"自在所在"等字。

关于康熙帝所书"秀峰寺"来历，乃是开先寺主持心壁渊前往江苏松江迎銮驾时，康熙详询开先情况且见心壁渊道貌非常、应对自如，康熙大悦而赐书"秀峰寺"三大字，由江西巡抚张志栋护送至寺刻石，当时庐山引为极大光耀，而开先寺此后也因而改名秀峰寺。

世称"白石先生"的宋之盛隐居庐山南麓黄龙山，在黄龙山黄龙观后龙潭东砥石上刻"龙卧处 万古源流"等字；在含鄱岭下、白水槽瀑布附近的东崖壁上，李道泰留刻"白崖"二字和题识；顾贞观刻"欢喜亭"三字于含鄱口下大道，欢喜亭石壁上；著名画家宁都人罗牧留书"宋大中丞留带处"于玉渊潭旁，以纪念江西巡抚宋荦赠玉带给栖贤寺。

白鹿洞书院碑刻众多，龚蕃锡碑刻《甲午夏日游白鹿洞》，孟光国刻"逝者如斯"等字、周昌碑刻《游白鹿洞诗》、郎廷极碑刻诗一首、张映辰碑刻"题白鹿洞"诗一首、仲鹤庆刻《白鹿洞诗》一首等，在书院贯道溪的砥石以及书院的崖壁上：左观澜摩崖石刻"不在深"三字、张集馨留刻"访道名山"四字、彭玉麟刻"清泉漱玉"四字、彭治题刻"观澜"二字。

位于归宗后玉帘泉旁郭一鄂存"峭壁飞珠"等字、郭友龙留刻"漱玉流霞"四字，石镜溪右侧崖壁上，薛所习留有"右军鹅池"等字，玉帘泉桥边崖壁上，王以憨刻玉帘泉对联一副。

此外，在五老峰下凌霄洞前崖壁上，龚蕃锡镂刻"白云深处"等字、苗蕃刻"天纵奇观"四字以及"五老高呼瀑隐"等字；黄虞再在三峡涧观音桥棺材石上刻"回澜"等字，在三峡涧口石壁上刻"众妙之门"等字；在三峡涧观音桥东中，天下第六泉（古名"招隐泉"）中基石上，薛所习刻"招隐"等字；石和阳在木瓜洞内左侧石壁上刻"石破云修"四字（图2—7）。

在庐山山南栖贤谷万寿寺遗址前崖壁上，顾贞观镌有"万寿"二字；在万杉寺后，玉佛堂左侧石壁上，南康知府薛所习刻"珍珠泉"等字；在栖贤寺前玉渊潭上，戴第元刻石"冰笏"二字、谢启昆刻"浩浩自太古"题识。

另位于古南康府（今庐山市）谯楼拱门两侧，刘方溥刻谯楼联

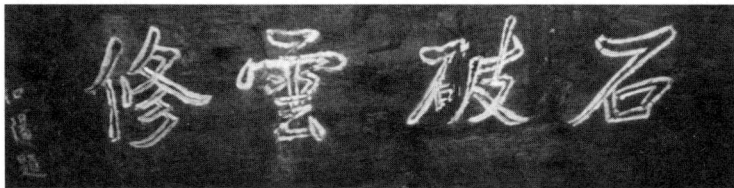

图2—7 石和阳木瓜洞题识

一副；康有为在牯岭南、玉屏山麓黄龙寺书写匾额"黄龙寺"，庐山东林寺内存有珍贵的碑刻《东林寺柳碑重现记》；在山南，南康知府王以慜将"神龙见首"等字刻于卧龙潭石壁上，在汉阳峰顶，王以慜又刻题识"庐山第一高峰"，背面与侧面另有对联等刻字。

原碑刻在秀峰寺后山，现存星子县（今属庐山市）文物管理所的王凤池碑刻《己卯春重游秀峰寺》，此外，存于文物所的还有姜泽恩的栖贤寺对联一副。

清代庐山石刻已经分布极为广泛，宋、元、明以后，过去人们很少涉足的仰天坪、汉阳峰、五老峰顶、含鄱口、三叠泉等地已成为游览之地，众多访客流连忘返，虽白鹿洞书院仍居首位，秀峰、归宗寺、观音桥等地石刻也较多。从场所上看，宗教场所、著名景区和主要干道上此时都以石刻群体的形式出现，这种石刻群对后世的影响是深远的。

第七节　民国石刻

清朝末期，英国人李德立租牯岭之东谷，成为租界地，出售片区，引来洋人在此投资建筑一幢幢别墅。从此牯岭地区成为海内著名的避暑胜地，逐渐成为庐山的文化中心。民国时期，南京国民政府因夏日炎热、各机关纷纷迁来庐山牯岭，因而庐山有"夏都"之称，牯岭一带的石刻数量剧增。由于这段时期的中国社会动荡不安，每况愈下，军阀混战，日寇侵略，此时的庐山诸多石刻折射出那一段与抗日有关的历史。

总体来说，庐山民国时期历经较短的时间内存留上百处石刻，数量多，因庐山地理位置的特殊关系使得保存尚好，较之我国其他地方数量可观，分布也极其广泛。历来题刻的热点之处，近代名人

图2—8　米霖龙潭题识

皆有涉足，如：陈富庆在白鹿洞的碑刻《白鹿洞流芳桥重修记》、周辉甫的《白鹿洞诗》等；在秀峰景区，林秉周留有《秀峰诗》；陈三立、韩国李宁斋、蓝世桓、史廷飏等留刻青玉峡题识；米霖（图2—8）、朱世贵、赵鹤留有青玉峡龙潭题识；在太乙村一带也留下了若干石刻题识。刘一公、陈三立在碧龙潭留有碧龙潭题识；僧青松、岳峻等在玉帘泉留下题记；马鸿炳于仙人洞题识；在五老峰，蒋伏生和孙鹤皋留下题识，陈兴亚在汉阳峰留有题识。特别引人瞩目的是蒋介石曾多次登上庐山，在其庐山牯岭东谷蒋介石旧居庭院内住宅留下题识："美庐　蒋中正书"，此方石刻是蒋介石最后一次即1948年居住于庐山美庐别墅时所刻。与其他时期的石刻特征形成鲜明对比的是抗战前夕的庐山充满了爱国热潮，因而遍布庐山的石刻也凝结了各阶层人士的满腔热血，蒋光鼐、马占山等在庐山纷纷题字，以明抗战决心，以示爱国斗志。抗战胜利后的数年间，在小天池一带也都留下了石刻。庐山，这座包含政治意蕴、充满浓厚政治色彩的名山影响着中国历史的进程。

庐山牯岭在晚清至民国时期得到有效的开发，因此，此期庐山牯岭及其附近的石刻数量居多，其他区域零星分布，伴随着时代的动荡不安，石刻整体数量急剧下降，以往的宗教、纪游和教育并行的特点已荡然无存。

第三章

庐山历代石刻的史料价值

中国先期的文字，更准确地应该被称作为"刻画符号"，换言之，中国文字的产生始于刻，最早的文字甲骨文就是使用刀锥契刻之类的"笔"（亦可称为"刀"），在龟骨和兽骨上形成记事符号，充分体现了古人最早的记录历史的智慧。被喻为"刻石之祖"的"石鼓文"，乃是春秋时期秦国刻在石头上的文字，开始就地放置于田野中，至隋唐于陕西雍府（今凤翔县）附近才被人们所发现，置于夫子庙，唐末五代时散失，经寻找收集，北宋时司马池再将它运到凤翔府，但已经遗失一只，北宋仁宗赵祯皇祐四年（1052），又经向传师访求，才得以补齐。北宋徽宗大观年间（1107—1110），宰相蔡京又将石鼓运至汴梁（今河南开封）置于保和殿之稽古阁。据传，在这时曾用金粉填其字，以示珍贵，永远不让人们再拓传复制，金朝灭北宋，攻破汴京，又将它劫运到中都（今北京城西南一带）。元朝建国后又移置于大都（今北京内城北部）的国子监大门内。在这里放置的时间很长，从元朝、明朝直至清朝未被再次移动过，原石共有十鼓，共计700余字，唐宋时期所剩不过300字，其中一鼓已经一字无存，历经兵火，辗转迁移，清代乾隆时期因其漫漶而仿十鼓[1]，抗战时期马衡先生将它南迁到大后方峨眉山保存，抗战胜利后迁回南京，

---

[1]　马新宇：《图说中国书法》，吉林人民出版社 2011 年版，第 16 页。

1959年运回故宫,现藏于北京故宫博物院。石鼓是由十只高度不一、直径六十多厘米的青黑色花岗岩组成,四围浑圆,中间略侈,底平顶溜。关于石鼓文的内容,据近代古文字学家唐兰等学者考证,每具石鼓记载的是周朝天子派使臣到秦国,秦献公和他们一起出游、射鹿、捕鱼等事[①],文学体式为四言韵诗。石鼓文一经出土,便立即引起了世人的重视。唐代名篇《石鼓歌》是韩愈的名作,韩愈特作一诗记述此事,"张生手持石鼓文,劝我试作石鼓歌;少陵无人谪仙死,才薄将奈石鼓何?"此诗讲述了石鼓文的起源、发现石鼓的经过进而建议当朝对文物进行保护。石鼓承载着极为重要的文物价值、史料价值。

中国石刻文字的出现是以石鼓文为标志,刻石是中国石刻的第一种形式。《墨子·鲁问》曰:"古之圣王,欲传其道于后世,是故书之于竹帛,镂之于金石,传遗后世子孙,欲后世子孙法之也。"由此可见,金石自古以来就赋予和承担了历史的使命。又《通志·金石略序》云:"三代而上,惟勒鼎彝。秦人始大其制,而用石鼓。始皇欲详其文,而用丰碑。自秦迄今,惟用石刻,夫金石,同垂不朽者也。自秦以降,金为用简,钟彝款识,偶见之。其载言载时,载功载事,一切均寿之石。"历来人们重视金石文字的史料价值,金石文字既是文物,又是文献,也是历史。著名史学家王鸣盛于《十七史商榷》序自称:二纪以来,恒独处一室,覃思史事。既校始读,亦随读随校……旁及于钟鼎尊彝之款识,山林冢墓祠庙伽蓝碑碣断缺之文,尽取以供佐证。

---

① 徐自强、吴梦麟:《古代石刻通论》,紫荆城出版社1997年版,第3页。

清代学问家钱大昕，自称笃嗜金石，《潜研堂集》卷二十五序三《关中金石记序》尝谓："金石之学，于经史相表里……盖以珠帛之文，久而易坏，手抄板刻，展转失真；独金石铭勒，出于千百载以前，尤见古人真面目，其文其事，信而有征，故可宝也。"古代碑刻用途非常广："道陌之头，显见之处，宫庙、道桥、闾里，莫不有碑。"碑刻和摩崖石刻就像是镌刻在石头上的史书，以直接而又独特的方式铭记历史与时代，被史学界誉为"会说话的石头"也是实至名归。尤其是花岗石，以其质地坚硬、经风雨、耐腐蚀、宜暴露、宜收藏等特点，被选为载体，于存在过的诸种载体中，成为使用时间最早、持续使用时间最长、使用地域范围最广的一种。庐山石刻，作为反映庐山历史的见证，既能证经，又能补史，也能辑佚与校勘，其史料价值是不可替代的。

第一节　史志价值

王国维先生在 1925 年《最近二三十年中中国新发见之学问》："自汉以来，中国学问上之最大发见有三：一为孔子壁中书；二为汲冢书；三则今之殷墟甲骨文字、敦煌塞上及西域各处之汉晋木简、敦煌千佛洞之六朝及唐人写本书卷、内阁大库之元明以来书籍档册。此四者之一已足当孔壁、汲冢所出。"上述格局在我国近百年来已发生一定变化，即便是记录材料和记录载体的不一样，但都通过某一种特定的方式将中国学问记录下来。岩石这一天然物质，却与人类文明发展历史息息相关，它通过不同的形式在人类社会发展的每一个阶段留下印记，直接或间接地服务人类。所谓"文以载道，书以寄怀"，岩石在人类很早时期，便成为表达记录思想和抒发感情的载体。中国历来有注重文字记载的传统，由于石刻存在的这种特殊属性，它记述了当时人活动的踪迹，可以称得上是社会上最为原始、也是最有价值的第一手资料，这些石刻上的镌刻内容，没有像纸质资料一样，被后人多次传抄而讹误，因其材质的特殊性，较纸质更易保存，因此为后人保存了极为珍贵的原始资料，从这一点来看，庐山石刻可补史志之不足，甚至对还原某段历史事实大有作用，此外，随着对庐山石刻关注度不断提高，许多学者将原有记载的石刻内容，却无法辨识的文字慢慢填充进来，可以填补史志的细节和缺失，并藉此可考庐山古迹的兴废。

首先，庐山石刻关于游玩题记居多，即记载创作者游览庐山时的时间、地点、所见景物、与之一起游历者等等。有些石刻还刻有人物的籍贯、职务，这些不仅对考究历代名人的人物关系有重要意义，也可丰富史志内容，并且庐山石刻上的绝大多数作者署款，提供了创作的准确时间。南康知军陈宓刻题记于白鹿洞流芳桥（图3-1）："新安朱侯在建桥白鹿洞之东南陂，面直五老，溪流绀洁，未之名。同游江西张琚、罗思、姚鹿卿、闽张绍燕、潘柄、郡人李燔、胡泳、缪惟一会讲洞学毕，相与歌吟文公之赋。得名流芳，既揭楣间，因纪岸左。嘉定戊寅四月丙午莆阳陈宓书。"此题记准确记录了陈宓任职南康军的年代、白鹿洞书院会讲盛况以及流芳桥取名之缘由。

图3—1　陈宓白鹿洞流芳桥题识

南宋留元刚在谷帘泉留有题识：

图3—2　留元刚归宗鸾溪题记

嘉定戊寅十一月壬申，与客朱沐、陈伯贤、段日严、向公美，由上京、修白、卧龙，宿万杉。癸酉，取道开先，瀹茗漱玉，登黄石岩、文殊塔，谒栖隐、梁昭明书堂，晚憩简寂。后五日，自东溪再至青玉峡。毛方平会于起亭。子潇侍，僧致柔、元澄。

留元刚在归宗寺附近鸾溪题识（图3—2）：

予自锦绣谷磨崖，岁月起丁酉迄□□之丁未，游历凡四十五所，峰□□中，下化成、护国、石盆、保兴、圣僧岩，香城、香谷、东西林。太平兴国宫□云溪水青，云际茫茫，数息龙泉，祥符、同泰、禅智、帽峰、云庆、宝积、智岩、惠济、仁寿，香积、尊胜、鹿台、妙智。取甘泉，栖云显、慈风泽、崇寿、瑶田、云居、同安，香城，柴桑酹陶靖节祠，抵能仁而还。朱沐、段日严、释惟坦偕行予。留元刚、住山昙绍

关于这方石刻，吴宗慈《庐山志·金石目》中记载："石佚，文存，一百三十八字。"《归宗寺志》记载："'在鸾溪桥上流左侧石上。'今觅之不得。"其实石刻仍存，后被发现。这两处石刻将留元刚知赣州期间两次遍历庐山南北的过程与地点记载得非常清楚，有类于两篇短小精悍的游记。行文可见此人对庐山之热爱与熟悉程度。

任江西提学副使十余载的明前七子首领李梦阳，为官期间足迹

遍布庐山山南山北，据其留存的多处石刻，可知他分别在正德六年（1511）八月游庐山、正德七年（1512）游白鹿洞拜谒三贤祠、正德八年（1513）五月三访庐山秀峰，并在题刻内容中附有陪同者。诸如具体行踪、陪同人员等内容，在其传记、地方志抑或是《明史》中都难以得到。

其次，石刻绝大多数落款具体的创作时间，还会有附上创作者的官衔、官地或祖籍地等，尤其是白鹿洞书院的碑刻，落款具体真实，为研究名人生平提供令人信实的资料。庐山在历史上分属古代南康府和九江府，历代地方官员包括知军、知府、别驾、同知、推官、知县等，以及白鹿洞书院山长、洞长等，在庐山留下不少石刻，如果将这些石刻按纪年予以排列，甚至可撰成历任地方职官表。现存志书大多为清代所撰，明版颇少，宋元方志几近于无，志书记载的仕宦或职官，偏重于他们所处时代，历任地方长官遗漏甚多，名宦取自正史占大多，正史中的传记，有的缺少在南康或九江任上的确切年代。庐山石刻的内容，可以匡补史传记之不足。比如，据史书记载，南宋末权臣贾似道在淳祐元年（1241）改湖广统领，始领军事。其秀峰题识："淳祐第一，春社三日，贾似道被旨南昌，核实军饷。舟泊星渚风作，乃游。幕属王松客、张辑、虞伯祚、刘木、弟明道侍。"石刻表明他被派往南昌因风大阻舟于南康军星子县，便与同僚其弟同游青玉峡，可发现他在任湖广统领之前，就已参与核实军饷的工作。

北宋名宦程师孟在万杉寺题识："高阳齐廓公辟、广平程师孟仲途、谯郡曹仲回亚之、谯国盛遵甫仲衮、河南毕伟万卿，虢略杨易简中理。乙酉闰五月八日同游。"《宋史》185卷"循吏"记录其传，仅叙及"进士甲科，累知南康军、楚州"，这方石刻刻有明确的时间，通过干支换算，可判断程师孟知南康军应在庆历五年（1045）前后。

又赵与志秀峰龙潭旁题识："郡守青田赵与志，宝祐戊午祷雨来此。"可知赵与志在宝祐年间知南康军，遇此年大旱，到龙潭祷雨。

再如曾集的卧龙潭题识："绍熙壬子三月五日，赣州曾集致虚、东莱吕六勋允功、括苍郭师尹、汤举、龙游桂堂、刘康同来时抱膝。新桥落成，相与观飞瀑桥上。……"清代全祖望撰《宋元学案》记为南宋初绍兴年间人，观此石刻，应在南宋晚期绍熙间知南康军。

第三，庐山石刻的内容还包括创作者会将其所处时代的一些历史事件刻之于石。如正德十一年（1516），方尚成在秀峰龙潭题识："正德辛未，因江西盗寇蜂起，王命子守镇是方，□□□行以便宜携兵，五载之间，获功四万，□□□□抵宁，三农乐业，凯奏九重。命下回任，舟至南康，出幸开先寺，观其胜水名山，偶成：文献无兵盗，□□□□□。提兵次第平。□谒开先寺，回首□□诚。时□□□正德丙子岁仲冬，钦差镇守江西等处方尚成□□监黎□拙书。"石刻略载正德六年至十一年间江西民众起事及官军镇压的情况，由此可推断出当时国不泰、民不安，以至于南昌宁王宸濠几年之后有夺取皇位的谋反之举。王阳明在庐山秀峰的《记功碑》，记载了正德十四年（1519）在巡抚南赣期间平定宸濠之乱的过程，并记录了多位从征官员姓名以及他大胜之后、待命庐山之南的时间。

此外，李结在秀峰青玉峡龙潭旁摩崖石刻："河阳李结被旨总饷蜀道，留宿青玉峡，大雅、大钧、大亮侍。淳熙己丑仲夏二日，住山僧红□刻石。"记载了他于淳熙五年（1159）前往四川途中来游庐山青玉峡。此题识对佐证其生平有一定史料价值。袁甫镵石青玉峡右侧崖壁上："四明袁甫侍亲偕胡革、边应时自溢江来游。嘉定辛未十月二日。"可考其自江州来游之行踪与具体时间。

中国古代文人学士在游历名山大川时，往往喜欢留其名于天地之间，庐山的众多题铭、题刻，既可考察古代文人的行踪，又标记题刻者的时间，这种历史的记忆功能便使题刻者名留千古。

第二节　辑佚价值

庐山石刻形式多样，其文学体裁包括题诗、题识、题记、古文等，这些广博的文学内容，有的可以辑补现有文献图书之不足。黄庭坚在庐山山南秀峰读书台下书《七佛偈》：

> 身从无相中受生，犹如幻出诸形象。
>
> 幻人心识本来无，罪福皆空无所住。
>
> 起诸善法本是幻，造诸恶业亦是幻。
>
> 身如聚沫心如风，幻出无根无实性。
>
> 假借四大以为身，心本无生因境有。
>
> 前境若无心亦无，罪福如幻起亦灭。
>
> 见身无实是佛身，了心如幻是佛心。
>
> 了得身心本性空，斯人与佛何殊别。
>
> 佛不见身知是佛，若实有知别无佛。
>
> 智者能知罪性空，坦然不怖于生死。
>
> 一切众生性清静，从本无生无可灭。
>
> 即此身心是幻生，幻化之中无罪福。
>
> 法本无法，法无法，法亦法，
>
> 今付无法时，法法何曾法。

广鉴英禅师请于书此七佛偈刻之，坡仙之遗。

元祐六年十二月大寒　黄庭坚书

此文载于同治版《南康府志》及吴宗慈《庐山续志》的《金石考》里，第十四句中第二字"心"字，二志中为"幻"误，第二十七句

图3—3　卢襄醉石题诗

"今付无法时"，吴志作"今付诸法时"①；卢襄刻在徐岱《登读书台》碑之右下方《夜游开先寺》："嘉靖戊子九月夜游开先寺：南唐有此寺，更傍庐山隅。弭节肆幽讨，抱衾慵独回。茶分瀑布水，藜照读书台。殿废亭殊俗，何须悲劫灰。吴郡卢襄嘉靖五年九月二十五日"，此诗为府县志、《庐山志》及《秀峰志》所失载。又卢襄题于醉石的诗（图3—3）："经过栗里桥边路，忽忆征君被酒时。白石岿然无旧馆，青山几处有荒祠。旷怀复出希黄上，诸作总为风雅遗。下马斜阳那可荐，高秋篱菊故开迟。　明进士卢襄题，郡倅马朋摹刻。"同治版《星子县志》《南康府志》皆未记载，旧《庐山志》亦未载，吴宗慈编《庐山续志》仅录首句，犹有舛误。

　　明末陶渊明后裔陶惟中，于卧龙潭对面的石壁上留刻摩崖石刻《五噫歌》："遥瞻帝京，禾黍离兮。噫！览彼周道，沙草集兮。噫！龙不隐麟，真可耻兮。噫！命之不藏，婴多仄兮。噫！元代许谦，乐饥饿兮。噫！　隆武丁亥夏仲栗里陶惟中书。"隆武为南明的年号，五噫歌原为东汉诗人梁鸿所作，此诗摹作，《星子县志》及《南康府志》皆不载，吴宗慈所编的《庐山志》仅有"五噫歌，在潭右石崖斜壁，此刻只辨'乐

①　徐新杰选注：《庐山金石考》，星子县印刷厂1985年，第9—10页。

饥兮噫'四字，款为'隆武丁亥夏仲栗里陶惟中书'"的记载。

　　庐山石刻中的某些诗刻未被收录在一些名人诗集中，如明代姑苏王俸，其诗集中载有白鹿洞诗二首，实则遗漏一首："石刻苔痕古钓台，鸢飞鱼跃景天开。一亭创造怀先哲，经始游观自我来。"此碑刻在白鹿洞书院；又明代姚盥仙于正德十年（1515）来庐山秀峰刻诗："曾闻此胜地，远道来登临。峭壁看云倚，悬泉听玉沉。鹤鸣山寺静，龙隐洞阴深。已涉真仙境，能专出世心。姚盥仙元佐书"；明代嘉靖四年（1525）郭波在醉石上刻有一首诗："渊明醉此石，石亦醉渊明。千载无人会，山高风月清。石上醉痕在，石下醒泉深。泉石晋时有，悠悠知我心。五柳今何处？孤松还独青。若非当日醉，尘梦几人醒。"亦弥足珍贵；近年在秀峰港沟发现的明代万历十三年陈经《游开先寺》，也是《陈经集》中无从查稽的一诗，可惜石刻下部残缺一角，未有全貌。

　　此外，一些诗刻为《白鹿洞志》《白鹿书院志》等志书所遗漏。如前引卢襄题于醉石的诗，中华书局 1995 年版《白鹿洞书院古志五种》中的郑廷鹄《白鹿洞志》卷十四未载此诗；又如上海古籍

图3—4　严时泰白鹿洞书院诗

书店 1964 年影印本《正德南康府志》卷十收录明代严时泰一首诗，但遗憾未有下列二首（图3—4）：

书院行释菜礼

匡庐山下谒先师，自采溪毛荐酒卮。

荐罢徘徊不能去，出门为恐路多歧。

观瀑布泉

龙女殷勤织出来，天然洁白绝纤埃。

澄江净练应难比，凭仗诗人为剪裁。

白鹿洞书院碑刻袁汝萃《卓尔山》：“高不在辅山，美不在龙蠡。千古望灵心,嗒然息卓尔。”此诗也未收录李应昇《白鹿书院志》卷十四，而仅有其《朋来亭》诗一首。

《庐山历代诗词全集》这套书辑录十多首庐山石刻佚诗，实由胡迎建收录。如北宋吴亮的醉石诗和诗序：“有宋三衢吴亮、禅林徐彻，元祐三年饮于渊明醉石醉仙濯缨之池：挹水濯缨池，渊明醉不知。征战君欲速，石上我忘机。 书示君采。”此诗亦未被北京大学出版社出版的《全宋诗》收录。

清代周昌《游白鹿洞诗》碑刻，为《白鹿洞书院志》五种所无，此诗碑对研究书院史不无拾遗之补：

忆丙辰、丁巳之役，予两至匡庐，虽知白鹿洞为先贤奥区，然方驰驱王事，游览未遑。既而蒙星公兄继我濂溪公来守是邦，力请于抚军安公，修复旧制。天子闻而嘉之，御书额扁。时予至自豫章，舟泊其下，减从独游。适有洞生蔡值、汪生兰两人指点古迹，慰予十年未了之怀。徘徊未忍弃去，诚快事也。聊赋一律，以纪其盛：

萧条古洞乐重新，盛世文明育瑞麟。

槛外泉声传铎响，石中云窟写天真。

万松瑟瑟参霜径，一瀑蠹蠹跃野宾。

驱尽平生鄙俗虑。欢情尤在奉清尘。

时康熙丙寅岁仲冬下浣大吉　楚郢后学　周昌谨识

此诗序中，对修复书院一事有所记载，所游时间有明确的记录。

又乾隆二十年（1755）江西学政张映辰来游庐山时所作的《题白鹿洞》一首五言排律，也为《白鹿洞书院志》五种所无：

少室栖真去，文公出守来。山川精气萃，今古讲堂开。

华盖仍留石，勘书总置台。泉从三寻下，云关五绛回。

道脉因人系，贤门望□□。乐山亲卓尔，垂雾独游哉。

白鹿沿唐宋，规模辟草莱。明礼构典礼，立教殴风雷。

胜迹碑铭庑，清风砚席推。棂门看济济，珊网正恢恢。

幸有藏修地，非夸锦绣堆。微言资讨论，异学屏喧隄。

藩奥曾游历，渊源可溯洄。徇名岂志士，观德乐英才。

仰止心弥切，经行日渐颓。吟风还弄月，生意托寒梅。

又白鹿洞书院南，原"名教乐地"坊侧、上畈李村附近的华盖松树下大石上镌有署名"吴陵仲鹤庆"一诗："播枝已成盖，苍翠尚扶疏。莫谓张虚势，松原古大夫。"仲鹤庆，清代乾隆年间人。此诗恐怕也是文本佚诗。

近些年来，陈三立《散原精舍诗文集》（上海古籍出版社2003年版），《散原精舍诗文集补编》（江西人民出版社2007年版）问世，均先后大量辑录陈三立佚文、题记，但陈三立在碧龙潭的题识未见收录："黄家坡泉之胜冠山北，而径路翳塞，隔绝人境，近十载前，海客始发其秘。庚午八月结侣来游，导者杨德洢、颜介甫。趺坐双瀑下，取康乐句题记。散原老人陈三立，时年七十有八。"如果能收录其集中，对研究此景点与陈三立在山活动不无裨益。

第三节　校勘价值

石刻除了具有史志价值和辑佚价值外，还可以利用石刻对著录和文字资料进行考证，校勘文本某些字句之讹，以考订史料，也能就史志中有争议或者研究较为疏略之处进行论证。虽然有的异文不能说明石刻一定优胜于文本，但因其成书在几十年或者百年之后，必有与当时不甚相合或遗漏之处。石刻乃当时所作，而文本是作者后来改定的，但通过比较，确实有的异文是石刻文字较文本更为妥当①。如：距今1000余年的署名为饶守李继勋书的龙潭题识，吴宗慈《庐山志·金石》作"饶守李绍勋"，实则误。庆历年间，殿中丞槐京来游万杉寺，留下题识"龙虎岚庆"（图3—5）四个擘窠大字，刻在寺后三块大石上其旁小石有落款"槐京包帚书"。此方石刻在清代黄宗羲撰文《匡庐游录》中有记载：岩刻"延祐、空山、水隐、任本重修此池"，卧石镌"龙虎岚庆"四大字，后有"槐京包帚书"五字②。此四大字高两米至四米，宽两米左右，既言包帚，则非一般毛笔，有可能是以纱包扫帚而书。用笔粗而避让有致，撇捺带弧形，勾转力重而不滞，别具一格，不愧奇伟之作。槐京，徐新杰《庐山金石志》以槐京为陕西西安一地名。释为长安附近一地名，有人认为包拯所书。同治《星子县志》作"槐京包公帚笔"，衍一"公"字，误一"笔"字。民国吴宗慈《庐山志》载：万杉寺"寺僧传为包拯书，洪亮吉已斥其非矣。槐京者人名，或别号包帚者以帚包札为笔而书"③。洪亮吉为清代常州人，曾举进士第一，为著名学者。胡迎建为《庐山历代石刻》释文时查出，作者其实并无悬念。槐京，安

① 胡迎建：《论历代庐山石刻的文史价值》，《鄱阳湖学刊》2010年第6期，第31—33页。
② 吴宗慈编，胡迎建校注：《庐山诗文金石广存》，江西人民出版社1996年版，第82页。
③ 吴宗慈撰，胡迎建校注：《庐山志·山南第五路》，江西人民出版社1995年版，第325页。

图3—5　槐京万杉寺题识

徽青阳县人，天圣五年（1027），与兄槐奕同中进士，官至尚书郎。

　　山南道观白鹤观初建于唐朝，由道士刘混成所建，宋元丰六年（1083）苏轼游历庐山，行至白鹤观，写下的《游白鹤观诗序》广为传播，自此白鹤观便名声大噪，明清之时还一度成为南康府道纪司之所，其刻于白鹤观的四大楷书"壁佩琳琅"由于受千年水流的冲刷影响，末字"琅"及题款已模糊不清，康熙版《庐山志》记载为"玉佩琳琅"，吴宗慈《庐山志》记载"玉佩琳琅"，《毛志》载："在白鹤观，苏东坡书"，并谓"遍觅不可得"，实则石刻在栖贤谷白鹤观后山黄梅涧，瀑布西崖壁上，吴志"玉佩琳琅"误"壁"为"玉"字；另，在黄梅涧还发现石刻"山水幽奇　黔中鲍正修"几字，吴志中载"山谷幽奇　黔中鲍正修"，误"谷"字①；再如黄庭坚在三峡涧观音桥下题识"三峡涧"，吴宗慈《庐山志·金石目》误记为"三峡桥"。

　　方道纵在青玉峡的题识："星渚使者李元应，置酒邀客，自万杉来开先，观漱玉绝景，徘徊良久。会者四人，鲍文友、沈广微、利道潜，靖康元年五月乙亥方道纵书。"查慎行《庐山游记》中云：

---

① 江慧：《九江日报·综合新闻》，2017年12月9日第2版。

"此镌为五十字。"今考为五十一字。

此外，明代郭波醉石诗：

闽中郭波澄卿父

渊明醉此石，石亦醉渊明。千载无人会，山高风月清。

石上醉痕在，石下醒泉深。泉石晋时有，悠悠知我心。

五柳今何处？孤松还独青。若非当日醉，尘梦几人醒。

明嘉靖乙酉季夏，偕长沙陈琦、南康叶荣、余士骥同游。

德安主人怀集、梁一柱刻

《庐山志》作无名氏醉石诗，而《庐山金石考》一书认为作者为郭波澄，字卿父，后经胡迎建查核作者是郭波，字澄卿。因题为"闽中郭波澄卿父"而出现断句之误。

朱熹在简寂观港西山脚下石台上刻诗：

高士昔遗世，筑室苍崖阴。朝真石坛峻，炼药古井深。

结交五柳翁，屡赏无弦琴。相携白莲社，一笑倾夙心。

岁晚更市朝，故山锁云岑。柴车竟不返，鸾鹤空遗音。

我来千载馀，旧事不可寻。四顾但绝壁，苦竹寒萧椮。

淳熙六年己亥三月二十八日晦翁题

其中："相携白莲社，一笑倾夙心。岁晚更市朝，故山锁云岑。"翻刻的文本中有两处不妥："白莲社"言指慧远在东林寺结白莲社，此三字在多种古书中均作"白莲渚"，"渚"多指江边或湖边，在没有语境下作"白莲渚"也可，但在此实指莲池之岸，仍以"白莲社"为妥；另"岁晚"两字，诗意表达为岁暮之意，文本作"晚岁"，"晚岁"即晚年，指暮年。此二处有可能在翻刻文本中以形近而讹或倒而造成。

"忆昔彭蠡舟，五老湖中见。今日始登临，振衣蹑层巘。五老

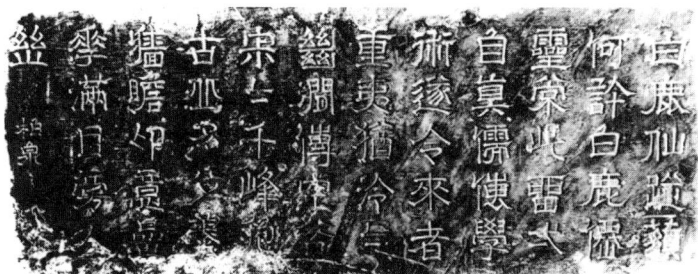

图3—6　胡松白鹿洞诗

笑相迎，依然旧时面。讶我髩苍浪，童心犹未变。岁月几蹉跎，浮生如过传。努力须及时，肯为泉石眷。感叹欲踌躇，夕春归路劝。寄语洞中人，此志早当辨。　　嘉靖辛酉春，沧溪黄国卿。"此诗是明代黄国卿在白鹿洞书院的碑刻作品，郑廷鹄编撰的《白鹿洞志》卷十四作："忆昔彭蠡舟，五老峰头见。五者笑相迎，依然旧时面。"前两句在文本意义上都可通，因庐山有"五老峰"，而非"五者峰"，所以"五者"有可能为"五老"。石刻"讶我髩苍浪"，文本作"讶我鬈沧浪"，似不如石刻语义通。

　　明代万历十三年胡梗刻本《胡庄肃公集》卷八中集有胡松白鹿洞诗，参照其留于白鹿洞书院之碑刻（图3—6）："白鹿仙踪邈何许，白鹿仙灵常此留。一自真儒传学术，遂令来者重夷犹。泠泠断涧传空谷，寂寂千峰抱古丘。多少羹墙瞻仰意，岩花满目傍人幽。"比对之发现有四处不一："常此留"作"常此宿"；"遂令"作"还令"；"断涧"作"绝涧"；"多少羹墙瞻仰意"作"多少年来羹墙意"。经细细考究，文本义皆可，但全诗押"尤"韵，"宿"为入声，与韵不合，而"年来羹墙"四平声失律，通观全诗，"还令"不如"遂令"有力，"绝涧"不如"断涧"通顺，似石刻较文本优越。

王阳明在东林寺石刻《游东林次邵二泉韵》：

> 昨游开先殊草草，今日东林游始好。
>
> 手持青竹拨层云，直上青天招五老。
>
> 万壑笙竽松籁哀，千峰掩映芙蓉开。
>
> 坐俯西岩窥落日，风吹孤月江东来。
>
> 莫向人间空白首，富贵何如一杯酒。
>
> 种莲栽菊两荒凉，慧远陶潜骨同朽。
>
> 乘风我欲还金庭，三洲弱水连沙汀。
>
> 他年海上望庐顶，烟际浮萍一点青。
>
> 　　游东林次邵二泉韵　　正德庚辰三月廿一日阳山人识

此诗与上海古籍出版社版《王阳明全集》卷二十收录相校，后者诗题作《又次邵二泉韵》。石刻"手持青竹拨层云"，文本作"苍竹"。石刻"慧远陶潜骨同朽"，文本作"惠远"，虽在古汉语中"慧"与"惠"为通假字，但"慧"属佛教名词，慧远创庐山东林寺，于庐山佛教意义重大。石刻"慧远"更为恰当，一是慧远乃人名，理应名从主人；二是"慧"字更契合佛教般若之原意。因此，用"惠"疑误。

又萧端蒙《游白鹿洞》一诗：

> 襄萝陟崇冈，松梧蓊以芑。丛石郁修崖，清流激鸣淙。
>
> 中有读书台，弦歌一何飏。白鹿发孤标，紫阳振幽尚。
>
> 堂坛宛天启，岩谷永辉壮。所以千载名，非为青山贶。
>
> 哲人云已远，高风不可抗。诜诜洞中侣，努力探玄响。
>
> 漱石掬遗波，枕流溯退嶂。邈矣庐山巅，相期览昭旷。
>
> 　　　　嘉靖癸丑岁季春月朔日　　潮阳萧端蒙书

诗句"中有读书台，弦歌一何飏"中的"飏"，《白鹿洞书院志》中作"扬"。"扬"字是属于平声，"飏"为去声，而此诗通篇押去声漾部，作"扬"字误。

又如明代韩光祐《同梁悬黎廉宪游白鹿洞》：

> 庐峰遥望处，先后数经过。今日登临胜，昔年梦寐多。
> 褰帷惭地主，拊袖喜岩阿。路出层霄外，云连一水涡。
> 振衣兼濯足，长啸复高歌。驯鹿人如在，拥皋教不磨。
> 几回吟篆竹，岂弟羡青缅。徙倚还经宿，斋心向薜萝。

巡抚江西都察院右佥都御史、篸岭韩光祐题　天启五年乙丑季春日

诗之末句"斋心向薜萝"，而《白鹿洞书院志》作"齐心"。古语中，"斋心"即"心斋"，意指摒除杂念、专一其志。此处"齐心"不如"斋心"诗意妥帖，当为形近而误。

又石刻有屠侨《宿白鹿洞书院》一诗，与其《东洲诗集》《白鹿洞书院志》较，正文无差讹，但石刻在第七句"登祠拜罢论来夕"后有双行小注："时同行少参黄君宏、佥宪师夔治具论洞书。"有此注文，则可知屠侨在与谁论鹿洞之学。

明代徐岱在秀峰的石刻《登读书台》句："古寺寂奇绝"，对勘上海古籍书店 1964 年影印本《正德南康府志》卷十此诗句作"古寺最奇绝"；石刻"千年涉沧海"，文本作"千年涉尘海"。文本与石刻文字的优劣，一览便知。

周伟《白鹿洞书院志》卷十将明代汪伊《白鹿洞次晦翁先生韵五首》题作《游白鹿洞五首》，可知此诗题不全；而关于汪伊《谒洞》诗，书院与志书两种版本皆有误，周伟《白鹿洞书院志》卷十作此诗题为"通判王允武游白鹿洞"，作者王允武。郑廷鹄编《白鹿洞志》卷十五中此诗作者为汪伊，诗题为"游白鹿洞"，观石刻可知作者与诗题均有异同，应以石刻为确。就诗刻内容看，石刻可以纠正文本作者之误与文字之误，《谒洞》第七句"登临顿觉尘襟释"，郑廷

鹄作"登临邂逅容迁客",其余同石刻。汪伊另一石刻《秋祭》一诗,周伟《白鹿洞书院志》文本诗题作"同知汪伊祀白鹿洞",石刻第二句"冲泥瘦马落花前",周伟《白鹿洞书院志》文本作"衔泥瘦燕落花前",两句诗意皆可通,有可能石刻诗为最初所作,文本为最后写定本①。

存于庐山的石刻最古老的有上千年的历史,明清石刻到达庐山石刻史上的顶峰,单纯就石刻本身来说,具有较高的文物价值,尤其是名人的石刻,是非常宝贵的文物,所记录的石刻内容十分丰富,几乎包罗了庐山文化的方方面面。这些石刻,既能有益于研究史志,可以辑佚,并可校勘文本,为学术研究提供难能可贵的资料。

① 胡迎建:《论历代庐山石刻的文史价值》,《鄱阳湖学刊》2010 年第 6 期,第 31—33 页。

第四章

庐山历代石刻的艺术价值

艺术是什么，历来学者们众说纷纭，莫衷一是。孙美兰认为：
"艺术，是人借助一定的物质材料和工具，在一定的审美能力和技巧，
在精神与物质材料、心灵与审美对象相互作用、相互结合的情况下，
充满激情与活力的创造性劳动。"① 广义的艺术范畴中，石刻艺术是
以石刻（包括碑刻、摩崖石刻）为载体，以语言文字为材料来建构
艺术造型的，并渗透着情感的形象来传达人的思想感情，反映社会
生活，是一种具有审美特征的艺术样式，其明显区别于表演艺术（音
乐、舞蹈等）、文学艺术（诗歌、散文等），甚至与造型艺术中的绘
画和雕塑也有着极大的差异。

作为世界四大文明古国之一，石器的出现是我国古人将劳动和
文明相结合的智慧结晶。从旧石器时代跨向新石器时代，许多石器
包括石器装饰品和岩画的出现，被称为"最早的石刻艺术"。庐山
石刻艺术是将书法和各书体镌刻于摩崖和碑版之上的艺术，探讨庐
山石刻的艺术价值，首先，可以从载体入手，因庐山的石刻受特殊
的载体和地域的限定，导致创作者们在创作石刻这种艺术形式时，
只能通过碑刻和摩崖石刻这两种相对固定的形制来建构；庐山石刻
在建构的过程中，通常需要经过书写者和刻工之手，而程序通常是

---

① 孙美兰：《艺术概论》，高等教育出版社 1989 年版，第 1 页。

分离的，书写者通过刻工将大部分精力投身在书体艺术和字里行间中，而刻工则专注于完成文字刻画方面的工作。刻工技艺的优劣、原材料材质的不同，极易影响石刻质量。这种通过"刀笔转换"而形成的艺术品是将各种书体展现在碑和岩石崖壁上，形成"刀笔文字"。石刻的"刀笔文字"其实也是书法的一种，书法是中国古代最高的艺术形式之一，我们在谈及中国书法史时，始终无法绕过碑学和帖学，而在清代更有碑学之极盛。庐山石刻无疑是中国书法史上最为重要的实体标本之一，折射了中国古代士大夫书法流变的轨迹，因此石刻文字中蕴含着丰富的书体艺术价值。此外，庐山石刻除表现文字书体艺术，也将画像刻于石碑之上，这又丰富了庐山石刻的艺术形式和艺术价值内涵。

第一节　形制艺术价值

汉代以前的刻石是没有固定形制的，一般直接在山崖岩面或独立的石块施刻，这其实也是最原始的石刻。庐山石刻材质的不同，刻石效果各异，同时影响石刻的整体书体风格，摩崖石刻材质为花岗岩，质地坚硬，表面需经过加工方显光滑，因此，题刻者会根据自然条件来决定书写内容的多少以及字体的大小，经刻工之刀取代题者之笔，书写力求逼真再现。特别值得一谈的是碑刻质地坚润，皆有固定形制，因而，刻手需要根据题者书写内容将字体刻于石碑之上，技艺高超的契刻，可以表现作品的特质，较多地传递出书写者的原作神韵。

庐山石刻的刻工，在石刻作品传世的过程中，扮演着举足轻重的角色。宋末元初文学家、被称为"东南文章大家"的戴表元在其《剡源集》中《题茅生刻字后》一文中写道："古之书家，无不能刻，其谓之书刀。后乃用以书丹入石，则愈劳矣。余尝行金、焦间，见米南宫题诗屋壁间，风势飞动，遗老云皆其所自凿。今人各能书，以刻字为耻，殆非通论。"可见，古人善书者善刻，后世却以刻字为耻，认为这是比较粗鄙的费力气的劳动，刻字自然便成为一项由专人专干的工作。梁白泉在《中国碑文化·序》中说："碑上无论文字、图案都有作者，其中不乏大家著名丹青手。这些作品上石，必须有劳于石工、技师；石工、技师的手艺水平，决定后人评论碑文的高下。对于后世赞美名碑，不应忘记，如若没有这些石工，哪得有这些名碑传世？"只是历来刻工工匠的出身卑微，政治地位低下，文化修养整体不高，经济状况亦是不佳，导致大量的石刻刻工在历史上基本上是名不见经传，署有刻工姓名的石刻也是吉光片羽。一方石刻作品的完成需要经过选石、书丹和刊刻的过程。所谓书丹，指的是在古代石刻制作过程中，将界格在摩崖石块、或碑石上画出，再由书手使用朱笔（即朱砂）将刊刻的内容（也就是文字）书写于石面之上，这个过程称为"书丹"，继而刻工依照"书丹"的字迹，将石刻作品刊刻完成。《后汉书·蔡邕传》中记载熹平年间，蔡邕亲自书丹之事："（熹平四年）奏求正定《六经》文字。灵帝许之，邕乃自书丹于碑，使工镌刻，立于太学门外。"后世"书丹"其实已经不限于使用朱笔，南宋姜夔《续书谱》称："笔得墨则瘦，得朱则肥。故书丹以为瘦力奇，而圆熟美润常有余，燥劲老古常不足，朱使然也。"可见使用墨或者朱砂书丹时的艺术效果是不一样的。书丹的方法也分为两种，一种是在唐朝以前，奉行"丹书石上"法，即由善书者直接用朱墨写于预先预设的刻石之上；另一种是在南北朝时期随着纸的应用和普及，发明了复制书法真迹的"双勾填廓"法，在此启示下，唐代碑刻艺术家进而发明了摹勒直印上石法，这种方法需要预先将碑面磨光，均涂满黑墨，墨上再上一层轻蜡，称为"蜡石"。同时用双勾或双勾填廓本纸背面，依照书法真迹墨色的干、湿、浓、淡，细心重复填写好朱墨。然后将摹本朱墨朝下，覆在后，再在上面覆上数层软性毛边纸，然后再覆一层牛皮纸，用光滑的鹅卵石均匀用力砑磨，摹本的朱墨直印于蜡石之上，石面乌黑，字色鲜艳，刻工即可按此镌刻[①]。

摩崖石刻

马衡在《凡将斋金石从稿·中国金石学概要》中认为："刻石之特立者谓之碣，天然者谓之摩崖。"其分类方法也是以不同形制为分类原则，摩崖石刻是常见的石刻形式，往往没有固定的外形图式，结合庐山摩崖石刻的具体情况，可将其形制可分为以下几类：

1. 直接将刻辞铭于原石之上，不加任何修整，保持自然赋予的原本特色。这些原石大小规格不同，样大者犹如巨石，例如：庐山市温泉镇栗里村虎爪崖下有一方石高七八尺，可坐十余人，仄斜着呈不规整的四边形，赫然横亘于濯缨池山谷的溪涧中，有如砥柱，石面平滑如桌，被人们称为"醉石"。相传陶渊明

图4—1　郭波醉石诗

---

①　王烨：《中国古代碑刻》，中国商业出版社 2015 年版，第 104—105 页。

弃官归来，常坐"篮舆"（即简易竹轿）往来庐山中，醉辄卧石上，更有甚者说其石至今有枕卧耳迹及吐酒痕迹，元代欧阳玄在《太玄张天师请雷提点住醉石观疏》文句首称："醉非真醉，空留石上之痕。"历代文人在醉石之上题诗刻字甚多（图4—1）。白鹿洞书院的贯道溪中亦有诸多砥石，置于水中深浅不一处，这些砥石或大或小，石面上镌有历代名人来此游历、游学之铭语。从桥上俯视，石刻迎面而来，琳琅满目，随流水波浪若隐若现。另外，像在庐山锦绣谷险峰峰顶屹立一巨石，巨石四周刻有几幅作品等。

刻在大石块或者砥石上的字迹大小通常是根据石块的大小和铭刻内容的多少而定，限于自然条件和镌石难度，这种摩崖石刻往往字数有限，石刻一般是竖写阴刻，正文刻字同等大小，落款字体小于正文，无固定外形图式，有些仅用方框将石刻文字篇幅围以示人。一些重要景点摩崖石刻在原有铭刻的基础上，后人慕名而来，不断有题刻增加，出现叠加刻字情况，从某种角度来看，也体现了一种文化的延续性。

2. 题刻者将山崖的石壁甄选为石刻地点，这些石壁的选择多倾向于山路沿山一边，或是瀑布崖壁，或是在水潭四周石壁且较为平

图4—2、4—3　白鹿洞题识

整之处，不加修整或略加修整，开凿出一块规整的长方形平面。这个平面有的是与崖壁表面齐平，有的会削凿表层，成为特定的一个刻石范围。圈定出来的刻石区域，创作者会根据石刻的内容和自然条件来选定，沿山一侧的摩崖石刻往往受自然条件约束。这些摩崖石刻通常是根据岩壁凹凸来裁定正文刻字的大小，落款字体稍小，多数用长方形阴刻框线，框图线条简单明朗，基本无花边图案。方框圈定的刻石内容有的包括整幅石刻，有的只包括石刻的主体部分，落款在框外（图4—2、4—3）。对比此类摩崖石刻，我们不难发现，瀑布岩石上或者潭水周围的石壁范围较大，受水流的作用，岩石表面平滑又有光泽，这些摩崖石刻比沿山一侧的摩崖石刻不仅篇幅较大，且字迹、轮廓清晰，书法造诣高，青玉峡崖壁上的摩崖石刻可谓是庐山摩崖石刻中的精品。由于各处崖壁、岩石的成分和质地有差异，因此，刻字的深浅不一。

3.庐山还有为数不多的石刻附属于建筑物，这些建筑物以花岗岩为原材料。此类石刻最早可追根溯源至战国秦汉时期的"勒物工名"，对这类石刻进行命名的马衡先生认为"附刻云起，谓其石不为刻文而设，因营造建筑之石材而附属刻文字也"，因此，把它们

图4—4　仙人洞题识

称之为"建筑附刻"。最常见的建筑附
刻为门额、楹联柱石等，例如：仙人洞
洞口门额"仙人洞"（图4—4）三字刻石；
位于古南康府（今庐山市）谯楼拱门两
侧，清刘方溥刻谯楼联一副："曾是名
贤过化，前茂叔，后考亭。我亦百姓长
官，且试问催科抚字。　纵使绝险称
雄，背匡庐，面彭蠡。谁作一方保障？
敢徒凭形势山川。"位于五老峰第三至
第四峰之间石室铭，以及石亭铭、牌坊
名、书院名、寺院名等，很多采用摩崖
石刻形制，其中，门额横写居多，字字
珠玑，对联则通常竖写，且互为对仗，
排列整齐。王以慜在大汉阳峰的题识（图
4—5）："庐山第一主峰。"刻在花岗岩

图4—5　王以慜大汉阳峰题识

石柱正面，侧面刻一联语，岩石背面刻"大汉阳峰"。这类石刻虽
为数不多，但丰富了庐山石刻的数量和种类，意义非凡。

　　摩崖石刻自身具有其显著特征，可就地取材，具有天然之美，
无论是风景名胜区内还是悬崖峭壁之上，都可为名山大川增色。

碑刻

　　碑是最常见的石刻形式之一，也是形制独特的一种石刻。东方
朔在《神异经·中荒经》中言："东方有宫，青石为墙……门有银牓，
以青石碧镂。"又《水浒传》第十四回："僧人指个去处，教用青石

凿个宝塔，放于所在，镇住溪边。"可见，青石自古以来便广泛用于人们的生产生活中。尤其是庐山附近横塘箬岭境内储备丰富的青石板材，石质好、品质高、材质坚韧。这些开采出来的沉积岩经过切割、打磨、抛光等工序加工，制作成长方体石块，这也是刻写碑文的主体部分。

　　几乎庐山所有的碑都可以分为三部分，即由上而下分别是碑首（亦称为碑额）、碑身、碑座。碑首位于整块碑刻的最上端，这个部分往往题写碑名等铭文，碑额上通常会装饰各种花纹图案，有的精雕细琢，碑刻形制多数为圆首或圆弧首，溜肩。碑首也有火焰尖形圭首。碑周边常刻极具艺术性和装饰性的各种纹饰：如意卷云、双凤朝阳、缠枝纹等。碑身是整块碑刻的最主要部分，也是呈现碑刻内容之处，多为长方体形状。碑身的正面称为碑阳，碑身的背面称为碑阴，正文部分刻在碑阳处，刻之不足者续刻于碑侧或碑阴处。立碑者或资助立碑者姓名常刻于碑阴处。碑刻正文中字体的大小以及行距呈现统一、规整的规律，碑额和落款略不同。有的碑刻一面刻字，有的两面刻字。碑座是指承托碑首和碑身的部分，往往用花岗石制作。碑座通常为长方体或者正方体，碑座中间有一凹槽，树碑时，碑身常位于地面之上，部分或者全部碑座插入土中，达到稳定碑首及碑身及防止碑刻下沉之作用。大部分碑刻经过精工修制，具有相近的且相对固定的形制，当然，也存在大小各异、厚薄不同、装饰和附属成分不一致的情况。碑身的厚薄，碑上所刻字体的大小与题刻者的身份有密不可分的关系，历任江西为官者留存碑刻较为正式，而文人过往庐山者之碑刻较为随意。现存于东林寺的碑刻年代都较为久远，多残损不堪，无碑首或无座，镶嵌于砖墙之内。白鹿洞书院的碑刻为起观赏和保护之效，现已镶嵌于墙上和碑林之中。

中国古代所有建筑物都体现了极为强烈的等级意识，碑刻亦不例外，《隋书·礼仪志三》载："开皇初高祖思定典礼……其丧纪，上自王公，下逮庶人，著令皆为定制，无相差越。……三品以上立碑，螭首龟趺，趺上高不得过九尺。七品以上立碣，高四尺，圭首方趺。"《大唐六典》卷四："碑碣之制，五品以上立碑，螭首龟趺，趺上高不过九尺。七品以上立碑（按：当作碣），圭首方趺，趺上不过四尺。若隐沦道素孝义者闻，虽不仕亦立碣。"潘昂霄《金石例》又说："五品以下不名碑，谓之墓碣，圭首方座。"至明人则更重申古制："古者葬之用碑……唐制五品以上立碑，螭首龟趺，上高不得过九尺。七品以下立碣，圭首方趺，上高四尺。宋制六品以上则立碑，八品以上则立碣。国朝五品以上许用碑（龟趺螭首）六品以下许用碣（方趺圆首）"（《明集礼》，卷三十七上）。也就是说，不同阶层的人所用的石形与规模都是有区别的。赵超说："以叶昌炽所说，中国的碑刻汉代就讲究形制，自然到墓志发达的北魏，墓志形态更显示出了一种等级制度。"[1]庐山碑刻规格最高的与皇帝相关，明太祖立碑于位于仙人洞景区外侧的称为御碑亭。整座建筑富有特色，由石门、石柱、石瓦、石墙和石脊构成，凸显稳健与厚重，四角檐高耸，角上雕刻着鱼、龙等精美图案。御碑亭的正门门额上刻"御制"（图4—6）二字，御碑位于亭中央，高大的御碑下建有两层石制台基，使御碑显得尤为威严。镂刻敕文的石碑材质为上等的大理石料，高约3.6米，宽约1.3米，厚约0.2米。碑的正面刻《周颠仙人传》，共2080余字，碑阴刻《祭天眼尊者、周颠仙人、徐道人、赤脚僧文》及两首诗歌。碑上诗文皆为朱元璋所撰写，碑文及碑首篆文均为时任给事郎、中

---

① 杜海军：《石刻之文体特性刍论》，《兰州学刊》2016年第11期，第11—18页。

图4—6　朱元璋御碑亭（图片来源于网络）

书舍人詹希原所书。御碑亭还建有石亭遮盖碑刻，以保护皇帝尊威，碑体较厚实，象征等级之高，身份之尊贵，其余人皆不可逾制。实际上，庐山还有另外一座赐经亭，位于黄龙寺以西约200米处，为明朝万历神宗朱翊钧为其生母"慈圣皇太后"所建，但由于所建者没有明太祖如此有名和具有传奇色彩，因此御碑亭和赐经亭有巨大的差别，御碑亭碑石下有两层石基，而赐经亭御碑下却未建石基，素平，无庄严之感，似乎在隐隐表露，皇太后虽贵为太后，但因其出身低微，而无"根基"；另一个等级观念明显的例子是康熙的秀峰寺题字的碑长3米，宽1米，其子胤礽同年于秀峰寺立碑，碑长2米，宽0.9米。

古时的碑刻多与丧葬文化和儒释道文化有关。庐山碑刻富集之地莫过于白鹿洞书院，现今白鹿洞书院建有东西碑廊，碑廊两侧陈列自唐至今的上百块碑刻。白鹿洞书院的诗碑形制通常较小，且多数镶嵌在墙上，保留在书院中记事碑形制大，尤其是记载重大事件的碑刻尤为突出，大多单独树立，碑刻的大小与碑刻内容的多少有关，亦与记录事件的重要性有直接的关系。

此外，庐山众多寺观之内及原星子县文物管理所亦藏有诸多碑刻。也有聚集而成的碑刻群，大多碑刻立于白鹿洞书院，较为集中，用于刻写经典、名篇、院志、重大事件、修造记、纪事等。

第二节　书体艺术价值

书法艺术是书家们通过对字体的二次创作，强调在书写汉字的过程中，重视笔墨技巧的个性化特征，造成笔法、章法、墨法和结体的差异，同时，也强调表达创作者的学识与涵养。可以说，中国的书法艺术最早是源于"刻"，最早的汉字甲骨文即书契在龟甲和兽骨上，在中国的书法艺术中，石刻书法占有极为重要的一席之地。所谓石刻书法，是将各种书体文字按照原有的笔画和形状，翻刻于石和碑之上。庐山石刻是以石刻艺术的形式进入艺术殿堂的，通过刀工具的运用，将平面的书体艺术变为立体的刊刻艺术，使平面的书体艺术得到进一步的升华。庐山石刻材质的不同，导致庐山石刻的形制不一，各种书体在碑刻和摩崖石刻中表现的细节也会有所差异。石刻由各种文字组成的永久符号，字形的好坏，主要体现在书写者在书法艺术上的造诣，马新宇在《图说中国书法》中指出："汉字生成之后，文字的发展就进入到正体、草体、美化装饰性书体分途并行的漫长的书体演进阶段。篆、隶、楷书分别是先秦和秦代、汉代、魏晋南北朝以后的官方正体，具有严格的法度和雅正的典范美。隶、楷、行、草诸体是在篆书时代的日常实用'草体'基础上，整饬规范而来，活泼生动而不失法度。篆、隶、楷、行、草，这五种书体的最终形成，如同古乐的宫、商、角、徵、羽一样，大大拓展了书法抒情达性的艺术功能，促进了书法艺术的繁荣。"南朝宋书法家羊欣《采古来能书人名》云："颖州钟繇，魏太尉，同郡胡昭，公车征。二子俱学于（刘）德升，而胡书肥，钟书瘦。钟有三体：一曰铭石之书，最妙也；二曰章程书，传秘书，教小学者也；三曰行狎书，相闻者也。三法皆世人所善"，这里记载汉朝大书法家钟繇的书体及风格特征，他的三种书直到六朝时期仍为世人所研习，其中他最擅长的"铭石书"，指的就是写在碑石上的书体①，即当时所称的汉魏时期的八分隶书。可见，铭文在碑石之上的隶书书体乃是各书体艺术中的一个重要组成部分，也是书法家或是文人学者展现书法的一个重要平台。

　　首先，庐山石刻书体齐全，篆、隶、楷、行、草五体俱全，以楷、行居多；其次，庐山石刻作者涉及古今中外的名人佳士，既有帝王将相，又有历代书法大家、文人学士、地方官员，甚至还有来自韩国的历史名人，展示了各朝代书法艺术造诣，呈现出书家如林、风格多样的局面，中国古代有名的书法家在庐山留下了众多书法精品，特别是保存至今的唐代大书法家颜真卿、李邕的遗迹；第三，庐山石刻基本上留存历代书法家的真迹，有的属于珍藏某一书法家存世作品极少的情况，有的是保存某一书法家作品的某一种书体而罕见的情况；第四，刻石者在不同时间来庐山，留下的作品即便是采用同一种书体，也因材质和书写时心境不同，所现特点也不尽相同。例如史文卿知南康军之初的玉渊题记和第二年的青玉峡题记同属于游记，然青玉峡题记显见端丽稳健而流美；第五，书法离不开传承，

----

　　① 李海荣：《试论六朝铭文石刻的书体演变》，《南京社会科学》2007 年第 6 期，第112—118 页。

有些书写是师承某一书家，有些是师承百家、博采众长而自成一体，书法造诣较高。千幅庐山石刻不仅记录了庐山周边地区的人文风情，还保留了多元的民间书法艺术，总之各朝各代书法家彰显出来的书法艺术在庐山现存的石刻当中得到了充分的展现。

篆书

篆书作为各书体之母体，具有高古典雅的艺术生命力，有大篆、小篆之分。大篆因形立意，结体浪漫自然，古朴而凝重；小篆结构严整，体势修长，笔法简约均一，线条婉曲而遒劲。篆书之淳古浑穆，倍受历代书人所喜爱，庐山石刻篆书书体延续基本特征，也别具一格，且摩崖石刻和碑刻上所呈现篆书书体有略微差异。

归宗寺住持真净文在石镜溪砥石上题刻"归宗"（图4—7）二字，笔画方正雄厚，古趣盎然；李亦于秀峰青玉峡龙潭内创作的擘窠篆书"龙"（见彩图），入峡迎面可见，巨大而醒目，是庐山石刻中最大一处摩崖石刻，体正势壮。有的笔画将横转为斜笔，而转折圆弧，气势磅礴，骨力雄强，堪称篆书之佳作；元代丞相别不花在龙潭镌刻"虎"字为大篆书体，别具创意，一笔勾连，笔画粗细均匀，折笔或方而有角，或圆而有弧形，环曲勾连，整体呈规整的长

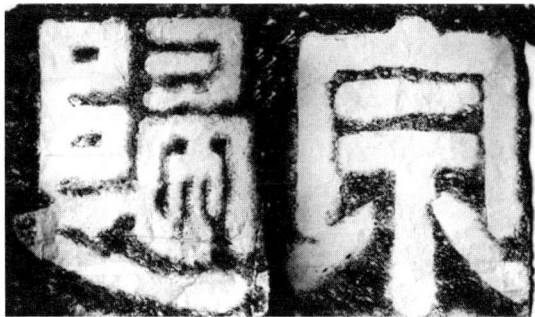

图4—7　真净文归宗寺题识

图4—8　陈沂龙潭题识

方形而有棱角，可见蒙古人对汉文化的崇尚，对汉字掌握的熟练程度，山如虎，瀑如龙，"虎"与"龙"字互为呼应，为庐山之景增添了几许不凡的气势和文化氛围。

秀峰龙潭的"瀑布泉"是规范的小篆体，为明代乔宇所书，结体呈长方形，上密下疏，聚散自如，运用环曲勾弧线线条，笔势均匀圆畅，形态修长，娟娟可爱；饶有意趣的是，明代嘉靖年间陈沂在青玉峡题刻"龙池"（图4—8）二字，为略呈不规则形的篆书，笔画粗而短促，左宽右窄，左放右收，"龙"字形略长，"池"字形体呈方形，拙实而富有古趣，与署款"陈沂"（楷书）二字的开展舒放形成鲜明的对比，由此可见，篆书书体也别具特色。

万历年间半偈道人即高僧紫柏在归宗寺东北后山上，前往玉帘泉路边题刻"归宗寺"三大字，用篆书中的金文字体写成，"归"字化繁难为简易，笔画精严，"宗寺"二字不求平整而姿态秀雅，实为篆书中的佼佼者。另有一方石刻纪年不详，位于黄龙潭边石壁上，篆书"龙泉"二字，利用繁体阴刻竖写，款杨□。

《语石》卷三云："额题篆书为多，分书次之，有真书、行书、有籀文、缪篆……唐宋御制碑多以飞白题额……草书绝少。"[1]朱元璋与陈友谅争夺鄱阳湖征战中，认识了道人周颠，周颠有预测能力，言多中，有法术，进献丹药为朱元璋治病，深得朱元璋宠信。洪武二十六年（1394），朱元璋在庐山顶端建亭立碑，并亲撰《周颠仙

---

① 赵超：《中国古代石刻概论》，文物出版社1997年版，第14页。

人传》，詹希原刻《周颠仙人传碑》，碑额用为篆书，碑刻聚集之地白鹿洞书院中的上百方碑刻大多以篆书额，皆为篆书中的上乘之作。

隶书

隶书起源晚于篆书，隶书亦被称为"佐书""八分"。事实上，汉字的基本功能首先表现在其实用性，由于正体的篆书书写过于繁复，秦汉之际，阻碍了人们利用汉字进行快速的传达和沟通。据史料记载，秦代程邈是当时的一名罪犯，关在监狱里时，将日常使用的文字加以整理，挣脱古文字的仿形和图案化的束缚，改变原有篆书的笔势、笔顺、笔画连接方式，从而构成早期隶书书体的基本特征，简化成为三千字的隶书。当程邈以其创新的文字改革交由秦始皇审阅时，得到秦始皇的赏识，并戴罪立功，遂将隶书书体推行天下，于是就成为一种新字体。因此，隶书相对于篆书来说，是形式上的一种快写和简化。

书法史上，谈及篆书改变成为隶书时，常以一句"破圆为方"来形容，隶书更具有庄重性，篆书相比于隶书而言，隶书最明显的标志就是其字体扁平，字与字之间的间距较宽，行与行之间的间距较窄，隶书的"破圆为方"，确立了汉字以水平垂直线条为基本元素的方形结构，这一次文字的定型经过两千多年，由隶入楷，一直到今天都没有太大的改换。隶书在文字的革命影响可以说是既深且远 [1]。发展到东汉时期，已到达顶峰，因此，书法界流行"汉隶唐楷"之说，比较中国书法中的五种字体可发现，汉字中最为庄重的书体就是隶书，隶书书体的基本特征是结体方整、点画排叠、长横波势

---

[1] 蒋勋：《汉字书法之美》，广西师范大学出版社 2009 年版，第 55 页。

和挑法左右开张①。其书法重在"蚕头燕尾"、"一波三折","蚕头"指的书写隶书时水平线条的起点，通常汉字的写法是水平起笔自左往右画线，但是隶书的起笔却是从右往左逆势而行，笔锋先往上提再往下按，转一个圈，从而形成若"蚕头"的顿捺，继而笔锋聚集继续往右移动，到达水平中段时，慢慢拱起，就像是古建筑中飞檐中央的拱起部分，尔后笔锋下捺，笔力愈来愈重，水平右移，最后慢慢挑起，使用转笔的方式使笔锋向右出锋，形成一个逐渐上扬的"雁尾"，呈现出来书写的整体效果则是略微宽扁，横长直短。隶书上承籀篆，下启楷行，无论在文字学上还是在书法史上都占有光辉的一页②。庐山石刻的隶书书体石刻大多为名家所刻，用笔敧斜有致，有明显的起伏和波磔，给人一种整饬规范、美观典雅之美。

朱熹在知南康军时在卧龙潭附近建卧龙庵，欲期满后隐居于此，在卧龙潭右侧石壁上刻"卧龙"二字，字体隶中带楷，"卧"字左部"臣"之内不与左竖连接，"龙"字右边将大撇缩短，化三撇为三点，见其匠心独运，雁尾有扬起之势；另，朱熹知南康军期间在康王谷题刻"谷廉泉"、醉石上题刻"归去来馆"均属隶书，寓飘逸于整饬之中，略作变形，高浑简穆。王鏊在其《震泽集》评论朱熹的书法称"晦翁书笔势迅疾，曾无意于求工，而寻其点画波磔，无一不合书家矩蠖，岂所谓动容周旋中礼者耶"，观此信然。

南宋淳祐五年（1245），僧人雪屋在九十九盘古道石壁上题刻隶书"南无阿弥陀佛"六大字，横、撇、捺多作仰而上扬之势，结体端庄，韵味醇厚；明嘉靖年间刘世扬的三叠泉题识，有少数字剥落，

---

① 马新宇：《图说中国书法》，吉林人民出版社 2011 年版，第 28 页。

② 李中原：《隶书流变及审美特色》，《深圳大学学报》（人文科学版）2004 年第 2 期，第 58—62 页。

无法辨识，以篆书笔意写隶书，笔势圆劲，结体或长或短，字距行距都较紧凑，朴拙中有茂密之气；嘉靖年间郑廷鹄在九十九盘古道旁石壁上所刻"霞谷"二字属汉隶，笔法古朴厚实，遒劲中自有一种端庄稳重之态。"霞"字结体紧密，"谷"字撇捺写作一横，略见弧形拱起，结体宽松舒展，别具特色。

被称为"宋四家"之一的黄庭坚，在栖贤谷三峡涧观音桥下留下的题识"三峡涧"三字，属汉隶而带竹简笔意，笔画舒展，布局大气，颇具个性，但却有一抹宋代文人士大夫特有的矜持和理性色彩。黄庭坚一生书法以行、草为著，且其传世作品中也是行、草居多，其隶书传世作品甚少，因此颇为珍贵。

明嘉靖末年宋儒留刻在秀峰前往青玉峡的石墙上"千岩竞秀万壑争流"，为隶属双勾刻石，略带篆书笔意，古朴端庄。此外，署款南宋宝祐年间、题刻者不详，在仙人洞洞口右侧"佛手岩"（图4—

图4—9　仙人洞口右侧宋刻"佛手岩"

9）。此处岩字为异体字，为横写隶书，遗憾的是"佛"字右下角残缺；位于仙人洞景区观妙亭对面道旁岩石上的"竹林寺"三字，据志书记载为明代石刻，字体似隶非隶、似楷非楷。

在庐山的石刻中，隶书书体的石刻作品数量较少，隶书书体创作的发挥空间受到局限，但是保存下来的隶书作品，皆为上乘之作。

楷书

楷书是魏晋以后流行的正体字，因这种字形体方正，笔画平直，可为楷模，称作楷书，正楷、真书、正书是楷书的别样叫法。楷书由汉代的原始行书发展而来，参以隶书的逐渐演变，较之隶书更趋于简单化，字形由扁改方，笔划中简省了汉隶的波磔，是至今最为流行的一种书体。曹魏时期的钟繇历来被视为新体楷书的奠基者，王羲之再度整饬钟书，形成了萧散简远的魏晋新体楷书。此后，经由唐代欧阳询、虞世南、褚遂良、徐浩等楷书名家的进一步发展，最终形成以颜真卿、柳公权为代表的法度严谨的唐楷。唐楷的完善标志着汉唐时期书体演进的最后终结，书法发展也进入到以风格流派为中心的新的历史时期①。仔细研读庐山石刻作品可发现，庐山石刻楷书书体居多，不乏有大家之作。

由元结撰文、颜真卿书写的唐代碑刻《大唐中兴颂有序》，是唐大历年间，颜真卿受元结之邀的力作。楷书行笔缓慢，外密内疏，端严宏伟，恢弘博大，若有凛然正气所在，颇具盛唐气息，相比于初唐时期欧阳询的楷书，中唐时期颜真卿的楷书厚重森严，又不乏饱满大气，笔法在刀的凿刻之下显得更具有时代的典范意义，这些

---

① 马新宇：《图说中国书法》，吉林人民出版社 2011 年版，第 36 页。

刻在石碑上见证历史的线条，所传达出来的宽阔胸怀影响着中华民族一千多年的书法学习者。由于《大唐中兴颂》摩崖石刻撰文、书写、刻字都十分奇特，即"奇石、奇文、奇字"，故后称之为"三绝"。颜体书法向来为历代书法家所推崇，相传黄庭坚曾几次到永州道县浯溪学颜字，同时还题名作诗，一并刻于《大唐中兴颂》左侧。元时郝经撰的《陵川集》中，更称赞"颜鲁公"（因颜真卿曾在山东当过官，故称鲁公）。《大唐中兴颂》为书法家规矩准绳之大成，所以，各地复刻《大唐中兴颂》者多[①]。在书法史上，可以说颜真卿是继二王之后书法成就最高的书法家。苏东坡对颜体及其历史地位有如此评述："钟（繇）、王（羲之）之迹萧散简远，妙在笔画之外，至唐颜、柳，集古今笔法而尽发之，极书之变，天下翕然以为宗师，而钟、王之法益微。"

书法史上将颜、柳相提并论，有"颜筋柳骨"之说，颜、柳楷书堪称一流，成就巨大。米芾称柳书"如深山道士，修养已成，神气清健，无一点尘俗"，项穆所说"骨鲠其刚，耿介特立，然严厉不温和也"[②]。柳公权留于东林寺的楷书作品也是唐楷中最为杰出的代表之一，瘦劲峭险，如清涧寒水，苍岩嶙峋，笔力沉挚，法度精严而华丽雕饰，刚健中亦不乏婀娜之致。

皇祐四年（1052）韩绛与人同游庐山山南万杉寺，留刻"子华学士同游，长安翁日新徒，孟春八日来游精舍，颍川韩绛皇祐四年"。此二十八字，结体疏朗，笔笔劲健爽利而又清雅有韵味，从欧体出而又兼有魏碑的方拙；苏轼在栖贤谷白鹤观后山瀑布西崖上留刻"壁佩琳琅"四字楷书，气象雍容，笔画稳重圆转而骨力内含；元祐三

---

① 　徐自强、吴梦麟：《古代石刻通论》，紫荆城出版社1997年版，第99页。

② 　马新宇：《图说中国书法》，吉林人民出版社2011年版，第98页。

年（1088），时称"清江三孔"之一的孔文仲（另"二孔"为其兄弟孔平仲、孔武仲）与僧鸿式游醉石，留下题识以记录其行，寥寥九字，笔画清劲，结体疏朗而朴实，孔虽为时代名流，然书法极少流传，有此弥觉珍贵。

在秀峰读书台下崖壁上的《七佛偈》（见彩图），是黄庭坚游开先寺时应住持广鉴瑛而书，为楷书略带行书，结体内紧外松，笔锋爽利，横划偶有波磔，而不肯滑过，撇捺尽情舒展，整体布置均匀疏朗，意蕴潇洒，秀骨飘然，全无尘俗气。黄庭坚是北宋四大书法家之一，自称"老夫之书，本无法也。但观世间万缘，如蚊蚋聚散，未尝一事横于胸中，遇纸则书，纸尽而已，亦不计较工拙与人之品藻讥弹。譬如木人，舞中节拍，人叹其工；舞罢，则又萧然矣"。这幅作品也是黄庭坚参禅悟道、人书合一的绝佳注脚①。

米芾，字元章，号襄阳居士、海岳居士等，为"宋四家"之一，以书法闻名于世，自称用笔能"独得八面"。米芾早年受唐楷影响至深，其刻在秀峰漱玉亭西崖壁上的"青玉峡"三字，一笔不苟，笔力千钧，沉着雄健，横竖笔画粗细相近。黄庭坚认为米芾字"如快剑斫阵，强弩射千里，所当穿彻"，名副其实。

朱熹在简寂观留刻诗一首与"连理"二字，以楷书入刻，秀整而雅，笃实稳健，严谨中又含有几分潇洒自在。其在卧龙潭的题识，用笔老练精到，提按有致，有规矩而又不呆板；南宋淳熙年间，南康守朱端章在青玉峡崖壁上留"庐山"（图4—10）二字以及在石镜溪砥石上的"山水"二字，楷体大而布局匀称工整，气韵厚重，

---

① 马新宇：《图说中国书法》，吉林人民出版社 2011 年版，第 124 页。

蔚为壮观，可见其对擘窠大字有极高的把握能力，镌刻笔画极深而阔，至今犹未损坏；明正德年间林廷玉在秀峰龙潭旁留刻"古今奇观"四字楷体，略呈长方形，师法柳体，笔画瘦健挺拔，结体紧密而略显拘谨；康熙在秀峰的碑刻"秀峰寺"三大字楷书，呈长方形，笔笔讲究，用中锋，俊秀清朗，亦清代台阁体之矩范。值得一提的是，一些石刻作品中的楷体中带有隶书、篆书笔意，庐山石刻楷书书体多有承习颜真卿、柳公权、欧阳询、苏轼、虞世南、褚遂良、钟绍京等名家。白鹿洞书院碑刻主体文字内容丰

图4—10　朱端章青玉峡题识

富，楷书书体居多，因楷书书体较于其他书体在刻石时更加易于操作和保持书体原貌。

行书

行书是介于楷、草间的一种书体。相传由东汉末年刘德升草创而来，行书又细分为行楷和行草，行草是指字体写得较为放纵流动，近于草书；行楷是指写得比较端正平稳，近于楷书。行书中的牵丝可谓极具特色，牵丝是书写者在书写过程中点画各种形态上的笔毫的使转，这种笔毫的运动往往在点画之间，字与字之间留下了相互牵连、细若游丝的痕迹。行书是楷书的快写，是楷书的流动。可以说行书具有"秾纤间出，血脉相连，筋骨老健，风神洒落，姿态俱

备"的美感特征①。

行书与楷书不同，不强调法度的严谨齐整，反而追求当下的随兴和意外，把艺术创作里不受刻意控制的情感流露作为重点，让书法线条随心情变化自由发展。在理性意识与感性直觉之间游离，写作时如苏轼所说："如行云流水，行于所当行，止于所不可不止。"②

李邕，字泰和，人称"李北海"，为北海太守，是初唐时期最为杰出的书法家之一，出生于江左世族之家，天资聪颖，工书法，向有"文章、书翰、公直、词辨、义烈、英迈为一时之杰"之盛赞，是唐初期享有盛名的一代名士，其书法造诣更是名扬四方，颇具盛唐气象。宋朱长文《续书断》列其书法作品为"能品"。明代董其昌更是将李邕与王羲之相提并论之，言"右军如龙，北海如象"。以行书入碑刻始于唐太宗时期，元代刘有定说："初行草之书，自魏晋以来，惟用简札，至铭刻必正书之。故钟繇正书谓之铭石，虞、褚诸公，守而勿失。至邕始变右军行法，劲拙起伏，自矜其能，石悉以行狎书之，而后世多效尤矣。"李邕一生多以行书书碑，精工行楷，相传一生撰书碑石八百余通，诚如《宣和书谱》所载："邕精于翰墨，行草之名由著。初学右将军行法，既得其妙，乃复摆脱旧习，笔力一新。"李邕在庐山东林寺留有碑刻《复东林寺碑》，据宋陈舜俞《庐山记》记载曰：《东林寺碑并序》，陈州刺史夏江李邕撰并书。僧云皋始刻石焉。"开元十九年七月十五日建，该碑的建立得到了洪州刺史裴休和江州刺史张又新的资助。裴休在篇末云："览北海词翰，想见风采"，"张亦作记于碑阴"③。此《复东林寺碑》

---

① 马新宇：《图说中国书法》，吉林人民出版社 2011 年版，第 54 页。
② 蒋勋：《汉字书法之美》，广西师范大学出版社 2009 年版，第 126—127 页。
③ 钱成贵：《江西艺术史》，文化艺术出版社 2008 年版，第 343 页。

虽漫漶不清，犹可窥其作品之绝妙，是其著名的寺碑之一。李邕倾力于对书艺追奇、悟化、创新，在这方碑刻中，突显其行楷作品之妙，结体严密，欹侧处横势，用笔强劲俊利，线条奇崛，锋芒外露，方劲而骨力突出，豪放洒脱，却又显示风度娴雅的书艺风格①。《复东林寺碑》是几块传世碑刻真迹之一，实乃韩陵片石。清代刘熙载评说："李北海书气体高异，所难尤在一点一画皆如抛砖落地，使人不敢以虚怯之意拟之"，"李北海书以拗峭胜，而落落不涉作为。昧其解者，有意低昂，走入佻巧一路，此北海所谓'似我者俗，学我者死'也。"可见，李邕的书体艺术成就在此方碑刻尽显非凡。

尤擅行书的米芾能在正侧、偃仰、向背、转折、顿挫等用笔上掌控自如，在秀峰龙潭留存"第一山"三字行书，"第"字笔触轻重有致，字形较长，"一"字波磔而稳妥，"山"字力担两头，字形略向右侧，此三字笔势沉着痛快，气韵潇洒健放。

南宋曾集在卧龙潭石壁上刻题识，记载同游者行踪与游览之乐，行书字体，学黄庭坚之笔法，瘦硬见骨，横划波磔，撇捺舒长，结体内紧外放；南宋后期马云阶在秀峰刻石"与我同情"（图4—11）四字行书，笔势秀雅而灵动，率意自然，结体变化而统一，动静结合，俊爽潇洒；雍正写宋代周敦颐名篇《爱莲说》，以隶书笔意写其文题目，行文用行书，笔法娴熟圆活，应规入矩，气韵酣畅，唯骨力不足。

元代赵孟頫书白居易《庐山草堂记》，亦是行楷字体，笔画婉丽流便，温润秀媚，结体方中带扁，布局舒朗，意态从容，仿佛见其神情超逸，《元史》本传称赵孟頫"篆、籀、分、隶、真、行、草无不冠绝古今，遂以书名天下。"赵孟頫是晋唐以后颇具影响力

---

①　王德义，李鸿智：《李邕和赵孟頫书体艺术之比较》，《牡丹江师范学院学报》（哲学社会科学版）1997年第3期，第46—48页。

图4—11　马云阶秀峰题识

的杰出书家，堪称"诗书画三绝"，也是诗书画成就的集大成者，其有书法作品存庐山弥足珍贵。

王阳明在秀峰读书台下刻《记功碑》（见彩图）以及存于白鹿洞书院的《修道说》《中庸》古本、《大学》古本序、《大学》古本碑刻，楷书中略带行书，苍劲中姿媚跃出，潇洒自如，气畅神是，为王阳明传世之妙品，其东林寺碑字体属行草，笔画老健奔放，撇捺恣肆，结体大小错落有致，每行从左上到右下略呈斜侧，潇洒中蕴藏着高古之气；嘉靖年间陆深镌刻于白鹿洞书院的诗碑《入白鹿洞游眺》，此行书源自二王，笔画细劲圆畅，清秀灵动，婀娜多姿，行距较宽，疏朗有致；万历年间，陈经在秀峰港水沟诗一首，观其书体似从颜体化出，兼有二王笔法，笔画较丰腴，字体行草变化，布局错落有致；嘉靖间，苏祐碑刻在白鹿洞书院诗二首，行草笔势流畅，大小错落，欹侧顾盼，疏朗有致。

《白鹿洞书院古志五种》（1995年版）记载："万历辛巳（1581）有道人至白鹿洞，索笔墨于东洞中。诸生吝不与，遂拾蒲书屏，墨色烂然。末自署云：紫霞真人编蒲为书。"《游白鹿洞歌》便是紫霞真人编蒲草为笔书写的，咸丰十一年（1862）主理洞学的潘先珍立此诗碑，共六块竖长碑，下题："辛巳三月，紫霞真人宿此洞，编蒲为书"①。书法属行草，笔力遒劲，笔法跳荡腾挪，大小错落有致，舒展开张，潇洒畅达，奔放不羁，如天马行空，似从黄山谷书法中来，此碑刻书法可谓之白鹿洞书院乃至庐山最有名之行草；爱新觉罗·胤礽在秀峰碑刻"洒松雪"三大字行书，点画丰满秀润，顾盼生姿，结体紧密，端庄中蕴流丽之美，得二王风采；康有为因在东林寺发现柳公权《复东林寺》碑，记述而刻石《东林寺柳碑重现记》，碑刻为行草书体，点画不计工拙，当断处则断，当转处则转，用笔藏露兼备，似学苏、米，近代画家符铸称其书"肆而不蓄，矜而益纯，不如其言之善也"，此碑记也抒发了他对世居变更的苍凉感受②。此外，明代蒋永仲摹刻米芾的行书贴，清康熙摹刻米芾《从冠军建平王登庐山香炉峰》，都是行书书体的佳作。

草书

汉朝时期，人们为了书写的简便，在原有汉字造型（隶书、行书等）基础上通过相邻点画、结构的粘连、浓缩，形成新的指代性符号来表述原有汉字复杂造型形态，形成了自成体系的草写汉字③，

---

① 陈绵水：《庐山文化读本》，江西人民出版社2009年版，第226页。

② 欧阳镇、胡迎建：《东林大佛话净土》，江西美术出版社2013年版，第150—151页。

③ 刘清扬：《论草书基本型与标准草书》，《西华师范大学学报》2013年第2期，第109—112页。

简而言之，草书是在隶书、行书的基础上加以改造形成，相对于正书而言，其特点是结构简省、笔画连绵。草书分为章草、今草、狂草。草书往往给人一种狂乱中觉得优美之感，是汉字中比较"随意"的一种字体，但却饱含着抒情和写意功能。庐山石刻的草书书体的艺术性主要体现在碑刻作品中，原因主要是草体艺术中的飞白部分很难在坚硬的花岗岩石壁上表现出来。

现藏于原星子县文物管理所的岳飞石刻"还我山河"四字石刻草书，笔画迅捷，爽利有力，似一气呵成，疑从怀素书法中来；嘉靖年间，徐相在白鹿洞书院刻诗一首，全幅作品为草书，实属难得，笔势连绵酣畅，线条婀娜多姿，神气自足，富有流动感、跳跃感；何迁在卧龙潭刻诗一首，书体为章草，整诗右上倾斜排叠取势，撇捺开张，其横笔起笔露锋斜按，收笔重按轻提，顺势轻提或下顿出锋，颇具隶意，然笔画腾挪跳荡，结体富有张力，古趣盎然。

董其昌（1555—1636），字玄宰，号思白，华亭（今上海松江）人，出身贫寒，通禅理、精鉴藏、工诗文、擅书画，其书法取意高古，淡雅简远，开辟了文人书法的新格局，是继宋代米芾、元代赵孟頫之后声誉最著、影响最大的杰出书家。用笔以劲利取势，以虚和取韵，笔锋出入看似全不着力，但随手点染皆力到笔端，灵动飘逸而不乏筋骨。结字欹侧取势，跌宕起伏而时有出逸笔，章法于五代杨凝式《韭花帖》所得为多，字距、行距空阔疏朗，以白计黑，以简驭繁，颇有萧散简远之境。用墨清朗润泽，浓淡相间，并喜用绢帛作字，用以强化作品的视觉效果。①"董体"的风格，圆润劲利，逸宕潇洒，结字妍正，秀美见长。其章法布势，

① 马新宇：《图说中国书法》，吉林人民出版社 2011 年版，第 169—170 页。

字间、行距特别宽绰，善于用墨。加上本人性和易通禅理，艺术上更添一层空灵剔透，丰神独绝。清代书法家王文治就特别推崇董书，并把董书列为神品。他一生最重视的只有王羲之、颜真卿和董其昌三人，颜真卿之后当推董其昌。他在《论书绝句》中说："书家神品董华亭，楮墨空无透性灵。除却平原俱避席，同时何必说张、邢。"其以草书书写欧阳修的名作《鹎鹕词》，率易自然，笔画瘦健，于流畅中兼备生涩之趣，结体秀媚，时作欹侧之态，风格疏宕秀逸。

明崇祯年间的举人"白耷山人"，镂于仙人洞左侧石壁上的"云海"二字，运笔流畅，气韵贯通，极为洒脱；清乾隆年间曹秀先在秀峰青玉峡西壁上留刻"虚受"二字，中锋与侧锋交错为用，翻转自如，气韵浑厚，属于今草；咸丰年间彭玉麟在白鹿洞枕流桥下刻"清泉漱玉"（图4—12）四字草书，笔多萦转，跌宕自如。

总体说来，摩崖石刻通常字大而少，碑刻字小而多。因此，在花岗岩材质上书刻草书书体的难度大于碑刻材质，特别是草书的飞白效果在摩崖石刻上体现着实不易，但据统计数据来看，庐山摩崖石刻草书书体作品多于碑刻。

图4—12　彭玉麟白鹿洞题识

第三节　庐山人物画碑刻研究

毋庸置疑,庐山石刻存在的主要形式为文字石刻,在开先寺(今为秀峰寺)和白鹿洞书院等地还存留一些碑刻画,与庐山宗教和儒学有关,碑刻画的存在使庐山石刻的形式趋于多样化。

开先寺(改名秀峰寺)观音像

庐山石刻创作者除在碑石或岩石上刻文字外,还会刻以图案。庐山碑刻画中最为出名和现存年代最为久远的是释师大的石刻观音像(铁线观音像),此碑刻画(图4—13)附题记:

观音菩萨半身像者,唐大和中神僧笔法。我朝南岳懒牛藏主祀菩萨有年,一日募到荆门、玉泉宣授佛光,慧行普照。永福大师、钟山和尚出资,遂命善画者姜月境,作为全身象,勒之于石,为诸众生作大饶益,厥功懋矣,端与庐山同朽也。

泰定二年乙丑　开先禅寺住山师大题

万历乙卯　星子县知县王成位迁立,主簿张伟督工

此碑刻有观音像及造像题记,原刻在秀峰大门之北路旁,旧招隐泉侧,以亭覆之,法身长一丈六尺。吴宗慈对庐山石刻进行考察时发现其下段已有损泐,原碑被毁于1966年,现立之碑乃是根据原星子县文化馆所存的由刘海清拓制的拓片,采用原星子县特产金星青石料为巨碑刻制,经过专业人员悉心描摹补绘成像刻制而成,重立于秀峰小广场下方。现碑刻高3.7米,宽2米。

造像题记历代以来被视为比较重要的文字石刻,主要流行于北朝及隋、唐时期,宋代以后出现得较少。造像题记有简略与详细两类文体,简略者仅记录造像者姓名籍贯和造像缘由以及造像时间,

字数一般在50字上下[①]。
在此题记中，师大是石
刻观音像的题记者，师
大其人乃是元代泰定年
间开先寺住持，其详细
叙述了绘刻缘由与经过。
据明代万历年间星子县
王成位记载，此像元泰
定二年（1325）永福大师、
钟山和尚出资请姜月镜
仿唐大和宗时期一神僧
笔法所作，旧为半身像，
后姜月镜补绘成全身像。
画像采用国画中的铁线
描法阴线刻，故称铁线
观音像。此像观音叠坐

图4—13　铁线观音像

于仰覆莲座上，身披云锦绣衣，衣饰华丽，头戴凤冠，脸朝右侧，
双眼丹凤，大耳垂轮，悬胆鼻，抿嘴，面目慈祥，赤足，左手平托
胸前，右手持柳叶置胸前，手腕向左下垂，体态丰腴，法像端庄，
身后圆形佛光。石像刀法精细而纯熟，线条流畅而圆劲，描绘精细，
疏密有致，画面饱满，具有典型的盛唐时期风韵，是极为难得的佛
教艺术作品。此像反映宗教主题，同时也进一步印证了庐山自东晋
以来"释道同尊"，宗教文化繁盛的历史。

---

① 赵超：《中国古代石刻概论》，文物出版社1997年版，第221页。

东林寺高僧名贤碑刻画

佛教圣地东林寺有十八高贤影堂，内陈列近代石刻艺人吴曹标绘刻的《十八高贤像》，讲述的是慧远法师为弘扬佛教，在东晋元兴（402）创建白莲社一事。说到庐山的东林寺，首先让人联想的慧远大师。十八贤士中的刘遗民（352—410），也是晋代著名的佛教居士，原名程之，字仲思，彭城人（今江苏徐州），曾任宜昌、柴桑二县令，因不苟同时俗，后隐居庐山，改名遗民。刘遗民与慧远法师有深交。其他一些知名居士如豫章雷次宗、雁门周续之、南阳宗炳、张莱民等也不期而至，前来听法修行。在慧远法师的倡导下，邀一百二十三人集于东林寺①，此一百二十三人皆"息心贞信"之士，并在庐山般若台精舍阿弥陀佛像前建斋立舍，誓相提携，专修念佛三昧，期往西方净土，是为"白莲舍""莲社"，且令刘遗民依据自己的念佛旨意而著《发愿文》，其中名声最著者十八人，世称"十八高贤"。由是，东林寺历代刻有十八高贤像供奉于寺，嵌于祖堂东西两廊分别是：慧远法师、慧永禅师、慧持禅师、道昞和尚、昙顺和尚、僧浚大师、昙恒禅师、道生禅师、昙诜法师、道敬禅师、佛驮耶舍禅师、佛驮跋陀禅师、刘程之居士、张野居士、周续之居士、张诠居士、宗炳居士、雷次之居士。

此碑画像取法传统人物造像技法，突出表现人物最具代表性的形体与神情特征，从而很好地表现十八高贤的各自不同的性格、气质和人生经历。画面造型生动、准确、十分传神。其中，《慧远大师像》（图4—14）刻画了慧远大师潜心参研佛法、专心致志、不为外界

---

① 陈绵水：《庐山文化读本》，江西人民出版社2009年版，第184页。

所动的形象，展现了佛学大师深厚的内在修养和不落凡尘的高远境界，是庐山儒释道文化和隐逸文化的高度结合与体现。

白鹿洞书院朱子碑刻像

朱子像（图4—15）立于白鹿洞书院朱子祠内，材料为碑刻常用的青石，花岗石座，高150厘米，宽100厘米，为阴线刻立像。朱子像左侧刻有字："从容乎礼法之场，沉潜乎仁义之府，是子盖将有意焉，而力莫能兴也。佩先师之格言，奉前列之余矩，惟黯然而日修，或无几乎斯语。"朱子像右侧刻："绍熙五年孟春良日，熹对镜写真，题以自警。大清光绪十五年(1889)仲秋吉旦新安余庭训敬摹。"[①] 朱子像历来有多种，形容不同，此像根据朱熹自画像应最为真，额也有七小痣，古人谓之七小星。朱熹是"新儒学"的领袖和集大成者，以其为主要代表人物在此对孔子的儒家思想进行了历史性的传承，又将经学学说融于其中，弘扬义理和儒学其他派别，他吸纳佛家之思想和

图4—14　慧远大师像碑

---

① 欧阳泉华：《庐山石刻》，中国社会出版社2003年版，第134页。

道家之精华，最终一套完整而又严密的理学思想体系形成于庐山。庐山的儒家文化是以白鹿洞书院为载体，儒家思想在此发展的高度史无前例。在书院立朱子像，一方面肯定了朱熹对白鹿洞书院的贡献，另一方面也表达了后人对朱熹的敬仰之情。

图4—15　朱子碑刻像

庐山历代石刻的文化价值

庐山成为文化名山，是历代佛、道、儒三家文化在庐山相互影响相互作用的结果。庐山以其独特的奇峰飞瀑、儒释道文化，加之所处大江大湖之旁的便利交通，吸引了无数官员、文人学者、骚人墨客前来游览、隐居、讲学，高僧名道来此参禅修道。他们观照奇山胜水，寻觅先哲遗踪，将不少题识、纪事、诗联作于摩崖或镌碑，所作石刻题记或诗文，都融入其人的情感，希望留存后世。石刻与名山胜水相得益彰，有着珍贵的文化价值。

对于庐山石刻的文化价值研究我们从两个方向加以探讨：一个是以史书记载的和历史考证的方向出发，另一个则是从石刻所附着的文化意识形态出发。而从文化意识层面出发探讨鲜有为之。石刻文化是出于人再现外物印象的本能，是精神外化于石。所以庐山石刻不仅仅要从历史价值看，还要着眼于一个文化意识。

庐山文化深受儒释道文化的影响，如何勾勒庐山石刻的文化轮廓以形成对庐山文化的整体概念，而不是零碎的部分，如何将庐山石刻的物理性质和文化性质相结合？为此我们运用了统计学的方法对庐山石刻进行编码分类后定量定性分析，以便从历史发展的角度来理解庐山石刻的文化意识。

本书将庐山石刻按照时间、作者身份、地点文化归类三者两两之间进行交叉分析。对于这三者的分类在这里要加以说明：

1.对于统计时间的界定，庐山石刻作为一种文化表现形式，在时间脉络上完全按照纪元年制的形式划分是很难的，尽管纪元年制的划分很细，能更容易抓住庐山石刻在时间轴线的发展变化规律，但考虑到很多的石刻因为落款信息和史料记载不全等因素，刻石的年份难以一一辨明，故只能以朝代划分。但按照朝代划分也有其不足，固然朝代的交替对文化的发展有重要影响，但也会模糊很多的焦点，因此导致我们在研究文化发展特征及具体转变无法更精准的发现。例如宋代，南宋的庐山石刻明显多于北宋，而且主要集中在白鹿洞书院和开先寺（秀峰寺）青玉峡龙潭。如果单纯按朝代的自然变更来分析，就容易模糊庐山石刻在南北宋的重大转折。所以，在庐山石刻的时间划分上更加注重庐山石刻的文化发展线轴和朝代的相互结合。在时间线轴上至少有两个因素交叉影响，一是从无意识向有意识发展，二是从个体向集体发展。在具体的朝代划分中，由于考虑到北宋和南宋时期对于庐山石刻文化的影响不同，故将宋朝分为北宋和南宋，除宋朝分为南北宋以外，其余均按照朝代自然划分。

2.对于作者身份的分类，我们将其身份分为僧人（佛）、道士（道）、文化名人、外地过往官员（外官）、当地官员、教育主管类（简为学政）、平民及身份不详者，每人只计一次身份，身份重复的另计一类，身份重复是指同一人物在庐山保存的石刻超过一方以上。由于文化名人往往具有官员身份，故我们只把其文化身份远高于其官员身份的个人按文化名人计算。

3.对于石刻地点的属性，我们把庐山石刻按地点、按其所附有的文化特征分为儒家、佛家、道家、风景四类，其中还要一类是现存于原星子县（今属庐山市）文物管理局。而对于史料记录不全，在进行这三类整理统计中未能查证到的均记为不详。其具体关系如下表、图。

朝代与文化的交叉表

（单位：方）

		朝　代									
		唐	五代十国	北宋	南宋	元	明	清	民国	不详	总计
文化	儒家	0	0	0	5	1	56	59	4	20	145
	佛家	1	0	6	3	0	11	6	35	17	79
	道家	0	0	1	2	1	8	0	18	13	43
	风景	1	0	13	31	6	55	81	80	106	373
	文物局	1	0	3	0	0	3	2	0	0	9
	不详	1	0	0	2	1	1	1	1	1	8
	总计	4	0	23	43	9	134	149	138	157	657

朝代与文化的交叉图

（单位：方）

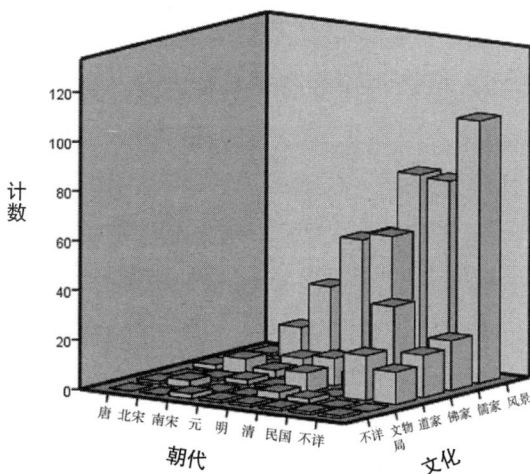

朝代与题刻者身份的交叉表

（单位：方）

		朝　代								
		唐	北宋	南宋	元	明	清	民国	不详	总计
作者身份	文化名人	2	3	0	2	4	4	2	0	17
	佛	0	3	1	2	5	1	2	0	14
	道	0	0	0	1	1	0	0	0	2
	外官	0	6	3	1	26	26	23	5	90
	当地官员	0	3	18	1	30	40	7	2	101
	学政	0	0	0	0	13	22	0	1	36
	平民	0	1	1	0	10	10	11	3	36
	身份不详	2	5	11	2	31	25	65	128	269
	身份重复	0	2	9	0	14	21	28	18	92
	总计	4	23	43	9	134	149	138	157	657

朝代与题刻者身份的交叉图

（单位：方）

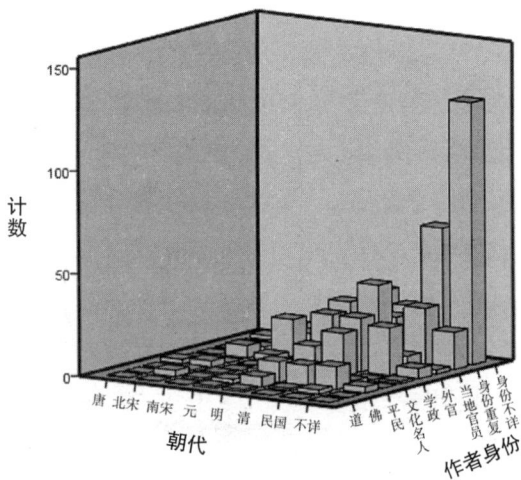

题刻者身份与文化关系的交叉表

（单位：方）

		作 者 身 份									
		佛	道	外官	当地官员	学政	文化名人	平民	身份不详	身份重复	总计
文化	儒家	0	1	29	31	25	2	5	39	13	145
	佛家	2	0	12	8	1	2	3	36	15	79
	道家	0	1	3	1	0	1	4	29	4	43
	风景	9	0	44	59	9	8	24	164	56	373
	文物局	2	0	1	2	0	3	0	0	1	9
	不详	1	0	1	0	1	1	0	1	3	8
	总计	14	2	90	101	36	17	36	269	92	657

题刻者身份与文化关系的交叉图

（单位：方）

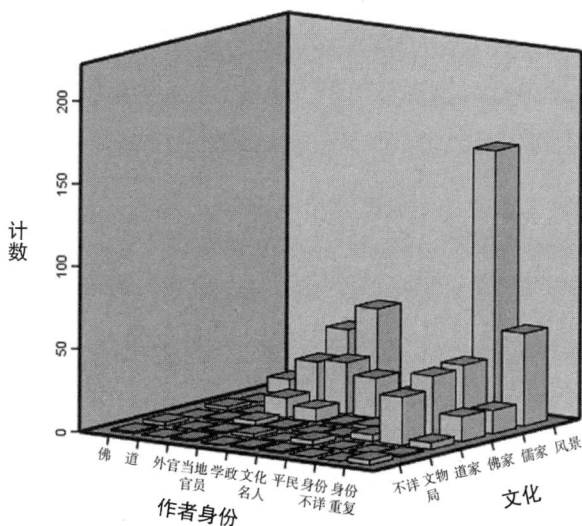

由上述表、图所呈现的庐山石刻数据来看，庐山整体文化呈现出佛教早，儒教强，道教"化"的特点，而庐山石刻则在这三种文化的融合中发展。所以从时间上表现为文化三阶段和从文化知觉印象中表现为一轮廓，即前象阶段、连象阶段、后象阶段和"释白"一轮廓。

佛教早，儒教强，易明白，而道教"化"则主要是在以秀峰为代表的风景类石刻，以白鹿洞书院为儒家文化类石刻，东林寺、西林寺、归宗寺为代表的佛家石刻，以简寂观为代表的道家石刻数量的统计来看，历代前三者的数量都较多，而道家类的石刻较少，至少在一个侧面反映了道家作为一个单纯的主体式微。道家的式微也未必是真的式微，更主要指的是作为单纯的主体形式逐渐下降。为了全面了解庐山石刻所反映的道教文化，结合庐山石刻的内容分析，道家思想随处可见，作为渗入到各种文化之中，因此把道家的这种文化渗透叫做"化"，不可遇见，却如影随形，不备形而聚万物，似是而非又似非而是。这倒符合道家本来的本质，道法自然。

庐山石刻好似一种象征，具体地说，就是将动态阐释建立在石刻内容和文化意识的一种相互建构关系。象征是隐秘的但却是人所共知之物的外部特征，通过庐山石刻符号性找到其所暗示喻指的文化。为了寻找庐山文化的发展脉络，笔者将庐山石刻按其文化发展分为庐山石刻前象阶段（晋朝以前）、连象阶段（晋朝至北宋）、后象阶段（南宋至民国）。前象阶段庐山石刻主要是个人或集体的随意创造，缺乏疑问和自我意识，石的某些特征与竹、帛、纸一样，主要是内容的载体，并不有意地形成一种文化，功用性较强。连象阶段庐山石刻则摒弃了石刻的这种实际功用性，在继承前人石刻的基础上更加注重对当前流行文化模式的吸入，主要以名人为主的个人，特别是文化名人的有意识创制为主，这里也兼备一些群体特征，但无组织的形态，即非组织化的群体。后象阶段庐山石刻主要是一种集体的文化意识的加强以推动石刻的发展。这里的集体是有组织的形态，即组织化的群体。另外从教育主管（学政类）统计数据来看，从南宋开始，特别是明清两朝统治阶层明显意识到儒家文化圣地的作用，也加强了庐山作为儒家文化的教育管理，集中体现在白鹿洞书院。

在研究庐山石刻的过程中，重点考虑如何构形庐山石刻的文化轮廓以形成对庐山文化的整体概念、重视整体构形，而不是零碎的部分，以此理论定庐山石刻文化轮廓，笔者将庐山石刻文化之"形神"定义为"释白"。从统计的庐山石刻来看，以东林寺和白鹿洞书院为代表的石刻是较多的，因此定义上，表层单纯以石刻的物理存在看，以东林寺为发端的始佛家石刻，简称为释，以白鹿洞为始的儒学石刻，简称为白。深层庐山文化意识的意义，释为解释和释放，是中国文人的文化解释和释放之地；而白，意则一为空白，中国历代文人都把庐山当作创作平台，二为留白，是与无处见真妙。

庐山石刻作为一种文化的存在是不断觉醒的过程。庐山石刻最初表现出宗教的发端，最后形成了纪游、铭训、咏景、抒怀、箴政多层次并举的格局，其文化内涵大致可划分为宗教、教育、纪游、政治、社会生活及外来文化数类，然而这几类作品不是单一表现某一文化征象，而是相互融合在一起[1]。古人记事、抒情于石刻中，将诗词散文和精美词句镌刻于岩石和碑版之上，成为无声的语言。历

---

① 胡迎建：《论历代庐山石刻的文史价值》，《鄱阳湖学刊》2010 年第 6 期，第 31—33 页。

代庐山石刻文化犹如一本石质百科全书,多角度、全方位地再现了庐山的人文风采,庐山的山水自然文化、书院文化、宗教文化、隐逸文化、儒家文化等在庐山石刻文化中都得到了充分的体现。

第一节　铭地名之符号

一方石刻,二三文字,短小精炼,便赋予了一处景致特有的名号,石刻地标(包括标记地界的碑石)以其特殊的文字寓意和别具一格的字型结体而有了"个性签名"的形式美,形成了标明"自我"的地名符号,这些地方因为有石刻而有更加确定的名称,也因此让景物更加有名气和吸引力,且增强了石刻所处地的故事性、趣味性和神秘色彩。

位于庐山主峰汉阳峰的汉阳台上,王以慜正面楷书"庐山第一主峰",背面书"大汉阳峰",成为庐山地理位置最高的地标。

仙人洞在唐宋至明均为佛寺,石洞高深三数丈,上方顶前端有一石块参差不齐,与五指伸张的手掌极像,向称为佛手岩。清吴阐思形容"如手之俯而五指历历"[1]。明代吴国伦曾为此赋诗:"佛手从空覆翠微,参差峰色竞相辉。僧巢石室云为卧,客过崖泉雪满衣。金粟朗披千界出,宝花寒堕九江飞。凭谁莫怪登临癖,一入名山悟息机",在石洞旁有另一块石刻上镂"佛手岩"三大隶书大字,这也是庐山最形象的岩石名字。直至清道光年间以后,佛宇废,改建道观,洞遂称为仙人洞。

朱元璋在战胜陈友谅三年后,问鼎中原,推翻元朝,认为庐山对他的统一大业贡献之大,便封庐山为"庐岳",与东岳泰山、南

---

[1]　吴宗慈编,胡迎建校注:《庐山诗文金石广存》,江西人民出版社1996年版,第95页。

岳衡山、西岳华山、北岳恒山、中岳嵩山等五岳并列。"爵以尊号，禄以秩祀"，以表彰庐山的功绩，并在兴建庐岳祠之前，规定南康、九江两府每年春秋"合祀天池寺"，这是中国封建朝代第一次对庐山的礼敬尊重，这无疑大大提高了庐山的历史地位①。

在庐山山南，康熙四十七年（1668）御书"秀峰寺"，将开先寺敕封为秀峰寺，为庐山秀峰寺增添了几许光环；朱端章镌于秀峰龙潭石壁上的"庐山"二字，是庐山名称中最庄重的写法；米芾在龙潭侧刻"第一山"赐予了庐山名副其实的雅号，以至于在桂林独秀峰有一方形同的摩崖石刻，乃后人仿庐山此处的米芾真迹，其在秀峰崖壁上题识"青玉峡"，使秀峰青玉峡之美名更加掷地有声。

康熙二十七年（1688）宋荦擢江西巡抚，在任职期间，到往庐山巡视，行至庐山开先寺见寺宇洞敝，于次年重修庐山开先寺，至今，秀峰石壁上还留有《庐山诗》组诗。

北宋僧人若愚在开先寺龙潭侧边建一亭，见亭外瀑布泉水纵落龙潭，流水于石上犹如鸣珠漱玉，故称所建之亭为漱玉亭。宋荦在漱玉亭侧石壁上也留下了巡视印记，刻"漱玉亭"三字，使立于亭内之人在晓知亭名之时，仍能感知漱玉亭所带来的那种流水如漱玉之感；宋荦之子宋至，在漱玉亭下的题识"壁公洗钵处"，言壁公（即秀峰寺住持心壁渊）洗钵于龙潭；黄庭坚在中主读书台下命一泓泉为"聪明泉"。

中国古代第一学府——白鹿洞书院，李梦阳题字"白鹿洞书院"悬于书院大门门额；朱熹也曾在白鹿洞书院枕流桥附近镌刻"白鹿洞""枕流"；在徐霞客徒步登山处，清代德化（今九江县）人蔡瀛

---

① 周銮书：《庐山史话》，江西人民出版社1996年版，第107页。

为记其攀岩历险，刻石"石门涧"。万松嵩镌刻于庐山"青莲谷"，取李白别号"青莲居士"而名之。刘世扬贬谪到江西布政司任职，游三叠泉时，在玉川门出口处留刻"玉川门"三字以记其名。

绍兴二年（1132），岳飞受命戍守江州（今九江），在此营造家园，石门后人安道远于淳祐年间镌刻"庐岳名园"四字楷书；东林寺虎溪桥头，为纪"虎溪三笑"之事，清代鄱阳人徐乃武书"虎溪桥"，让游人每过此地，就想起一段佳话、一个故事。

万杉寺始建于南朝梁代，原名庆云庵，因寺前栽杉万株，天圣年间仁宗赐名"万杉寺"，因而声名远播。南康知府薛所习在招隐泉中基石上刻字"招隐"，言此地宜栖隐也。其在万杉寺后的石壁上刻"珍珠泉"三字，因曾有僧人凿岩石为龙首形，引水泻入池中，激水如珍珠，故名珍珠泉。

宋绍兴年间曾两次到访庐山的张孝祥，自荆州任罢归后，携其弟子、德安人王阮同游庐山山南至栖贤谷。栖贤谷在庐山山南石人峰下，五老峰峙其左、汉阳峰峙其右。栖贤谷内有一栖贤寺，寺初建于南齐永明七年（489），原在九江县境内，唐代智常迁于此，为纪念唐李渤曾居寺内读书而改名曰"栖贤寺"。在寺东，距离百步，有一水潭名玉渊。张孝祥曾作《玉渊》诗曰："灵源同上与天通，借路来从五老峰。试问栏干敲拄杖，为君唤起玉渊龙。"张孝祥在咏叹之时，将"玉渊"（图5—1）二字镌刻于潭南石壁之上，恰如民国夏敬观在《题栖贤谷》一诗中的评价："含韶绝浮响，立境脱凡格。命名曰玉渊，俸揣我心获。于湖两大字，不朽存妙迹。忠才悭与寿，宜为宋孝惜。"诗中于湖即张孝祥，将其所书两字誉为不朽之妙迹。

历代文人骚客多有在庐山景点、景区、标志性的建筑物上留字，

"宋四家"之一黄庭坚镌于栖贤谷三峡涧观音桥下的"三峡涧"，石镜溪砥石上镌"石镜溪"；在陶渊明辞官归隐地，朱熹刻"归去来馆"，在卧龙潭崖壁上刻"卧龙"二字，在庐山西南康王谷入

图5—1　张孝祥玉渊题识

口刻"谷帘泉"；明代半偈道人镌刻于归宗寺东北的"归宗寺"；清代顾贞观在万寿寺遗址前崖壁上刻石"万寿"二字，含鄱口下大道的欢喜亭石壁上刻石"欢喜亭"及民国时期陈兴亚汉阳峰巅石台上题识"庐顶"言庐山极顶之义等，无形之中给庐山造成了一种"名人效应"，为其颂名、为其增辉，形成文人与庐山文化之间相互促进的关系。

第二节　述人物之盛事

五代南唐李璟少年时代，好文学，筑台于此读书，至今，我们仍可在秀峰观读书台之胜景。明太祖朱元璋更是将庐山视为明王朝的开国之地，"爵以尊号，禄以秩祀"，彰表庐山功绩，庐山首次被敕封为庐岳，与五岳齐名，建御碑亭伫立于庐山之上；明武宗时期，宁王朱宸濠发动"宸濠之乱"，时任南赣巡抚的王阳明与叛军大战鄱阳湖，生擒朱宸濠，勒碑记之；康熙四十六年（1707），开先寺僧超渊前往江苏松江迎康熙銮驾，在康熙下江南时，见其貌不凡，询及开先时大悦，敕赐"秀峰寺"三大字，从此，将"开先寺"

御名为"秀峰寺",并以碑刻之;20世纪30年代,庐山成为国民党政府的"夏都",这也意味着庐山是除南京以外的第二个政治中心,1937年,周恩来与蒋介石与庐山谈判,促成了国共第二次合作,形成了抗日统一战线,庐山此时显然与中国的命运紧密相连,庐山也涌动着爱国热潮,遍布庐山的石刻凝结了各阶层人士的满腔热血,蒋光鼐、许世英、马占山等在庐山纷纷题字,以明抗战决心,以示爱国斗志,以展民族气节。庐山,这座包含政治意蕴、充满浓厚政治色彩的名山影响着中国历史的进程。庐山石刻将重大史事勒之于石,在石头上写一部最坚实而又凝重的"史记",藏之于名山,垂名于后世。庐山石刻中还有部分是记录某事件、某政府公文,树碑、立石以记事,这也是石刻的一重大功能。

庐山的观音桥,古名三峡桥,是为数不多的宋代石拱桥,也是江西境内现存最古老的一座大型单孔石拱桥,整座桥结构坚固,造型精美,气势恢宏,被誉为"南国桥梁建筑上的一颗明珠"。僧人智朗在观音桥下拱石上题记:"维皇宋祥符七年岁次甲寅二月丁巳朔建桥。上愿皇帝万岁,法轮常转,风调雨顺,天下民安。谨题。福州僧智朗勾当造桥,建州僧文秀教化造桥,江州匠陈智福、弟智汪智洪。"此题记详述大宋祥符七年(1014)二月初一建成此桥以及参与此桥建筑的人物一事。

刘凝之,名涣,宋筠州(今江西高安)人,进士及第后曾任颍上令,因为人刚直,不善逢迎,屡屡得罪上司,四十岁时弃官,卜居于庐山南星子县(今属庐山市)的落星湾,在山涧旁筑起了隐居之庐,隐居四十多年,终老归葬于此①。李常撰文、路京书写的《尚书屯田

① 陈绵水:《庐山文化读本》,江西人民出版社2009年版,第124页。

员外郎致仕刘凝之府君墓志铭》属于石刻中的墓碑类。李常（1027—1090），字公择，宋南康军建昌（今江西永修）人，少时曾在庐山的白石庵读书，22岁中进士，遂将其九千余卷藏书捐给白石庵。为此，人们把他居住的地方号为"李氏山房"。李氏捐藏书后，白石庵名声大振，慕名者纷纷踏足而来，王十朋、朱熹等名士都曾为此吟歌赋诗。苏轼是李常的挚友，李常是黄庭坚的舅父，黄庭坚通过李常才结识了苏轼。这块墓志铭的书写者是路京，知南康军；篆盖者黄廉是李常的女婿，任太常丞、集贤校理。刻文从墓主生平特别是归隐时朝中士大夫争为其咏叹叙来，追叙其生平至其逝年，赞其高尚志节；由曾巩撰文、夏希道书写的《宋故寿安县君钱氏墓志铭》从刘凝之归隐庐山之南说起，后叙夫妇二人晚年安居生活，铭赞言士子不能与世和，则能安贫，妇能相夫。

　　南宋赵崇宪在嘉定四年（1211），镌于天池寺天心台东巨石上的祭祖文，记录了南宋士大夫的祭祖活动；贾似道在秀峰龙潭旁的题记记述其于淳祐元年（1214）改湖广统领任上，掌握军权之始，春风得意之时与友人同游庐山之事；史文卿的玉渊题记，记史文卿知南康军之初，往白鹿洞书院礼祭之事。

　　知南康军赵与志在秀峰漱玉亭下石壁留有题识（图5—2），叙宝祐戊午年（1258）间祷雨于龙潭，

图5—2　赵与志龙潭祷雨题识

可见此年大旱，向龙祈祷降雨，以祈丰收，乃地方官应有之职责。

叶闿在咸淳年间知南康军镌刻在秀峰宾馆后石壁上的题识，记录了南康知军的劝农活动；屠侨在正德十三年（1518）来宿白鹿洞，并留一首七言律诗作石刻，追溯周敦颐开创理学之功，并赞书院之环境。

明正德初年，王阳明因得罪奸臣刘瑾，被贬于贵州龙场驿当驿丞，后起为赣县知县，正德十四年（1519），巡抚南赣，在平定宸濠之乱、擒掳宸濠后，羁滞庐山待朝命期间，遍游庐山各处。正德十五年（1520），王阳明再游开先寺（秀峰寺），清幽山水，徜徉林中，使他联想自己的宦海浮沉，坎坷经历，于是，便有了这块闻名的记功碑（见彩图）：

正德己卯六月乙亥，宁藩宸濠以南昌叛，称兵向阙，破南康、九江、攻安庆，远近震动。七月辛亥，臣守仁以列郡之兵复南昌。宸濠还救，大战鄱阳湖。丁巳，宸濠擒，余党悉定。当是时，天子闻变赫怒，亲统六师临讨，遂俘宸濠以归。于赫皇威，神武不杀，如霆之震，靡击而折。神器有归，孰敢窥窃，天鉴于宸濠，式昭皇灵，嘉靖我邦国。　正德庚辰正月晦，提督军务都御史王守仁书，从征官属列于左方。

光绪末年最后一任南康知府的王以慜在游秀峰寺时访此碑刻，专为此做了一首长诗《王新建记功碑》来吊古明志。

明武宗时，明朝皇室、南昌宁王朱宸濠发动大规模叛乱，史称"宸濠之乱"。叛军开始势如破竹，陷南康，下九江，克安庆，直逼南京；时任南赣巡抚的王阳明招集数府地方军，攻南昌，与叛军大战鄱阳湖，在南昌附近樵舍生擒朱宸濠，王阳明勒于在秀峰读书台下的记功碑①，简略记述了正德十四年平定宸濠之乱的过程，并警告胆敢谋反者，义正辞严，并将随从作战的部将姓名列在左边。因受宦官诽谤诬陷，王阳明将宸濠交给太监，同时遵照武宗的旨意，重新报捷，故在文中王阳明将平定战乱之功劳归于当朝皇帝，唯恐功高而犯忌。但事实上，之所以大乱，乃是由当时昏君明武宗荒废国政所造成，体会其当时心境方觉趣味十足。当王阳明沉吟青玉峡龙潭水畔时，见众多人文胜迹，便在漱玉亭东北崖壁上题识："大明正德庚辰阳明王守仁到，同行御史伍希儒、谢源、参政徐琏、知府陈霖。"此方石刻记载与他同游庐山者，皆为当年平宸濠之乱的有力辅弼者，也有当地长官、南康知府陈霖。

正德十一年（1516）方尚成在龙潭的题识，简要记载正德六年至十一年间江西民众起事及派兵镇压的情况；清代罗牧在玉渊潭旁的题识"宋大中丞留带处"言康熙年间，曾任御史中丞后擢江西巡抚的宋荦，在江西任官期间到庐山巡视，重修开先寺，将身上的玉带留赠开先寺收藏之事。

清初南康知府薛所习在石镜溪侧崖壁上刻"右军鹅池"，言王羲之养鹅的故事；张集馨在漱玉亭下的题识"银河洗甲"四大字，言倾泻天河，洗去兵甲，题识作于太平军平定之后，用意为停止战争。

康有为曾三游庐山，光绪十五年（1889）游历海会寺时为之书写"海会寺"三字，又游东林寺，在东林寺厨房地上发现唐代书法家柳公权《复东林寺碑》残碑，嘱僧妥善保存。1926 年第三次来庐山，再游东林寺，见柳碑仍在，感慨万千而作记刻碑。

---

① 　陈绵水 :《庐山文化读本》，江西人民出版社 2009 年版，第 244 页。

第三节　记山水之大美

庐山之景，步移景换，千变万化，各尽其妙。会心之时，似若有所悟；欲名其状，往往无以言表。此时，一方石刻撞入，寥寥数字，即感眼前景致，究其缘由，盖因刻石可将庐山山水之美凝聚于片言只语或诗文之中，发人深省。庐山多数石刻为描述风光，记载胜迹，赞美山水之美，不少题刻文字斐然，词采遒丽，庐山的自然之美在他们的笔下得到自然而然的升华。

宋朝朱端章知南康军时，极好寻幽访胜，深得庐山山水之妙趣，敲击岩石，听石镜溪泉之潺潺即是眼前之乐事，因此在归宗后，刻"山水""何必丝与竹，山水有清音"，文笔极为秀逸，两句出自古代左思诗中；林廷玉在龙潭刻"今古奇观"四字，高度评誉青玉峡之景观为今古奇观，惊叹之情跃然笔端。

祝允明，字希哲，因右手多生一指，又号支指生、枝指生、枝山等，擅长诗文书法，才气横溢，与唐寅、文徵明、徐祯卿号称"吴中四才子"。书法造诣尤深，兼擅诸体，融会贯通，蜚声艺坛，是"吴门书派"的杰出代表，其镌刻在仙人洞右侧石壁旁的祝枝山草书"翠微山径"，道出此处为翠微绿道，无与伦比。在庐山另一著名景区天桥处的峭壁上，当代人集其手迹，刻有"断岸千尺"四个行书大字，笔力劲遒。天桥邻近花径景区，处于锦绣谷口，一块巨石处于两峰夹峙的谷间，悬空而出，石下便是千尺峭壁。相传朱元璋与陈友谅在鄱阳湖大战时失利，单骑逃至巨石对面的山峰，前为绝壁，后为追兵，正在千钧一发之时，忽然天降巨龙，横卧于两峰之间，化为石桥，朱元璋立即纵马而过，此时石桥又化为巨龙升天而去。已追至峰前的敌兵只能眼睁睁地看着朱元璋消失在锦绣谷中，于是，后人就此传说而将此处称为"天桥"。

明代陈禹谟在古道题字"半天"，将古道之势如半天之高抒发得淋漓尽致；张寰是明正德年间进士，也是明代书家和藏书家，其于青玉峡崖壁镌刻"喷雪奔雷　濯缨洗耳"，奔雷是古诗中的瀑布意象，杜牧也写过一首诗有"奔雷"二字，此处言青玉峡的瀑布之猛和隐士行止。

周祖尧留刻在龙潭崖壁上的"风泉云壑"四字，显示出了青玉峡瀑飞云涌的特征；宋儒在青玉峡镌刻"千岩竞秀　万壑争流"八字隶书，将庐山与秀峰之景色描绘得如此灵动；李得阳在古道石壁上的"白云天际"，意在登高远望，云在天边；孟遵时在玉帘泉的"天奇"二字道破天机，玉帘泉瀑布之妙，乃是天赐之奇也；明蠡道人将玉帘泉悬瀑之处比喻为龙门之高，在玉帘泉旁题刻"龙门"二字；清朝魏裔界刻在青玉峡的"波涛怒浪"四字概括了青玉峡中双瀑如龙跃入潭中。

宋之盛（1612—1668）字未有，又名宋佚、宋惕，江西星子县（今属庐山市）人，明末清初著名学者，明崇祯时举人，明亡后，归隐髻山，潜心理学，世称髻山先生，与程山谢文洊、翠微峰魏禧等聚论甚密，并称"江西三山"，康熙四年（1665），三人在程山学舍大举讲会，广论程朱理学，听者甚多，遂形成"江西三山学派"。宋之盛，被推为清初"江西三山学派"之一，著有《匡南所见录》等。宋之盛游黄龙山时，留下《黄龙山》记事："积小读书处，名山以当家。爨火炊橡子，道士种桃花。把钓饵明月，流觞泛落霞。有时还独坐，闭户足生涯。"[1]在黄龙山黄龙观后的龙潭书刻"卧龙处""万古源流"

---

[1]　陈绵水：《庐山文化读本》，江西人民出版社 2009 年版，第 146—147 页。

图5—3　龚蕃锡凌霄洞题识

七字，言龙潜卧于龙潭，此乃接万古之源，开万年之流。

薛胤隆在秀峰龙潭的题识"广长舌"，以"广长舌"比喻青玉峡的涧溪声（语出自苏轼《赠东林总长老》："溪声便是广长舌，山色岂非清净身，夜来八方四千偈，他日如何举似人。"其典故源于佛的舌头，据说佛舌广而长，覆面至发际。《大智度论》卷八："是时佛出广长舌覆面上至发际语婆罗门言：'汝见经书颇有如此舌人而作妄语不？'"次句言山色清净无尘。

释超渊在秀峰龙潭镌刻的"老友壁头坨"，言其视山水为老友，将深情寄居于山水之中；龚蕃锡凌霄洞内的石刻"白云深处"（图5—3），言凌霄洞地处山高崖峻之间，隐于白云之中，写尽此间幽境之妙，其在秀峰龙潭的"星汉分流"言龙潭瀑布乃星汉分一直流坠落于此，颇有妙趣；郭一鄂在青玉峡刻"雪浪"，言龙潭之水奔涌如雪翻浪也，其于玉帘泉边的题识"峭壁飞珠"，言瀑高飞散如珠洒。玉帘泉是被喻为"奇观"的著名瀑布，曾经有赞"瀑布如散丝，随风悠扬，堕潭无声，最为轻妙"[1]。

---

① 潘耒：《游庐山记·小方壶斋舆地从钞第》，第四帙，275。

　　黄虞再在观音桥棺材石上的刻字"回澜"，指三峡涧水汹涌而下，至棺材石受阻激起雪浪翻腾，谓之回澜，语出自韩愈《进学解》：障百川而东之，回狂澜于既倒。三峡涧涧口石壁上留刻的"众妙之门"，言在深峡之口，此中有各种玄妙，开门则可悟知；刘荫枢在青玉峡的崖壁上刻石"神龙跃空"四字，写出青玉峡中龙潭瀑布飞流而下的气势与神采，如神龙跃空而飞；苗蕃在凌霄洞内的题刻"天纵奇观"、"五老高呼"，言五老峰景观奇特，以"高呼"拟人化，形容五老峰之举止；白鹿洞主原敬在青玉峡的"印月"二字，言清潭如镜而映月于水波。

　　韩国人金琦在秀峰龙潭的"山谷洪涛"四字，言青玉峡中瀑如涛涌。在青玉峡留刻的"星槎可泛"，典出自《荆楚岁时记》：汉武帝令张骞在河源乘槎，经过一个月后至天河。此言在此乘槎可至银汉，道出青玉峡龙潭之神奇。叶谦在龙潭的题刻"匡腰玉带"（图5—4），道出青玉峡瀑布如匡腰之玉带，比喻形象。戴第元在玉渊潭上的题刻"冰笏"形容玉渊处瀑流呈弧形状，形色如冰玉，状如笏板；张维屏在青玉峡镌刻"不息"二字，言瀑布涧流奔泻不息；许兆麟

图5—4　叶谦龙潭题识

留青玉峡的"天河垂象"、王之藩的"破壁飞去"言瀑布乃银河下垂之形象，如巨龙穿破石壁飞跃而下；王之藩在青玉峡的另一题识"吾庐可爱"称赞匡庐可爱可赏；郭友龙在玉帘泉题字"漱玉流峡"四大字，乃言日照瀑飘溅水雾景状；庄同生在青玉峡题刻"具有高深"，表明青玉峡具有高而深之特征，而庐山奇秀甲天下，奇在石，尤奇在水，水石之奇兼之者惟三叠泉[1]，其在三叠泉原自在亭旁的石刻"声光何幻"，描述三叠泉扑朔迷离的景致；干建邦龙潭题识"活活泼泼"，言瀑布、潭水有源头，自然就能流动活泼。

第四节　镌游玩之行迹

许多题刻者在庐山的同一地点不同时间，不同地点同一时间，不同地点不同时间，或就点面出发，即兴而作，意到笔随，这些遍布庐山的石刻遗迹刻画出题刻者游览庐山的路线。有的题记已然相当于一篇小游记，描述风光，记载胜迹，往往笔下生动精彩，颇具文采，并藉此可考庐山古迹的兴废，留下他们在庐山活动的踪迹。

宋代叶阊在秀峰宾馆后石壁上题记："咸淳甲戌二月望，劝农归宗回，过开先，余与校官黄惟宪、推官郑伯焦、星子令刘淙俱。是日天气开明，登青玉峡，酌泉踞石而饮之。以老坡留句，不敢轻著语，姑题名以识。余，金华叶阊也。"此乃为一篇精短的小游记，作者游览时的动作、心态俱作实录。自言因苏东坡在此有诗，不敢轻易题诗，似颇有自知之明也。

明代黄焯在秀峰龙潭青玉峡镌石："龙津山人黄焯再过庐山，玉溪王子溱偕郡佐李玻、董淞饯送之开先读书台，坐定，山雾尽

---

① 吴宗慈撰，胡迎建校注：《庐山志》，江西人民出版社 1995 年版，第 105 页。

开，迟日和丽，群峰送色，春蝉有声，信可乐也。进龙池，观听瀑布鸣玉，豪兴肆发，乃属焯书。嘉靖辛卯春二月廿一日僧人传仙、传正刻。"此一题记可谓之短篇游记。作者来游庐

图5—5　万杉寺题识

山，南康知府王溱在开先读书台饯送，坐定后，风景宜人，又游龙潭，更激发兴致。

北宋齐廓与六人同游万杉寺之景，刻石以留作纪念："高阳齐廓公辟、广平程师孟仲途、谯郡曹仲回亚之、谯国盛遵甫仲衮、河南毕伟万卿，虢略杨易简中理。乙酉闰五月八日同游。"（图5—5）

程师孟仰慕先贤，游历山南栗里濯缨池，观醉石，刻醉石诗："万仞峰前一水旁，晨光霁色助清凉。谁知片石多情甚，曾送渊明入醉乡。程师孟。"

元绛的石桥潭题识曰："□南元绛、广平程师孟、昌黎韩宗彦□□年中冬月游，星渚潘正□□绍□南子李涪石桥潭。"□南，当为汝南。

这三方石刻可表明程师孟在庆历年间知南康军。因前两处石刻皆为庆历五年题刻，很有可能是在庆历五年，先后于夏日、冬日游历庐山醉石、万杉寺与三峡涧栖贤桥（今名观音桥）。

再如，留元刚石刻在康王谷谷帘泉下题记曰："嘉定戊寅十一月壬申，与客朱沐、陈伯贤、段日严、向公美，由上京、修白、卧龙，宿万杉。癸酉，取道开先，瀹茗漱玉，登黄石岩、文殊塔，谒栖隐、

梁昭明书堂，晚憩简寂。后五日，自东溪再至青玉峡。毛方平会于起亭。子潇侍，僧致柔、元澄。"

归宗鸾溪题记："予自锦绣谷磨崖，岁月起丁酉迄□□之丁未，游历凡四十五所，峰□□中，下化成、护国、石盆、保兴、圣僧岩，香城、香谷、东西林。太平兴国宫□云溪水青，云际茫茫，数息龙泉、祥符、国泰、禅智、帽峰、云庆、宝积、智岩、惠济、仁寿，香积、尊胜、鹿台、妙智。取甘泉，栖云显、慈风泽、崇寿、瑶田、云居、同安、香城，柴桑醑陶靖节祠，抵能仁而还。朱沐、段日严、释惟坦偕行。予留元刚，住山昙绍。"

其谷帘泉的题记记叙了与友人来庐山由上京、修白起，至卧龙寺，夜宿万杉寺，再经开先寺，漱玉亭，到黄石岩、文殊塔，再访栖隐、梁昭明书堂，晚憩简寂观，五日之后，去青玉峡，与毛方平会于起亭的经过。归宗鸾溪题记记叙了淳熙年间留元刚再次与另三人自锦绣谷而起游，同游牯岭至山北、然后到江州（今九江）访陶渊明祠堂的行程，此行统共游历45个景点。两处题记清晰明了地记录了留元刚两次访庐山的游历行迹。

此外，"前七子"首领李梦阳在白鹿洞书院的几块碑刻皆有署款，无疑告诉人们其在正德六年（1511）、正德七年、正德八年到此讲学、视察等。正德八年他再游庐山时在秀峰龙潭旁留刻四十二字，直截了当地表明游历的具体时间是正德八年五月二十一日。陪同人员有三，分别是孙冕、陈韶、孙能从。当时李梦阳的官衔仍兼按察司副使、提学二职，这方石刻，清晰地留下了再游龙潭的时间、人物、职务。

另镌游玩行迹的还有周先行、楚评、孔文仲、方道纵、朱熹、刘尧夫、李结、曹彦约、曾集、赵希纯、刘铠、袁甫、赵季清、史文卿、史膺之、陈绰、赵邦水、金旷、吴思勉、邵宝、李元阳、万镒、顾桐、李道泰、周昌等历代名人。

第五节　展生活之风貌

庐山石刻文化真可谓包罗万千，涉及社会各个阶层和生活的方方面面，同时也展示了庐山地区的地方文化和地方民俗，这对于我们去了解和解读当地的地方文化和地方民俗提供了更多的途径。

在林林总总的庐山石刻中，有相当数量的石刻通过题记、题诗、题识等方式来赞美庐山山水自然之景，这是历代庐山游历者当时所见所感的真情流露所为，无不为庐山之胜境所折服。题记描述风光，记载胜迹，往往文笔生动；或为庐山之景命名，或为庐山之景添色。

陈绰在青玉峡和归宗鸾溪的题识"寿寿福禄"（图5—6）和"福禄眉寿"（图5—7），这两方吉祥语，是人们对于美好生活、生活顺意的祝愿，为古人所企求。还有多数石刻是反映地方生活的，例如：记录造桥、造塔、造村、祭祀、祈福、官员巡查、祈雨、劝农等还有墓志，这些石刻是当地真实生活的写照，我们可以从中感受到地方文化是如此的丰富。

图5—6　陈绰青玉峡题识　　　　图5—7　陈绰归宗鸾溪题识

第六节　寓高远之情志

游历有时让人意兴飞扬、心怀开阔，给人带来身心的愉悦，有时却让人伫足思考，思绪万千，情感丰富。

醉石位于庐山南麓的虎爪崖下，仄斜在一条名叫濯缨池的溪涧上，距离栗里陶村（庐山市温泉镇）约 1 公里。明代王祎所言："石上隐然有人卧形，相传靖节醉即卧此石上。"后人称这块大石为"醉石"，醉石处是题诗刻字的热点，石上有许多名人题刻。这块醉石有一面由朱熹认定并刻"归去来馆"，此四字出自陶渊明《归去来兮辞》。寻访此石，总是联想到陶渊明，于是后人吴亮与友人君采同游醉石刻诗一首，意欲效法陶渊明之醉，而知友人志在征战；卢襄则联想到陶渊明的志节和故事，便刻诗一首（马朋摹刻）；郭波为抒发对陶渊明醉酒以及作者醒眼观世的议论，刻《题醉石》三首小诗于石上，紧扣"醉"与"醒"两字，见解独到。

在秀峰，叶闇的题记则表达对苏轼的敬仰之情；李梦阳立足读书台，回望四周所见景色，而起跨飞龙之愿，题《游开先寺》诗一首。

在秀峰青玉峡：马云阶镌石"与我同情"，寓意潭水溶漾，与我同一种情怀；张启镌刻的"石住"二字言隐者所居在石洞中，透出一种归隐之心；刘源浚题字"洗心"，谓此泉之洁，可以洗去心头之尘垢；黄虞再刻"不忍去"三字，言在仙境般的青玉峡中，流连忘返，不忍归去；曹秀先题"德隐""虚受"，言此峡如隐德之君子，此潭虚怀若谷，能接受众水；曹东潏镌"澄心"二字，意为观潭水而可澄清俗心杂念；在秀峰龙潭：李继勋题字"仰镜"，意在仰望明镜般的池潭，其意深邃；马世臣刻"静观"二字，以静心观水动也，孟世泰题字"静观自得"，道静心观潭水之活泼，自然有所领悟，刘瑾题识"空人心"言潭水可使人心空旷洁净，刘锡鸿题识"酌以励清"，意为酌瀑布之水以激励清操。

白鹿洞书院中，陆深刻诗一首，感触深沉，体悟道心无杂念，故鄙薄功名，如见古人之心；苏祐镌刻白鹿洞书院的诗二首，有景有情，立意高古，在此优雅的环境中可以澄心会意，流露出作者希望栖隐此名山之志趣；王承至诗刻描绘书院景物，表达对朱熹理学大师的敬仰之情；汪伊的《谒洞》《秋祭》表达题刻者对书院的敬仰之情，在山水自然间参禅悟道，忘却功名利禄，其在观音桥下的题识则觉身世之过隙，叹逝者之如斯；萧端蒙的《游白鹿洞》五古诗，写登山而俯临所见，联想到李渤在此驯鹿自随，朱熹在此修道书院，感喟先贤遗风，激励诗人之心；王希烈自鄱湖而来，系舟于南康府星子县城南之湖滨，到此白鹿洞世外境界之中，与山水为知音，而悟格致之道，刻七韵二首，气韵流转；高旸的《游白鹿洞次阳明先生韵》亦是写景议论，思古敬贤，无不见其真情流露；韩光祐在白鹿洞所作《同浮梁黎廉宪游白鹿洞》，瞻胜景而思古敬贤；龚蕃锡将向往心态融注在碑石《甲午夏日游白鹿洞》诗中的诸多意象之中。

朱熹刻于简寂观的五言律诗，用东林寺慧远结白莲社、邀陶渊明与陆修静晤谈以及虎溪三笑的典故，表达其追寻高士之遗躅，潜心修道的志行。其在卧龙潭的"卧龙"二字，既言潭石与水势如龙，也写其隐居龙潜之志；何迁在卧龙潭的题诗言简意赅，在自然界活泼的生机中去感悟道的存在，心与大自然相契合而无须多言。

王思任，字季重，号遂东，又号谑庵，山阴（今浙江绍兴）人，明代进士，著名作家及画家，历任兴平、当涂、清浦知县，袁州推事，江西金事。著有《王季重十种》传世。万历四十七年（1619）清兵破南京后，鲁王监国，驻绍兴，以王思任为礼部右侍郎兼詹事，晋升尚书，见国破山河之境，天启五年（1625）来游庐山，触目生感，率性而作"惊雷不拔"四大字，抒发其爱国之情，亦恰可表现其坚韧不拔之志节；熊汝学在九十九盘古道石壁上的"玄览幽思"，将远观与深思两两相对，观山水之胜概，岂仅为娱人耳目，更重要的是在深思悟道。张塈的黄岩题识"自在所在"（图5—8）四大字，言登临此境，方悟逍遥自在之意。

岳飞（1103—1141），字鹏举，相州汤阴（今河南省汤阴县）人，是著名的民族英雄。在南宋抗金战争中，他严于治军，英勇善战，善用谋略，屡建奇功，曾大败金兀术，进兵朱仙镇，敌军望风披靡。绍兴元年（1131）年至绍兴四年（1134），岳飞率军驻守庐山脚下的江州。在江州购田置屋，期间数游庐山。绍兴六年（1136），岳飞的母亲在鄂州辞世，岳飞葬母于庐山西北麓的株岭山中，今柴桑区城西数里。现藏于原星子县文管所的"还我河山"四字草书，表达了岳飞立誓驱虏、统一中原的决心。

有的文人还挂念着自己的题识，清咸丰四年（1854）张维屏所作《陶白庵》一诗中说："洒墨劁石壁"，自注："余书'不息'二字，山僧镌于青玉峡上。"

同光体诗派领军人物陈三立（1853—1937），光绪十八年（1892）八月在青玉峡留一题识，次年四月重游秀峰时所作《青玉峡龙潭》一诗中提及："光景娱人不能去，闲寻昨岁留题处。"

至民国时期，受时代影响，庐山石刻又增加了多数以爱国为

图5—8 张塈黄岩题识

主题的内容。在仙人洞景区山道旁的另一些石刻也赫然眼前，与景色并无太大关联。观妙亭前的岩石背面，四字楷书大字"天下为公"，极为醒目，这是孙中山先生的至理名言。访仙亭旁的一块船形悬石上，刻有"同舟共济"四大行楷，在此方石刻旁边还有另外一幅隶楷石刻"一呼众应"，两幅石刻内容上紧密联系。距离这两幅石刻不远处，还有一幅楷书石刻"智仁勇"，"智仁勇"是民国时期童子军（类似于现在的少先队）的训词，要求儿童要努力做到有智慧、有爱心、勇敢无畏。"天下为公""一呼众应""同舟共济""智仁勇"等一批石刻明显与风景无关，很显然，它们反映、折射出的是另一种情绪和意愿，那就是人们用各种各样的形式表达时代呼唤、民族心声，也集中反映出当时国人强烈要求停止内战，各党以天下为公、以民族利益为重、同心同德、共同抵御外侮的意愿。炽热的情感、强烈的意愿凝固于坚硬的岩石，坚硬的岩石便有了生命，当后人注视着这些石刻，肯定会从中得到感悟和启迪①。

第七节　弘佛道、儒学之道

庐山以山水文化、宗教文化、书院文化和隐逸文化被世人称赞叫绝，庐山文化内涵丰富。庐山的山水文化是中国山水文化的缩影，庐山的宗教文化佛道既有竞争，亦有互济。历来中国就有尊崇儒学的传统，庐山儒风淳厚，其中书院文化更是中国教育史上的丰碑。隐逸文化在庐山优美的风景和丰富的文化的熏陶下，独树一帜。庐山自古流传下来的"结白莲社""虎溪三笑""庐山读书台"等故事更是耳熟能详，古人的追求与向往、旨趣在上千

---

① 贺伟：《石刻里的故事》，江西教育出版社 2016 年版，第 22—24 页。

方石刻中表露得一览无余，也反映了庐山佛道文化、隐逸文化、儒家文化繁盛，给我们带来极大的享受。其中，白鹿洞书院的碑刻最负盛名。

人们在欣赏自然风光、歌颂名胜古迹的同时，更体验哲理，澄思禅悟。以宗教为文化主题的庐山石刻甚多：雪屋刻六字"南无阿弥陀佛"于九十九盘山古道石壁以明志，意为向阿弥陀佛归命；槐京在万杉寺旁的题刻"龙虎岚庆"四字包帚书，言万杉寺势如龙虎，岚若祥云，蕴含佛意；陈绰在归宗鸾溪的"福禄眉寿"，在漱玉亭东北崖壁上的"寿寿福禄"八字，既是吉祥之语，也道出现世福报实则人之企求的心理；邓旭镌于三叠泉的"竹影疑踪"，言竹林本无寺，佛在心中存的道理；龚蕃锡在秀峰礼堂后的刻石"心灯佛果"四字佛家语，喻心中向佛之心如灯传不灭，觉悟有收获。

黄庭坚在读书台下特书《七佛偈》（图5—9），赠给开先寺（清康熙改名为秀峰寺）第十四任住持行瑛。偈，意译为颂，七佛是指佛教的七位佛祖，七佛偈即为赞颂七位佛祖的颂词，石刻将佛家语言镂于岩石之上以示人。为此刻石，黄庭坚还撰文《跋七佛偈》曰："予往时观七佛偈于黄龙山中。闻钟声，见古人常愿手书千纸以劝道缘，而世事匆匆，此功未办，苏台刘国光欣然请施石刻之，传本何啻千纸也。七佛所说偈，盖禅源也，浅陋者争骛于末流而不知归，故余数为丛林中书此偈。荆州田钧子平闻说，请余书而镵诸石，将以考诸禅滥觞矣。孙式时有僧道俗颂出此七佛偈，而集《大藏》者录为疑，彼盖不知当时不具翻译人，此乃最上乘入理之极谈，非能言之流也。"这对传播佛教文化起了不少作用。

白鹿洞书院的历史凝固在书院的156方碑刻和57方摩崖石刻中，同时也印记了白鹿洞书院丰厚的书院文化。朱熹是南宋时期

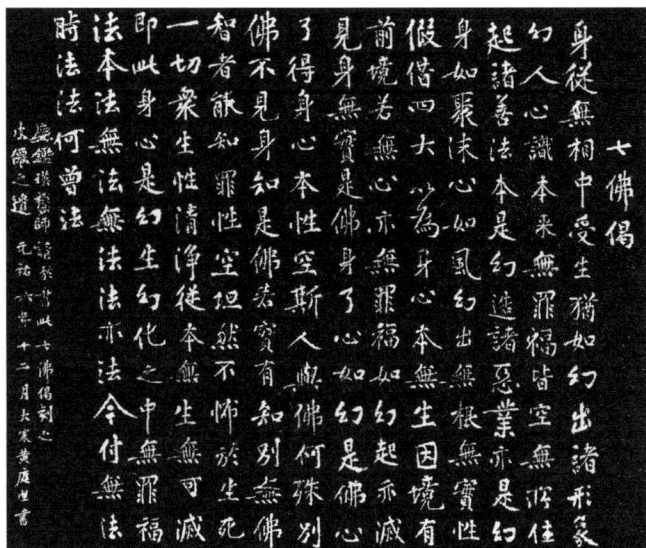

图5—9　黄庭坚书七佛偈

理学的集大成者，整理、扩充和发展了"二程"的学说，以儒学作为精神主体，被称为"新儒学"，他也是一个热衷教育的大学者，以践履实践为重的教育学家，他的教育场所几乎遍布宋代各大书院，其中，以白鹿洞书院时间最长[①]。知南康军时，重建院宇，复兴儒学，扶持江西文化，亲书《朱子白鹿洞规》，并在书院多处镌石。书院现存清代碑刻《朱子白鹿洞教条》释文，为他讲学白鹿洞书院时所制定，用以教诲书院学生。这类洞规教条为白鹿洞书院碑刻儒学内容之一，朱熹在此留下10余处摩崖石刻和碑刻。

此外，书院碑刻还包括书院复兴、院内建筑、学田膏火、洞主

① 李宁宁，高峰：《白鹿洞书院艺文新志》，江西人民出版社2008年版，第3页。

掌教和游记序赋等内容。如：宋陈淳祖刻"圣泽之泉"，以白鹿洞前流水喻儒学孔孟之教化，以勉励学子在此潜心儒学；明杨廉撰文，周广书写的《宗儒祠记》，阐释崇尚大儒的意义，推崇白鹿洞讲学的优良传统；胡松的白鹿洞诗表达其继绝学于后世的志趣；徐相的白鹿洞诗旁征博引，气势卓异非凡，山水自然之中弘扬儒家风范；黄国卿的《白鹿洞用韵示诸生》步王阳明诗韵，劝谕学生立志宜早，及时努力；蔡克廉刻"千古不磨"四大字，极为恰当得言表白鹿洞儒学传统如砥石，历经千古而不磨灭；王俸留刻白鹿洞的诗则透出一种雍容崇儒之情；任维贤在白鹿洞的三方诗碑，感悟山林佳趣，书院读书的环境，缅怀先贤风范，凭吊先贤遗踪诸方面内容与情操；清郎廷极《郎大中丞送原先生赴鹿洞讲席诗》表达了其对于这位先生培养学生的厚望，《集唐与鹿洞师生》则表达了希望师生在此专研学问的殷切心情；张映辰《题白鹿洞》表达了诗人对白鹿洞书院创建以来的历史与先贤道德文章的景仰，希望年轻学子在此潜心读书，化育成才；孟光国题刻"逝者如斯"四字取自《论语》："子在川上曰：'逝者如斯夫，不舍昼夜'。"言时光逝如此水，告诫学子要珍惜时光，及时学习。

白鹿洞书院的另一个功能是作为礼祭孔圣人的场所。史文卿上任之初，前往白鹿洞书院，躬诣大成殿，释菜先圣先师礼成，在玉渊潭石壁上记录此事。

朱元璋与陈友谅争夺鄱阳湖的征战中，认识了道人周颠。周颠有预测能力，言多中，有法术，曾进献丹药为朱元璋治病。对朱元璋一片赤诚，赢得朱元璋宠信。洪武二十六年（1394），朱元璋在庐山原白鹤升仙台址建亭立碑，借周颠"告太平""上无他座""你打破一桶，再做一桶"等言来说明自己夺天下是神仙指点，老天钦定，用心良苦，借以告知天下人，自己的地位得自神仙所授。

　　明朝万历神宗的生母李氏原为宫女，出身低微，后被隆庆皇帝所看重，封为黄妃。后生朱翊钧，于九岁登基。李氏母凭子贵为皇太后，她认为自己的儿子能成为皇帝，是自己长期以来念经颂佛、菩萨保佑的结果，因而特别重视佛教。皇太后先后几次赠经卷、经函到庐山黄龙寺，拨款给黄龙寺建殿、修宝塔。万历十五年（1587）十一月，神宗诏令奉令大夫顾云程建造赐经亭。赐经亭全为石头建构，亭中立大理石石碑，石碑正面刻朱翊钧的两篇诏书：《护藏敕》和《新刊续入藏经序》，是赞颂母亲赠经黄龙寺之壮举，"用以化导善类，觉悟迷群"的功德。石碑反面刻朱翊钧的老师、时任首席大学士申时明奉皇帝之命撰写的盛赞慈圣皇天后赐经的《圣母印施佛藏经赞》一文 [1]。

　　石嵩隐，明末清初南阳人，名和阳，字嵩隐，又称石道人。少治经，精《河洛书》，青年时荆山一带战乱，遂往河南嵩山隐居，穷究心象理学。不久下山云游四方，足迹遍维扬、燕市、黔楚一带。时任巡抚李崧岑对他备加推崇，特意虔诚访道，相谈经论，并有"同栖木瓜"之订，在庐山南麓石船峰西南的木瓜洞隐居数十年，木瓜洞洞内宽敞，可坐十余人。唐代道人刘混成从白鹤山白鹤观寻觅至此隐居修道，以种木瓜为乐，得道成仙，因此名为"木瓜洞"。之后，该洞渐为道俗所知，石嵩隐追寻刘混成遗踪，重开木瓜洞，使其变成了错落有致、清幽雅静的庭院式建筑——木瓜洞道院，洞名更扬。石嵩隐在山数十载，致力于道教理论的研究和诠释，先后注解《黄庭经》《虚静经》《阴符经》等经籍，撰《指元文》《三洞元章》《心

---

[1]　贺伟：《石刻里的故事》，江西教育出版社 2016 年版，第 18—19 页。

经》等有关道教的论著，以儒释道，以道入儒，提出一系列新见解和新观点，对后世道教的理论和实践产生很大影响[①]，至今，我们仍然可以领略木瓜洞内多方石刻。

第八节　名人名篇　珠联璧合

庐山石刻中令人称奇的是历代诸多名人镌刻前人佳作，藏于山中。《集古录》云："东林寺，会昌中废。大唐中初，黯为江州刺史而复之。黯之文辞，甚是遒丽可爱，而世罕有之云。"[②] 现存于庐山东林寺的《复东林寺碑》为崔黯撰文，柳公权书之佳作。

元和十一年（816），被贬的白居易在江州，游历庐山，从容于山水诗酒之间，惊叹"匡庐奇秀，甲天下山"，更觉北香炉峰与峰北遗爱寺之间，"其境胜绝，又甲庐山"，同年秋，"面峰腋寺作为草堂"，并作《庐山草堂记》。庐山草堂清幽雅致、富有自然之趣，是文人雅士的居停之所，向来为文人所向往，赵孟頫为藏之于庐山而书写，弥足珍贵；王阳明为传播白鹿洞书院之学说，苦心经营作《修道说》《〈中庸〉古本》《〈大学〉古本序》《〈大学〉古本》，并在东林寺手书邵宝《游东林寺》诗一首。

归宗寺位于庐山南面金轮峰下、玉帘泉附近。初为东晋王羲之的别墅，咸康六年（340）施舍给西域僧人达摩多罗（一说耶舍）作为寺院。唐元和中（806—820），智常禅师复兴重建，遂成禅院。《归宗寺志》称：此寺之壮丽，"甲于山南诸刹"。其山门书有"江右第一名山"六字横额，毁于日军炮火，现仅存一片废墟[③]。据吴宗

---

① 陈绵水：《庐山文化读本》，江西人民出版社 2009 年版，第 225 页。

② 吴宗慈编，胡迎建校注：《庐山诗文金石广存》，江西人民出版社 1996 年版，第 508 页。

③ 陈绵水：《庐山文化读本》，江西人民出版社 2009 年版，第 31 页。

慈《庐山续志稿》记载，在归宗寺洗墨池旁宗鉴堂法书原收藏明代僧摹刻的历代书法大师作品碑刻二十八块，日军攻占赣北后大半被劫运到九江，下落不明，仅剩下不到十块，现存原星子县文物管理所，分别有：摹刻钟繇的《力命表》、蒋永仲摹刻米芾行书、欧阳修诗、董其昌书《鹡鸰词》等。

　　九十九盘古道缘于明太祖朱元璋建"御碑亭"，特开辟一条专运碑石的山道，因山道崎岖、路险而景奇被称为九十九盘古道，道旁有石刻。又有《庐山高》石坊，王阳明书写欧阳修所作《庐山高歌赠刘凝之》刻石。此诗是北宋皇祐五年（1053）欧阳修送别老友刘凝之辞职归隐庐山南麓落星湾，有感于其高尚气节而作，惜毁于抗战时期。

　　江淹（444—505），字文通，济阳考城（今河南考城）人，出身于贫寒之间，自幼好学，文誉远扬，历仕南朝宋、齐、梁三代。据史料记载："建平王宏薨于大明二年，子景素袭封，寻迁荆州刺史，淹为记室，从行，道经庐山，登香炉峰。江淹作此诗。"诗中刻画了登香炉峰时所见的云雾缭绕之景，抒发归隐之意。同治《星子县志》载：康熙四十二年（1703）二月，康熙皇帝南巡至松江，赐御书《般若心经》与江淹《从行建平王登香炉峰》诗。江西巡抚张志栋遵旨护送其翰墨至秀峰寺刻石，建亭于寺。原为米芾书写江淹诗，康熙临摹米芾字，由巡抚张志栋勒石于秀峰寺读书台上。

　　另外，还有雍正帝书写宋代周敦颐名篇《爱莲说》（图5—10）等，这些由名人作文章，名人书镂石刻，名山、名人、名诗、名书法合为一体的现象堪称中国石刻史上的稀世珍品。

　　名篇作品刻石，强化了名篇的典范作用，也极大地发挥了名篇作品的影响和传播作用。

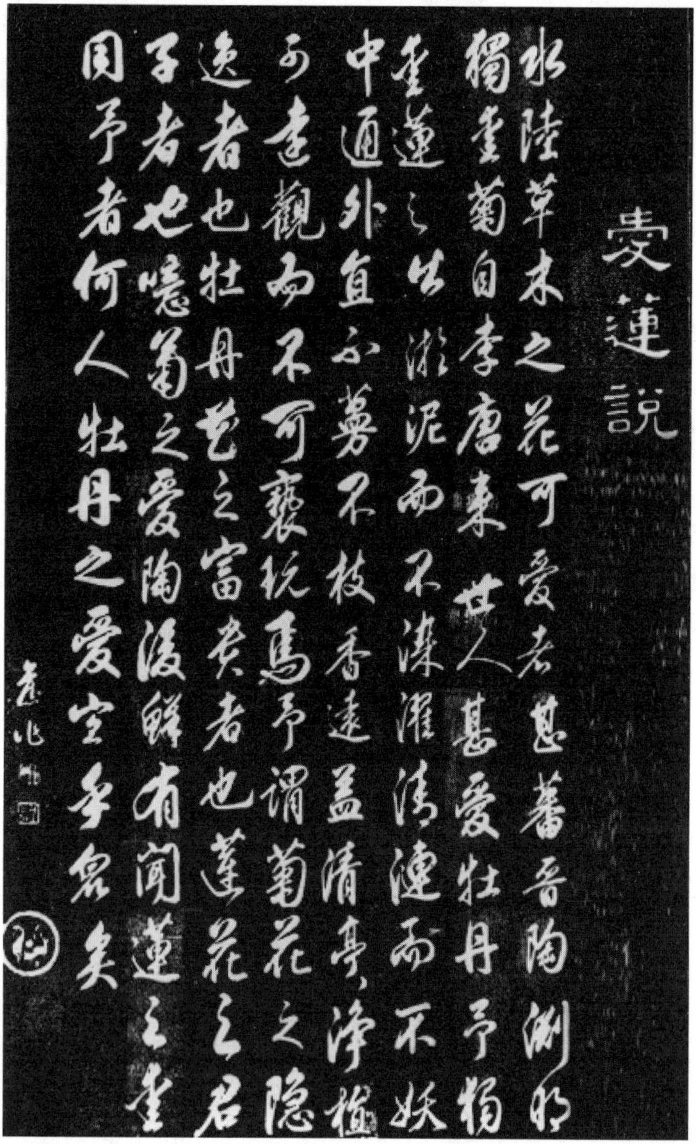

图5—10　雍正书《爱莲说》

第六章

庐山历代石刻的美学价值

许慎的《说文解字》旨在"说其文，解其字也"，"美"字的溯源解释历来有两种看法：一种是"羊大则美"，认为羊长得肥大就是"美"；另一种看法是"羊人为美"，指的是人戴着羊头饰品跳舞为"美"。无论是"羊大则美"还是"羊人为美"，都具有一个共同特性："美"是一种真实物质的感性存在，与人的感性需要、享受、感官直接相关①。事实上，美是一种观念、认识、感受，或者是一种精神的满足、冲动，这种感性的体验往往是自然现象和人类社会现象在人脑中而产生的，"美"是人类社会所独有的，是感性与认识、形式与内容有机结合的体现，是主客观的统一体。

对于庐山石刻的审美，我们可以从三个方面理解：

一、庐山石刻的审美是有意味的形式。文字的发展由原始图腾及其图像化的符号形象而来，因此早期的石刻也都具有原始、天真、平和的特点，从中可以感觉到一种淳朴的艺术风貌和审美意识，它们反映出当时的社会充满了生动、活泼、纯朴、天真、生气勃勃和健康成长的童年气氛。文字的发展由写实到抽象化、由模拟到表现抽象化，实则是一个由内容到形式的积淀过程，也正是美作为"有意味的形式"的原始形成过程。人的审美感受之所以不同于动物性

---

① 李泽厚：《美学三书》，天津社会科学院出版社 2003 年版，第 425—426 页。

的感官愉快，正在于其中包含观念、想象的成分在内。美之所以不是一般的形式，而是所谓"有意味的形式"，就在于它积淀了社会内容的自然形式。因此美是"有意味的形式"。这些抽象的几何线条，是从写实的形象演化而来，它不同于一般形式、线条，而成为"有意味的形式"的线条。正因为它含有特定观念，才不同于一般的感情、感性、感受，而成为特定的"审美感情"。原始巫术礼仪中的社会情感是强烈炽烈而含混多义的，它包含大量观念、意味，当它演化和积淀于感官感受中时，就变成了一种深层的情绪反应。随着岁月的流逝，这种原来是"有意味的形式"却因其重复的仿制而日益失去了这种意味的形式，变成了一种规范化的一般形式美。这种特定的审美感情也逐渐变为一般的形式感。例如，民国时期的篆文石刻、隶书石刻较之民国之前明显增加了，其他各种书体石刻也多了，但在审美感情上却显现出疲劳，这时期庐山石刻给我们带来的审美感情就逐渐地变为了一般的形式感。

二、庐山石刻的审美语境是文人化、哲学化、精神化，主旨在于表情、表神、表理这三表。首先，庐山文化是表情的，庐山作为景点在本质上是抒情的、游心的，是人的生命性情、爱欲体验天然的表达场所，其审美风貌必然是个性化的。可见，庐山石刻所体现出来的个人化原则是魏晋以来"文化的自觉"的一大标志。其次，庐山文化也是表神的，晋宋以降的佛学精神本体论观念逐渐渗入庐山文化意识中的表现。"神"与"情"有联系，都属主观范畴，但差别在于"情"更偏于生命、意欲之体验，而"神"则偏于心灵、精神之活动。庐山石刻文化在"神思"与"物象"的关系上，不是主观的神思追逐、摹拟着，而是同化、塑造着客观物象。这对于中国审美文化的发展来说，这里所深刻体现的不正是在佛学精神本体论语境中崛起的、一种偏于畅神写意的、"情灵摇荡"的古典美学新趋向吗？再则，庐山文化是表理的，庐山石刻文化具体说就是魏晋以来崛起的以玄、佛为语境、以"人格超越"和"情灵摇荡"为主题的审美文化新范式，这种新范式过渡到两宋之际以儒学为圭臬、以"言志""从理""风教"为原则的审美文化传统的传递与转变。庐山石刻文化反映的庐山个体对主体心灵的静观内省中化解社会政治造成的痛苦和忧患，形成了一种内在超越的文化品格。这种入世而超世的内心超越模式，使他们有可能文化保持独立的人格，即所谓的"胸罗宇宙，思接千古"，从而对整个人生、历史与宇宙获得一种哲理性感受和领悟。庐山文化语境的时间"轴心"是庐山文化个体的"出场"和"退场"，内容上他们的精神倾向与其他思想观念的对峙、冲突和调和，这样便构成一定时期内庐山石刻文化的基本变动形式。

三、庐山石刻文化的审美意境是力场。面对庐山石刻，也许还未来得及细究其主要内容，我们便能迅速进入一种巨大的意义仿真模式里，通过交换获得一种巨大的力场，这种力场是在个体的行为和社会关系消退时空延伸的重构。前面所提，"胸罗宇宙，思接千古"，从而对整个人生、历史与宇宙获得一种哲理性感受和领悟是古人的文化语境。从审美活动的角度看，这就是所谓"意境"，就是超越具体的，有限的物象、事件、场景进入无限的时间和空间。无论是庐山石刻文化的创造者还是庐山文化的欣赏者，都是在这种强大的时空力、场力塑造与被塑造。庐山石刻文化作为一种象征文化源于庐山石刻文化的原始情结，在各种早期的文字字符，我们能深深地感受到原始人虽然没有较强推理的能力，却浑身是强旺的感受力和生动的想象力。符号的文字化确实消退了其象征意义，但其原始的象征基因在石刻文化得到遗传和发展，这便是庐山石刻作为文物文化的巨大意义。

因此，历代庐山石刻的创作者们通过"刀与笔的转换"，以各种各样的形式展示石刻的线条之美和文字石刻的造型之美，其作为文字的石刻让我们感受整齐统一、均匀平衡、节奏相协之美感，当人们置身于庐山这一名胜之中，风光的旖旎和石刻的点缀，给人以多样而统一的美的感受和体验，换言之，庐山石刻既彰显了庐山的自然美，又揭示了庐山的人格美。

第一节　形制之美

庐山石刻按照材质的不同可分为碑刻和摩崖石刻，不一样材质直接影响石刻的形制和整体风格，给予人们的审美感受也是不一样的。庐山的文字石刻不同于岩画、雕塑等造型艺术，它是通过简约的线条和造型来传达美，由于石刻使用物质材料的局限性决定其审美手段有别于其他艺术形式，文字石刻相对较为简单，文字石刻在形制上的审美特征主要体现在：线条之美、肌理之美和造型之美。

线条之美

蔡邕在《九势》中曰："惟笔软则奇怪生焉。"毛笔笔毫的柔软在书法家手中挥洒自如，呈现出多姿多彩、千变万化的线条。在艺术美学中，线条是一种极具表现力的元素之一，一直占据着非常重要的地位。人们用线条来表现形体结构，来描述概括物象，线条甚至被人们看作是表现一幅作品的精髓所在。历来书家们用线条这种物化的手段和形式来塑造生命，通过线条形态和书写的变化，反映书家创作时的情感和审美意趣。可以说，书法艺术就是线的艺术，线的艺术特征和美感在庐山石刻文化中显得尤为突出，欣赏庐山石刻之美，首先在于欣赏庐山石刻线条之美。

细细品读庐山现存的石刻作品，我们不难发现，庐山石刻的凿刻艺术中，主要采用"阴刻法"，即在书者书丹或摹勒之后，将笔画中间的部分去除，从而使线条凹陷，呈现出完整的字形，继而配以些许雕饰，最终构成一幅石刻作品，庐山石刻刻工在凿刻时用刀爽利，雕凿笔画遒健，每一笔都显得骨力十足，字体结体严谨，硬而有力。如此阴刻线条舒畅流利，劲健遒美，艺术的整体效果更为增强，游人在石刻作品前，能清晰地感受到一种整体美。

宋儒在秀峰的题识"千岩竞秀　万壑争流"（图6—1），显得更为别致些，为隶书双勾刻石，以笔单线直接写出空心文字，再使用刀沿笔画的两侧外沿以细线勾出，格外古朴端庄。庐山石刻中使用双勾刻石法的还有陶孔肩在卧龙潭刻"钓滩石"三字、苗蕃刻"天纵奇观"四字以及"五老高呼瀑隐"等字，石和阳在木瓜洞内左侧石壁上刻"石破云修"，这些文字作品若游丝萦绕，风味有余。

文字凿刻在不同的石质，刻线的轻重，线条美感也不同。首先，摩崖石刻相对于碑刻不同，无论从取材上还是材质上皆有极大的区

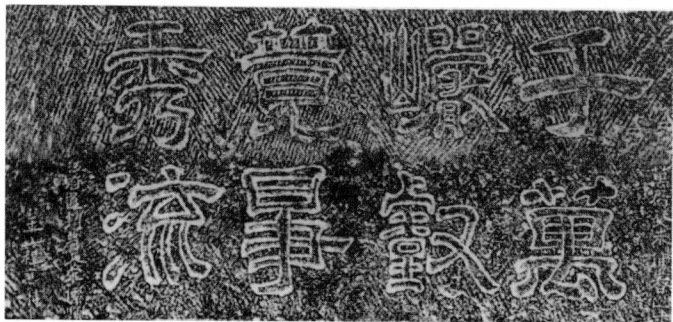

图6—1　宋儒秀峰题识

别，碑刻可取他处之材，摩崖石刻只能就地取材，利用当地自然的河边或河中砥石、山石岩壁经略微处理后施刻，摩崖石刻大小不一、长短各异、形制不同，一般情况下，创作者们将摩崖石刻规划一片长方形或正方形特定区域，石材边框的界定以示规整，雪屋在九十九盘古道石壁刻的"南无阿弥陀佛"，是竖幅长方形形制，字体竖刻，长方形顶部和底部为契合宗教之意，刻莲花图案，韵味醇厚；再如民国时期，蒋介石在美庐手书"美庐"二字，落款"中正题"，形制为横式长方形，刻字方向自右向左，颇具古意。碑刻形制较摩崖石刻固定，也有横碑与竖碑之分，其中，墓志碑一般为竖碑，碑额通常以篆书刻之，给人以古拙之感，碑四周边框以花纹图案装饰，碑刻作者地位高者雕饰以龙。如康熙的"秀峰寺"碑刻，尽显其尊贵的地位。总体来说，庐山石刻在形制上散发一种颇具古、拙、枯的审美特点的"金石之气"，似乎，人们欲将于坚硬的石头上刻字，则必须要有比石头更加坚韧的工具，更重要的是，还需要无坚不摧的勇气和锲而不舍的精神①。

石刻的线条表现力犹如人性格的体现，许多线条的性格不是毛笔容易做出来的，很显然是刻工在刀刻的过程中，变现了刀法的利落、明快、刚硬。因此，当我们品读庐山石刻时，总能带给我们沉着痛快之感，这大概是石刻所散发出来的一种独特品质。沉着，指用笔和用刀的沉厚雄浑，痛快，指用笔、刀的爽利流畅。善书者和善工者往往能够将二者巧妙地融合在一起，营造出一种不激不厉而充满阳刚之气的审美意境。明代丰坊认为："古人论诗之妙，必曰沉着痛快，惟书亦然。沉着而不痛快，则肥浊而风韵不足；痛快而

---

① 王梦笔：《北魏〈始平公造像记〉与〈石门铭〉摩崖比较研究》，兰州大学硕士论文（2006），第35页。

不沉着，则潦草而法度荡然"；清代朱履贞则说："沉着痛快，书之本也。"其中既包含了书写技法层面的要求，也寄托了一种以古雅为旨趣的审美理想①。

肌理之美

在这美妙的自然界中，任何物质都是有肌理的，我们可以把肌理联想成为质感。在石刻创作中，不同的材质通过不同的表现方法和工艺处理所产生的肌理效果变化无穷。任何一幅石刻作品都要借助特定的材料载体，创作者面对不同质地与肌理的书写材料时，会关注不同质地与肌理的审美效果，通过采用不同的刻刀，在碑石上留下不同痕迹的美感，不同刀法的采用，所表现出创作者的情感变化和艺术效果也是不同的。庐山的摩崖石刻材质通常为花岗岩，质地坚硬，碑刻质地坚润，这两种材料本身所具有的独特意味，以不同的表现形式被人们所感知。

未加雕琢的肌理，指材料本身的纹理，朴实自然，又通过先进的工艺手法、创造新的肌理形态，产生各种不同的肌理效果，创作了丰富的外在造型形式，给人们视觉盛宴。譬如：在没有过多人工修饰痕迹山壁上，表面凹凸不平，字迹的笔画与岩石的纹理交错，笔画线条、粗细、宛转也随岩壁凹凸变化而有所起伏，从而使成匠心独运的人工痕迹与鬼斧神工般大自然之间有了关联和牵制，有的摩崖石刻处于极为险要处，上是峭壁悬崖，下为深谷巨壑，有的在瀑布泉潭旁，可见激流险滩，飞瀑急湍，文字书法也似乎被山水逼

① 马新宇：《图说中国书法》，吉林人民出版社 2011 年版，第 124 页。

出雄健倔傲的顽强气势[1]；另外，书家们从碑刻的细腻等中同样也获取了创作的灵感，把自然肌理的感受恰到好处地运用到视觉语言的传达之中，创作出不同的书体肌理，无不令欣赏者称赞叫绝。

庐山石刻作品经过书手和刻手刊于石料之上，他们把内容与形式有机结合在一起，使字形和材料亦能相得益彰，既发挥人的情感的主动性，又不失材料质地、肌理的天然率真之美，创造出呼之欲出、栩栩如生的文字形象。例如：高古雄浑的书刻作品带给欣赏者以星布河汉、千里阵云、松涛滚滚、长风落日的心灵体悟，艺术家们在追求高古雄浑意境时，不可刻意为之，只有取之于自然，才能感人至深。[2] 随着岁月流逝，经过风雨的冲刷、打磨、剥蚀和洗礼后，石刻上的刀凿的痕迹都变得自然、朴素，给石刻本身增添了一份苍浑古拙之感[3]，文字在厚实石板上契刻如此之深，仿佛要对抗时间的侵蚀磨灭，那种顽强壮大，令人肃然起敬[4]。

造型之美

庐山石刻通过刀法的运用将文字再现于石质载体之上，用简练的线条造型来表现一种气质和境界。石刻通过阴刻的技法，使平面的书体艺术变得立体，表达主体的思想情愫，给予我们美的体验，被称为"无声之音，无形之象"，刻字字形大小不一，体势随石形纵横万千。无论是摩崖石刻还是碑刻，都是将书法以刀代笔，在以

---

① 马新宇：《图说中国书法》，吉林人民出版社 2011 年版，第 73—74 页。

② 贾梦强：《书刻艺术研究》，渤海大学硕士论文（2015），第 19 页。

③ 叶乐：《论南阳汉画像石的线条运用》，《牡丹江教育学院学报》2008 年第 6 期，第 93—102 页。

④ 蒋勋：《汉字书法之美》，广西师范大学出版社 2009 年版，第 124 页。

纸代石的材料上展现其艺术造诣，刻工将书者的原创通过读、审、摹、进而利用工具在石质材料上进行勾勒，最后进行凿刻。每个书家都具备自己的书写特点，而不同的字体用刀不一样，雕凿也不一样，所体现的力度也是不一样的。总体说来，庐山石刻的造型简单、明快，具有极强的概括性，充分体现作品的神韵，摩崖石刻和碑刻呈现出来的"方形的面"，给予人果敢、坚实、硬朗之感，每方石刻的创作者巧妙地采用虚实处理，将作品予以恰当"留白"，给观赏者产生更多的联想的空间和耐人寻味的意境。

　　庐山石刻因石刻取材不一，石刻作品篇幅不同，摩崖石刻既可根据所刻内容选取自然界中适合大小的石块，也可根据石刻的大小选择题刻的内容，碑刻形制较为统一，导致摩崖石刻的篇幅一般较于碑刻篇幅大；摩崖石刻材质表面需经过加工、自然风化或者流水侵蚀后方显光滑，庐山摩崖石刻不加碑额，周边也无花纹装饰，基本上就是一条简单的线，因石刻石，具有朴实无华、挥洒自由的风格，碑刻相对摩崖石刻处理更为细腻，需经过凿平、磨光等技艺，要求严谨些，碑刻各类字体的结体较摩崖石刻工美、紧凑，体式较为方正，镌刻线条也比较精细圆润；庐山摩崖石刻及碑刻字迹排列工整。

　　庐山摩崖石刻和碑刻篇幅皆分为横向的幅式和纵向的幅式，横向的幅式在视觉上为横向取势，上下空间受限，应注重各种关系的左右对比，书写中应该注意加强纵向的变化，每行纵向宜加长，充分利用纵向的每一个角落，只有这样才能与横势对应对等，而在横向上，则应该加强用笔以及点线组合的节奏变化，甚至可以分段进行，层层推进，通过不断的结构变换，调节视觉的疲劳，引人入胜。横式的气势主要集中在横向上，纵向之势与之相平衡，因此要加强纵向的节奏变化，前后的节奏变化不宜过大，过大则会使横势太过明显，纵向上的笔势连贯应加强，纵向的幅式在视觉上为竖式取势，左右横向的空间没有纵向的空间开阔，书写中应该加大横向的变化，注重字法的左右摆动，空间的左右呼应和补白，在画面的视觉中心位置应该加大节奏对比和空间变化，左右上下四角也应该形成变化和呼应。清李道泰在含鄱岭下、白水槽瀑布附近东崖壁上的题名："郡司马、闽李道泰、南鼐，开山结茅读书于此。"此方石刻就是随崖就势，布局随意，富有美感。

石刻艺术可同篆刻艺术并论，两者的笔意美通过刀法的传达得以实现，墨稿中需要表现的用笔的方圆藏漏，行笔的轻重缓急，刻划线条和肌理的对比，书法自身的线条和结体美感等，通过"刀笔转换"来完成，最终钩摹上石而来，形成一种刀刻语言和造型[1]，我们在庐山石碑文字时，视觉的感动多来自刻工刀法[2]。

第二节　书法之美

宗白华在《美学散步》中说道：以宇宙人生的具体为对象，赏玩它的色相、秩序、节奏、和谐，借以窥见自我的最深心灵的反映，化实景而为虚景，形象以为象征，是人类最高的心灵具体化、肉身化，这就是"艺术境界"。艺术境界止于美[3]。石刻以实质性的物质材料为媒介，通过雕刻、凿刻等除去不必要的成分，呈现出书法艺术品。书法乃中国的传统艺术，汉字书法又特别强调书法意味和内在意趣的创造，庐山石刻各种书体应有尽有，书法艺术成就极高，

---

① 贾梦强：《书刻艺术研究》，渤海大学硕士论文（2015），第32页。

② 蒋勋：《汉字书法之美》，广西师范大学出版社2009年版，第60页。

③ 宗白华：《美学散步》，上海人民出版社1981年版，第70页。

书法美学价值，在于其形体美，深厚而稳定的美，石刻书法包含着丰富的人文观念、精神情感、价值取向和审美内涵，例如：大篆典范美，楷书的规整美等。书法是一个时代美学最集中的表现，书法并不只是技巧，而是一种审美，看线条的美、点捺之间的美、空白的美，进入纯粹审美的陶醉，书法的艺术性才显现出来 ①。

　　书法以汉字的书写和审美为基础，这是书法脱胎于汉字并最终衍化为一门独立的传统艺术形式的历史契机，汉字也就成为我们理解和欣赏书法艺术的起点。东汉蔡邕《九势》云："为书之体，须入其形，若坐若行，若飞若动，若水火，若云雾，若日月，纵横有可象者，方得谓之书矣。"其中描绘了或静或动的种种意象，来说明书法要能"入其形"的方式，向圣人作则（仓颉造字）和文化传统靠拢，取发掘古体书法所蕴含的先民与生俱来而发乎性情的审美意识。当然，对于今体隶、楷、行、草诸体而言，结合各个朝代崇尚的审美风尚，晋书尚韵，唐书尚法，宋书尚意，明书尚态，清书尚质等等，这不过是一种审美理想，是通过审美联想追加而获得的某种泛化的心理暗示，并非可以一一凿实的。从本质上说，书法艺术既不是对客观事物的真实描摹，也不是对文字的简单复制，而是书写者把种种难以言传的心理体验、审美理想向象征性地诉诸视觉的文字书写和审美活动过程。只有在充满审美想象的个性化书写过程中，汉字无与伦比的形体美和自身应变调节空间才能得到极大的拓展，书法艺术才会获得鲜活的生命韵律和勃勃生机，直观而生动地体现"囊括万殊，裁成一相"的审美理想。以此回视历史上的那些美化装饰文字，似乎也令人若有所思。②

---

① 蒋勋：《汉字书法之美》，广西师范大学出版社 2009 年版，第 67 页。

② 马新宇：《图说中国书法》，吉林人民出版社 2011 年版，第 3 页。

　　总体说来，历代庐山石刻在笔法、结体、章法上保持着整齐统一、匀称平衡、节奏相协美学特征。

笔法之美

　　笔法是书写者在书写过程中对过程的体验，是一种极为美妙的感觉，笔法是书法的技法，"技进乎道"，描绘的就是古人运用技法，感受生命和宇宙，终达终极之道。这里，我们又要谈到线条对于书法的至关重要性，汉字作为书法，是中国独有的艺术部类，中国书法美学是世界上独一无二的艺术美学系统，它通过书家运用特殊的书写工具（毛笔）把实用的汉字变成再现自然风貌、表现情感意蕴的符号形式①。而作为书法的汉字，最具有特色的就是"线"的艺术，且中国古代最能凸显作风和气派的就是"线"的艺术，体现着中国民族的审美特征。最为原始的艺术创作往往是简化的，这种"线"的艺术性就是原始艺术创作的表征，新石器时代的舞蹈彩陶纹饰，利用线条的曲直和空间构造，表现舞蹈者各种形体姿态，以一种净化的线条美来表达特有的艺术价值，几乎可以这样说，书法是线条的造型艺术。中国古代的汉字从甲骨文开始，甲骨文的形体结构和造字方式，以"象形""指事"为本源，通过使用线条进行模拟或者造型，为后世汉字的发展和书法的进步奠定了原则和基础。

　　汉字书法艺术必须要借助工具才能完成创作，好比甲骨文能以艺术品的身份呈现，也是以物质材料和技术支持的。最为原始的技术工具是"笔"，此时的笔可以分为两类，一类是用兽毛捆扎而成，类似于今天的毛笔；另一类就是"刻刀"，这两类笔表现出来的"线

---

①　何世剑：《中国艺术美学与文化诗学论稿》，江西人民出版社2013年版，第12页。

性"艺术,在石刻作品出炉的过程中,能将功能发挥得淋漓尽致。石刻创作的书丹过程需要毛笔的润色,最终的完成还得使用"刻刀"在石面上敲凿、刻画。因而,毛笔运笔的轻重、疾涩、虚实、强弱、转折顿挫、节奏韵律,刻工刀法的掌握与结构,建构起丰富多彩的"线条语言",如同音乐和舞蹈的旋律一般,构成造型艺术的灵魂。

"篆书"线条要以婉润、圆转、顺畅的审美为上,营造出古朴、厚重、久远、幽玄的美学意境,这是其他书体无法替代的。庐山摩崖石刻"瀑布泉"三字是乔宇所书,为标准的小篆体,线条均匀、工整,线质中实,书丹时中锋用笔,在转折之处,平实圆转,起止干净齐整;黄庭坚的题识"三峡涧"三字,属汉隶而带竹简笔意,线条丰富些许,线形有了方圆之别,转折的方法由小篆的圆转化为方转。庐山石刻书法中的隶书都重"蚕头燕尾""一波三折",非常具有表现力,极尽迂回旋转之能。越往后发展,线形就越加丰富多样。庐山石刻书体多用楷体,线条就更加丰富了,转折处多为提按形式折法。所谓提按,就是指写字运笔中的起落动作。提是笔往上拎,按是笔往下顿。行笔有按提动作,就能保持笔锋居中。清代蒋和称:"顿后必提,蹲与驻后须提。提者将笔提起,减于须之分数及蹲与驻之分数也。"蒋衡谓:"凡转剪勾勒,须提起顿下,然提顿二字相连,捷于影响,少迟,则犯落肩脱节之痛。"刘熙载《艺概·书概》称:"凡书要笔笔按,笔笔提。辨按尤当于起笔处,辨提尤当于止笔处。""书家于提按两字,有相合而无相离。故用笔重处正须飞提,用笔轻处正须实按,始能免堕、飘二病。"① 因此,在楷书中转法几乎被摒弃。收合则分为两类,一类是勾、挑、撇、捺等采用出锋居

---

① 马新宇:《图说中国书法》,吉林人民出版社 2011 年版,第 174 页。

多，一类是横、竖等采用收锋居多。颜真卿的楷书端严宏伟，颇具盛唐气息，并与他的高洁傲岸的人格相契合，是书法美、人格美浑然一体的杰出典范，被誉为"颜书之冠冕"。颜体笔法自身的意义给世人留下重要启示。庐山石刻书体中的行书和草书的线条不仅丰富多样，而且异彩纷呈，颇具特色。

两千年来，汉字毛笔发展出"锋"的美学，发展出线条流动的美学，走出隶书波磔的飞扬，走向行草的点捺顿挫，都与毛笔的"锋"的出现有关，拉长流动如屋宇飞檐，如舞者长袖荡漾①，在庐山石刻中通过刀的运用而体现"锋"的美学。总而言之，庐山石刻用笔和用刀上节奏上分明，分合、抑扬、疾徐、纵留等，清晰可辨。

结体之美

书法的表现对象是汉字，汉字具有方方正正的特点，笔法造型决定了汉字结构，其结构框架是以均匀、整饬的方块字为主，汉字的结构再生发出章法构成，汉字的结构是由点画衍生出来的，点、画又构成了面，乃至于一幅书法作品。中国汉字的点、线、面的结合使字的整体产生了意象，渐渐形成对书法的审美追求，刻字是以立体的造型和线条的凹凸表现书法艺术的质感和力度②。庐山石刻是一种文字石刻，文字石刻中的文字形体均由点、线通过一定的规律进行整合而成。一幅石刻作品的创作完成，也是在平面上通过点、线、面的安排与布局，线条刚健挺拔，简练而生动，毫无保留地表

---

① 蒋勋：《汉字书法之美》，广西师范大学出版社 2009 年版，第 61 页。

② 翁向红：《现代刻字艺术的审美特质》，《龙岩师专学报》（社会科学版）1990 年第 17 期，第 32—35 页。

现了物象的神情，线条的合理运用与人、自然现象呈现运动的态势，充满了韵律和节奏感，达到意境的表达和渲染。点、线、面的运用亦大亦小、亦长亦短，线与线、线与面、线与点的有机结合，给人以视觉上的跳跃感，组合后的对称、均衡使整个画面高度和谐统一，这些都符合形式美的法则。

由于书法家性情不同，书法作品自然在结构和趣味上大相径庭，郑廷鹄在九十九盘古道旁石壁上刻汉隶"霞谷"二字，"霞"字结体紧密，"谷"字撇捺写作一横，略见弧形拱起，结体宽松舒展，别具一格；南宋曾集在卧龙潭石壁上刻行书题识，学黄庭坚之笔法，结体内紧外放；南宋后期马云阶在秀峰刻石"与我同情"四字行书，笔势秀雅而灵动，率意自然，结体变化而统一，动静结合，俊爽潇洒；元代赵孟頫书白居易《庐山草堂记》，亦是行楷字体，笔画婉丽流便，温润端秀，结体方中带扁，布局舒朗，意态从容，仿佛见其神情超逸；王阳明在东林寺的行草碑刻为传世之妙品，笔画老健奔放，撇捺恣肆，结体大小错落有致，每行从左上到右下略呈斜侧，潇洒中蕴藏着高古之气。

古人提出"笔意顾盼，朝向偃仰，阴阳起伏，比比不断"的基本原则，缀字成行须一气贯通，积行成篇则须巧妙变化，这就告诉我们，书法作品中字与字、行与行之间是有一种特定的呼应关系，涉及字形的大小、长短、肥瘦、欹正、字间的接搭、断连、疏密、避让，笔势的方圆、顺逆、纵横、向背，行间的参差、补救、开阖、虚实等一套具体而完备的技法要素[1]，因此，前后呼应的勾连映带，左右顾盼的开合翕张显得尤为重要，在庐山留下石刻的书法家采用

---

[1]　马新宇：《图说中国书法》，吉林人民出版社2011年版，第92页。

诸如收放、避让、聚散、穿插、开阖、呼应等具体手法，在具体作品当中，因书体而异、因字而异、因地制宜，各有侧重，使石刻结体不拘一格，使作品合乎平衡原则。

章法之美

唐孙过庭《书谱》有语："一点成一字之规，一字乃成终篇之准"；明董其昌曰："古人论书以章法为一大事，盖所谓行间茂密是也，余见米痴小楷，作《西园雅集图记》，是纨扇，其直如弦，此必非有他道，乃平日留意章法耳，右军《兰亭序》，章法为古今第一，其字皆映带而生，或大或小，随手所如，皆入法也，所以为神品也。"其言对章法阐释到位，从古人有关章法的理论可见，书法中的章法既有对整体、全局的观照，又有对具体、局部的观照；既有对笔法、墨法、字法的形态、空间、组合等进行局部处理，同时还要采用一定的美学原理加以组合构成；既要注意局部，又要关注整体；既要注重形式，更要注重审美风格，也就是说，书法的意义应该在于书法作品全篇的布局形势，以及结构组成的普遍规律①。

章法分为大章法和小章法，古人讲究一字之布白及一行之安排，这被称为小章法，而将整幅作品的结构安排称为大章法，无论是大章法还是小章法，特别强调布白与空间布置，书法的章法在表现创作主体的情性和创作方法的过程中，又体现出一定的时间性，书法既是空间的艺术，又是时间的艺术，具有空间感和节奏感两个特征，章法在结构层面上包括正文、落款、钤印，在技法层面包括笔法、字法、墨法、行列法，在风格审美上包括优美

---

① 逄成华：《书法艺术鉴赏18讲》，苏州大学出版社2016年版，第31—32页。

型和壮美型。

康有为总结南北朝碑刻有"十美"："一曰魄力雄健，二曰气象浑穆，三曰笔法跳越，四曰点画峻厚，五曰意态奇逸，六曰精神飞动，七曰兴趣酣足，八曰骨法洞达，九曰结构天成，十曰血肉丰美。"这些审美移情所带来的美感意象有着鲜明的审美特征，中国自古以来崇尚中和之美，因此，绝大多数庐山碑刻运用刀法，强调和谐、协调、一致、均衡，作品的章法体现出柔美、婉约、纤巧、秀逸、洒脱、安宁、淡雅，给人轻松、愉悦和心旷神怡的审美感受，采用小字正书（篆书、隶书、楷书）和行书，形制较小的篇幅、雅致的文辞等来适应优美典雅的审美风格，而另外还有一些摩崖石刻作品，以雄强、果敢、壮观、老辣、苍劲、迅疾、巨大为特点，给人以惊心动魄、跌宕起伏、沉郁苍劲、激情荡漾的审美感受，一般采用草书、榜书以及较大幅式的作品来呈现其审美特征。

庐山的摩崖石刻书法是通常凿刻在天然石壁上，直接影响受刻面积的大小和形状，因此，章法布局是多样化，也具有统一性。早期的题刻中，章法布局往往模拟碑形额，后来多数是在崖壁凿一平坦之处后再凿刻，也有随崖壁走势而连环凿刻的，这两类题刻的章法布局有竖式也有横式，既根据受刻面积的大小和形状来定，也考虑书体的特征和其他相关因素；而在某一区域的摩崖石刻群，更有多样统一性的规律，一如突出主题，而其他题刻似众星拱月，当然主体的书法字迹要大于周边的，有老携幼之势；二如虚实相生，如果说字迹大为实，则字迹小的为虚，字迹涂镶的暖色调人工色为实，则冷色调为虚，有的题刻所占的位置为实，空白处为虚。

第三节　景观之美

　　庐山的自然之美吸引历代文人墨客游履不绝，这些文人骚客在登山游览的过程中，往往豪情满怀，思绪万千，进而诗兴大发，便留诗题字刻于崖壁，代不乏人。庐山文化是庐山自然山水和人文的完美结合，正所谓"夫美不自美，因人而彰[①]"，人们在讨论事物美否之时，需要考虑人的因素，换句话说，就是以艺术来彰显了事物美的性质。庐山文化历来为人们所喜爱，庐山石刻有它自身的特性，即每一方石刻出现在特定的时代，是时代的产物；每一方石刻都赋予了特定的形式和内容，类别特征明显；每一方石刻都竖立在特定的地点，具有地方的特色和其环境的特色[②]，庐山的石刻首先是位于庐山景色之中，其布局、整合、排列所带来的装饰之美给庐山的自然景观锦上添花，而庐山石刻的人文性，更是彰显了庐山自然之美和人文之美。

自然之美

　　在中国的建筑艺术和装饰性艺术中，书法具有装饰性，因此，室内有书幅装饰，大师们非常善于借助天然景色，在郊野山林，寺宇庙堂则有碑刻、摩崖等石刻发挥书法的装饰作用，书法在书斋之外，又开启了另一个宏阔的天地[③]。庐山石刻的装饰作用更强化了庐山的自然之美，在清幽的山林之中，在有限的空间里，营造建筑物呈现空间悠长深远的意境，景与物二者相互融合为一体，传导给我

---

　　①　唐柳宗元：《柳河东集》，上海人民出版社 1974 年版，第 454 页。

　　②　徐自强、吴梦麟：《古代石刻通论》，紫荆城出版社 1997 年版，第 4 页。

　　③　王梦笔：《北魏〈始平公造像记〉与〈石门铭〉摩崖比较研究》，兰州大学硕士论文（2006），第 36 页。

们无尽的艺术感受。

庐山石刻景观虽由人作，却宛自天开，其造型风雅古朴、简洁明快亦不失精致，石刻主体、内容与周边环境相协，人们在石刻选址的布局和归置方面极花心思，石刻的置放体现极高的艺术水准和建筑空间美，石块的选择与景致相对应，字体的选择和大小与景色相匹配。石块长宽比例协调，整体的气质，宁静的气韵，造型的精致，没有一丝多余，石刻与人和景物有一定的距离，产生空间的美感（图6—2）。

摩崖石刻书法与自然山水环境的协调性，更是给人一种在自然山水之间的特殊视觉美感，是为了来衬托自然山水环境之美，作为装饰性的石刻书法是从形式构造和内容上与自然山水环境构成相协调，其表现：一是"藏"和"露"的关系，对于以雄伟、险峻、畅旷为自然美形象特点的山水间，摩崖石刻书法以"露"居多，即在高耸裸露的天然石壁上多擘窠大字，而对于以秀丽、平静、幽深为自然美形象特点的山水间，摩崖题刻书法则以"藏"居多，即在山涧、岩洞等处多题相对小的字；二是"远视"与"近视"的关系，远视主要适用于观赏整体形象，所以题刻书法多得山川之体势，以特立者为胜，庐山九十九盘古道两边题刻的书法整体有高远的层次感，因而题刻书

图6—2　白鹿洞书院题识

法多得山石之质理，崖壁之走势，以多姿统一为胜；三如"人工色"与"天然色"的关系，"人工色"是指摩崖书法刻成后再人工填涂上色彩，"天然色"是指自然山水所固有的色彩，为了让色彩尽情展示其自身的魅力，人工色与天然色必须有机结合，对于山水的天然色彩，人们都用"青山绿水"来形容，如果摩崖题刻的周边植被茂盛，那么对题刻书法施以红色，就起到了对比和凸显的作用，如果题刻周边是大面积的岩石，那么题刻书法施以石绿、石青或白色，易得宁静；当然，也可施以红色或土黄色，可使其热烈而沉着。古代摩崖题刻书法未必都施"人工色"，而是根据题刻的目的来决定，如摩崖刻经为了保存佛道经典而作，故一般不着色（现在能看到的一些刻经有人工色，可能是后来所添加），而起到点景装饰作用的题刻书法就多数着色；四是"书法文字内容"和"自然景色内涵"的关系，如果说颂德、记事、佛道经典为文字内容的题刻书法，只是借自然山水中的摩崖为载体的话，那么，题识、题记、题诗为文字内容的题刻书法就是自然景色内涵的标目。所有庐山石刻，可以说是庐山山水环境美的文化载体，因为人们在欣赏书法艺术的同时，又从文字内容中读到了历史文人墨客当年在此环境中的状态，可以产生"胸罗宇宙、思接千古"的超时空的环境享受①。此外，也有一部分石刻是在人们甚少涉足处，隐约含着一种缠绵和优柔的审美意趣。

庐山自古至今，游履不绝，纵使庐山绮丽的风景环绕着庐山，如若没有文人墨客的点睛之笔，庐山也只不过是一座孤独耸立在鄱湖之畔的山林而已。简单的文字存留，却装点了庐山，使庐山充满着浪漫的气息。总而言之，石刻书法对自然山水的装饰作用，体现

---

① 陈道义：《古代汉字书法装饰之道》，兰州大学硕士论文 2008，第 69—70 页。

了中国山水文化中"物我相关""物我同化""天人合一"的传统哲学思想，石刻的装饰性也进一步增强了庐山自然山水的观赏性和文化底蕴，提高了观赏价值和文化价值，从而给予观赏者更为深刻的美的体验。

人文之美

大理学家朱熹游东林寺、西林寺，赋诗《东西二林寺》云："深寻两林间，清波贯华屋。莲社有遗踪，草堂非旧筑。修廊余故刻，好丑杂珉玉。亦复记经行，深惭后人读。"诗中"两林"即指东林寺和西林寺，"清波"指寺殿旁流过小溪，诗中记载了在长廊中的当年碑刻状况①，一展寺内人文气韵。

"金石文字作时所留下的审美特征，如书法形态的宏观气象，尤其是经过千百年自然的蚀变所留下的种种非人工的奇特美，非笔墨的天然美。"潘天寿说，"石鼓、钟鼎、汉魏碑刻，有一种雄浑古朴之感，此即所指'金石味'……古人粗豪朴厚，作文写字，自有一股雄悍之气。然此种"金石味"也与制作过程、与实践的磨损有关，金文的朴茂与浇铸有关，魏碑的刚劲与刀刻有关，石鼓、汉隶、斑驳风蚀，苍古之气益醇、古代的石雕、壁画，也都有这种情况，这些艺术品，在当时刚刚创作出来的时候，自然是已经很好，而在千百年以后的现在看来，则往往更好。"②

如果拿常年封存在地底下的那些保存完好，未被风化侵蚀过的墓志或者碑版，与那些在荒郊野岭，经过长期风化剥蚀的碑版

---

①　欧阳镇、胡迎建：《东林大佛话净土》，江西美术出版社 2013 年版，第 145 页。

②　周旭：《论书法金石气》，《浙江工业大学学报》（社会科学版），2006 年 12 月第 5 卷第 2 期，第 12 页。

相比，前者经过刻工的加工，依稀可见当初的刀刻和点划痕迹，笔画的指向性明确而清晰；后者由于常年裸露在阳光下，经过风雨侵蚀和风化侵蚀，碑的轮廓以及碑面上的文字颜色碧青，甚至模糊不堪。正是这样的不确定性，增加了碑刻文字的魅力和意蕴，风化的侵蚀，让碑刻文字显现出自然环境下造就的美感，它是由历史的积淀和时间的累积所造就的效果，斑斑驳驳的字迹，让残碑在形体和笔迹上，增加了多种可能性，这种残破美耐人寻味，也让后人观摩的时候有了更多的想象空间。庐山的摩崖石刻和碑刻兼具魅力及意韵。

庐山石刻，是具有庐山特征的石刻，字刻之于石，既是文人的心声、灵魂的披露，同时也是蕴含着作者追求独立自强、高洁自守的美好品德，书写者没有官方文书的压力，笔画自由活泼，比出土的秦简上的隶书线条要更奔放，更不受拘束，更能发挥书写者个人的表现风格，当然，也更能符合书法美学创造性的艺术本质[1]。庐山石刻的美学价值不仅在于为人们留下了一幅幅关于庐山的优美画面，体现了庐山当地的特色、景色与人文，还在于抒发了文人的真实感情，其中不少文字闪耀着思想的光辉[2]。庐山的人文之美在名人的笔下富有神韵，得到点缀和升华。

---

[1] 蒋勋：《汉字书法之美》，广西师范大学出版社 2009 年版，第 64 页。

[2] 廖国一、李欣妍：《独秀峰摩崖石刻》，广西师范大学出版社 2013 年版，第 130 页。

第七章

庐山历代石刻的文学价值

庐山石刻不同于绘画能使用色彩表现艺术和情感，它是一个实实在在的主体，塑造的对象是文字，既是可视的又是可触的。历代文人墨客在庐山的咏题石刻甚多，从文学的角度看，庐山石刻是以文字为语言与人们交流，庐山石刻聚篆、隶、楷、行、草等书体于一岩，集诗、词、题、铭、记于一地，通过丰富的文学体例、广泛的文学内容、多样的创作手段和独到的石刻语言构成了庐山石刻的丰富内涵，使文辞、书法与自然环境相融合，独特的自然景观与丰富的人文景观与之交相辉映，展现出极高的文学价值。同时，庐山石刻众多，分布也极其广泛，石刻作品供人阅读和传播创造条件，也激发了文人创作的兴趣，提升石刻文学的价值。庐山石刻是直观的，是立体的，与纸本上的文字不一样，纸本上的文字只是借助于纸这个载体抒发文学性，而石刻不仅依赖于石质材料和纸本文字显现相类似的特征，它还依托一定的自然山水环境和人文环境产生，并整体存在，因此，石刻的文字是直观的文本，也是立体的文本。

第一节　文学体式丰富

中国古代文献资料留存至今的主要方式有两种：一种是纸本载体，另一种是石本载体。石刻因其载体的特殊性，与书写在纸本上的文体不同，它属于一种石本文体，石本与纸本形成了不一样的特点。纸本载体关于庐山的诗词不少，名篇也比比皆是，但石本载体的庐山石刻却在诗词文学上有两个现象，一是庐山石刻诗的形式虽多，一方面肯定有诗词中的珍品，例如白鹿洞紫霞真人《游白鹿洞歌》（图7—1）。既是诗词名篇，其书法又是白鹿洞书院甚至是庐山最有名之行草，另一方面，我们也要认识到，从整体情况看，名篇还不多；二是庐山石刻没有出现词的形式。要回答这两个问题，首先，不得不从石刻的公的性质与文学私的性质两个矛盾悖论来讲。石刻在某种程度上是带有公的色彩，是写实的，从整体来看，多因记事而作，而大多石刻诗歌为应和之作，多少压抑了纯属于个人的东西——私人性质的东西，文学上难出精品也是可见的。另外，词是痛苦的审美化，是理性感伤的高扬，乐中寻悲，完美中求缺憾，词到宋是集大成了。词作为一种形式，在宋人里是一种把玩的心态，所以词是具有这种更私人情感的基因的，很难把它直接放在一个明

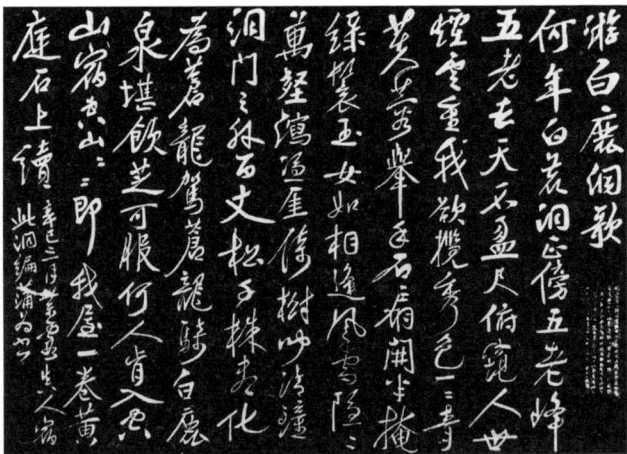

图7—1　紫霞真人《游白鹿洞歌》

显带公众观赏性的石刻上来，词这种样式放在私人庭院比放在庐山石刻的大舞台上似乎更合适。庐山诗词在庐山石刻的显隐之变必然和中国的文化基因有关。中国文化思潮经历几千年的流变发展进化，这种文化的显隐之变的现象是值得重视的，但就目前的石刻文化研究来讲，还没能深入研究这种显隐之变与文化思潮的关系和具体的变化规律。

庐山的石刻体式包括题诗、题识、题记、记叙、古文、墓志、联语等，这些文字体例无论是在内容、结构、风格，还是署名方式上都别具一格，且石刻颇具立体直观，给人强烈的文物感觉。所以庐山石刻的主要文学价值在于拓宽和丰富了文学体式，同时，石刻文字的内容、风格，文体的结构，文末署名方式和作者主体的构成均与纸本文学呈现出来的特征略有差异。

题诗

题诗是指在摩崖石刻或碑刻上所题写的诗句。庐山为中国名山，有众多文人墨客过往，石刻中题诗内容甚多。其中，碑刻题诗较摩崖题诗丰富，白鹿洞书院碑刻题诗更是首屈一指，书院中碑目林立，一碑一诗或一碑多诗。这些题诗，有五言，也有七言，有绝句，也有律诗，大多数的庐山题诗的基本特征是写实，多是客观的景色展现，即便是抒情，也是在客观情景的影响下而作。

北宋庆历年间，程师孟知南康军，游庐山南麓温泉镇的虎爪崖下醉石，刻醉石诗一首：

> 万仞峰前一水旁，晨光霁色助清凉。
> 谁知片石多情甚，曾送渊明入醉乡。

程师孟

明代嘉靖四年（1525）郭波在醉石上刻有一首诗：

渊明醉此石，石亦醉渊明。

千载无人会，山高风月清。

石上醉痕在，石下醒泉深。

泉石晋时有，悠悠知我心。

五柳今何处？孤松还独青。

若非当日醉，尘梦几人醒。

明嘉靖乙酉季夏，偕长沙陈琦、南康叶世荣、余士骥同游

德安主人怀集、梁一柱刻石

又卢襄于醉石题诗曰：

经过栗里桥边路，忽忆征君被酒时。

白石岿然无旧馆，青山几处有荒祠。

旷怀敻出希黄上，诸作总为风雅遗。

下马斜阳那可荐，高秋篱菊故开迟。

明进士卢襄题，郡倅马朋摹刻

北宋吴亮的醉石诗与小序：

有宋三衢吴亮、禅林徐彻，元祐三年饮于渊明醉石、醉仙濯缨之池：

挹水濯缨池，渊明醉不知。征战君欲速，石上我忘机。

书示君采

醉石是庐山著名的景点，来往人员多，作者在行文时，将所见之景和感想在第一时间表达其中，无过多的辞藻，也无万千思绪。

徐岱于嘉靖五年（1526）仲冬游开先寺，秀峰读书台留下题诗《登读书台》：

嘉靖岁丙戌，仲冬月之初。徐子峨山人，观风过匡庐。

古寺寂奇绝，僧来迓征车。行行上层台，云是昭明居。

昭明梁太子，幽探尚清虚。选文破万卷，洗墨成溜渠。

士林仰芳趾，我来吊遗墟。莓苔绣石磴，攀缘费褰裾。

孤亭坐来爽，氛垢觉消除。行云送眉黛，幽鸟喧丛椐。

把酒敌风伯，狂歌瞻心舒。勒石忽惊睹，低头一长嘘。

昭明如可作，新诗为刘锄。区区柱下史，挥毫敢谁誉。

千年涉沧海，问津愧长沮。清栖借禅榻，衣寒莲漏疏。

世事一轶掌，沙鸥吾不如。

蜀嘉　徐岱题

此诗开头学杜甫《北征》之起句，即点明来游时间，写景真切，融入情感深沉，实为好诗。但以读书台为昭明太子所居，则大误也，后世认为明代人治学粗疏，于此亦可见一斑。

同年同在秀峰，卢襄刻在徐岱《登读书台》碑之右下方《夜游开先寺》曰：

嘉靖戊子九月夜游开先寺

南唐有此寺，更傍庐山隅。

弭节肆幽讨，抱衾慵独回。

茶分瀑布水，藜照读书台。

殿废亭殊俗，何须悲劫灰。

吴郡卢襄　嘉靖五年九月二十五日

读书台位于秀峰，既是风景旖旎之处，也是具有文化涵养之地，史书中记载后人在读书台留有相当丰富的诗歌文集，但此处石刻诗句不如文本中的诗句内涵耐人寻味，其原因大概是记录于文本中的诗句可经过时间充足的创作或者是二次创作，而石刻受时间的束缚，甚至大多数时候，诗歌的创作是一种即时创作。

明代姚盥仙正德十年（1515）来庐山秀峰，在青玉峡石壁上题诗：

> 曾闻此胜地，远道来登临。
>
> 峭壁看云倚，悬泉听玉沉。
>
> 鹤鸣山寺静，龙隐洞阴深。
>
> 已涉真仙境，能专出世心。

正德十年　姚盥仙元佐书

南明时期，陶渊明后裔陶惟中在卧龙岗钓石滩对面的石壁上留刻摩崖石刻《五噫歌》曰：

> 遥瞻帝京，禾黍离兮噫。
>
> 览彼周道，沙草集兮噫。
>
> 龙不隐麟，真可耻兮噫。
>
> 命之不藏，婴多仄兮噫。
>
> 元代许谦，乐饥饿兮噫。

隆武丁亥仲夏　栗里陶惟中书

明代万历十三年（1585）陈经于秀峰港沟题刻《游开先寺》，诗与序曰：

余自乙酉八月，承乏星□□耕敛，尝憩于此，览奇怀古，□□□□因赋是诗：

> 昔贤创此读书台，累次□□□□来。
>
> 复□插花浮紫气，半炉胜□□屏开。
>
> □□锦帐留图画，瀑出银机□□□。
>
> 六载登临□吏隐，此身何日不蓬莱。

万历庚寅菊月末　粤番禺述□陈经书

朱熹在简寂观港西山脚下石台上刻诗曰：

> 高士昔遗世，筑室苍崖阴。朝真石坛峻，炼药古井深。

结交五柳翁，屡赏无弦琴。相携白莲社，一笑倾夙心。

岁晚更市朝，故山锁云岑。柴车竟不返，鸾鹤空遗音。

我来千载馀，旧事不可寻。四顾但绝壁，苦竹寒萧椮。

　　　　　　　　　淳熙六年己亥三月二十八日　晦翁题

王阳明在东林寺石刻《游东林次邵二泉韵》曰：

昨游开先殊草草，今日东林游始好。

手持青竹拨层云，直上青天招五老。

万壑笙竽松籁哀，千峰掩映芙蓉开。

坐俯西岩窥落日，风吹孤月江东来。

莫向人间空白首，富贵何如一杯酒。

种莲采菊两荒凉，慧远陶潜骨同朽。

乘风我欲还金庭，三洲弱水连沙汀。

他年海上望庐顶，烟际浮萍一点青。

　游东林次邵二泉韵　正德庚辰三月廿一日　阳山人识

后来还有清代吴应棻在东林寺的大殿壁内留《游东林寺》七律一首。另，何迁于卧龙潭题诗：

寻山须到巅，寻水须到源。

坐看泉落处，欲问已忘言。

　　　题庐山卧龙潭　吉阳何迁，知府吴如庶刻

白鹿洞书院碑刻题诗尤为显著。明代姑苏王俸，其题刻白鹿洞诗曰：

石刻苔痕古钓台，鸢飞鱼跃景天开。

一亭创造怀先哲，经始游观自我来。

明代严时泰存诗两首曰：

书院行释菜礼

匡庐山下谒先师，自采溪毛荐酒卮。

荐罢徘徊不能去，出门为恐路多歧。

观瀑布泉

龙女殷勤织出来，天然洁白绝纤埃。

澄江净练应难比，凭仗诗人为剪裁。

袁汝萃《卓尔山》曰：

高不在辅山，美不在龙蠡。

千古圣贤心，嗒然见卓尔。

荆南袁汝萃

明代黄国卿在书院的碑刻题诗曰：

忆昔彭蠡舟，五老湖中见。

今日始登临，振衣蹑层巘。

五老笑相迎，依然旧时面。

讶我鬓苍浪，童心犹未变。

岁月几蹉跎，浮生如过传。

努力须及时，肯为泉石眷。

感叹欲踌躇，夕春归路劝。

寄语洞中人，此志当早辨。

嘉靖辛酉春　沧溪黄国卿

胡松白鹿洞诗碑刻曰：

白鹿仙踪邈何许，白鹿仙灵常此留。

一自真儒传学术，遂令来者重夷犹。

泠泠断涧传空谷，寂寂千峰抱古丘。

多少羹墙瞻仰意，岩花满目傍人幽。

又萧端蒙《游白鹿洞》一诗曰：

褰萝陟崇冈，松梧翳以邕。丛石郁修崖，清流激鸣淙。
中有读书台，弦歌一何飏。白鹿发孤标，紫阳振幽尚。
堂坛宛天启，岩谷永辉壮。所以千载名，非为青山贶。
哲人云已远，高风不可抗。诜诜洞中倡，努力探玄响。
漱石掬遗波，枕流溯遐嶂。邈矣庐山巅，相期览昭旷。

嘉靖癸丑岁季春月朔日　潮阳萧端蒙书

又明代韩光祐《同梁悬黎廉宪游白鹿洞》曰：

庐峰遥望处，先后数经过。今日登临胜，昔年梦寐多。
褰帷惭地主，拊袖喜岩阿。路出层霄外，云连一水涡。
振衣兼濯足，长啸复高歌。驯鹿人如在，拥皋教不磨。
几回吟箓竹，岂弟羡青緺。徙倚还经宿，斋心向薜萝。

巡抚江西都察院右佥都御史、篸岭韩光祐　天启五年乙丑季春日

苏祐在嘉靖三年（1524）刻石题诗《游白鹿洞二首》曰：

谈经虚正诸生席，陟巇真回五老峰。
寒日犹悬青薜荔，晴天故倚翠芙蓉。
岩花径委逢鸣鹿，砚水江涵有蛰龙。
吾道亦南殊忝窃，回琴点瑟坐从容。

青衿日日遂攀跻，入室升堂绕石梯。
亭畔浮云移别屿，桥边流水过前溪。
孙登坐啸风斯远，曾点归歌日已低。
潦倒缁尘太冗迫，振衣真想碧山栖。

嘉靖乙亥冬立，吉东郡苏祐书

任维贤于正德年间任江西佥事期间来游庐山，题白鹿洞一组诗，

极为壮观：

白鹿洞纪游　时许南康偕往

曲径松篁老，芳踪岁月深。

游观千里目，仰止百年心。

道脉分洙泗，文宗振古今。

匡山与彭蠡，终古气萧森。

山暝云低合，溪寒水细流。

崎岖忘路险，高美爱亭幽。

五老如相迓，三贤欲并游。

登临怀抱阔，一发见洪州。

古洞龆年闻白鹿，小车暇日试青骢。

山川吸呷风云气，草木栽培雨露功。

精一百王传正学，知行千载破群蒙。

周行示我真如砥，莫漫多歧自异同。

归路黄昏景绝殊，江寒灯火落星孤。

观风吃紧崇儒意，喜得文翁正剖符。

玉台山人　任维贤书

陆深有《入白鹿洞游眺》曰：

亭台高下恣登临，泉石松篁处处寻。

一径苔莓无俗辙，四时弦诵有清音。

人逢胜境功名薄，山到斜阳紫翠深。

五老不随云雨变，卜邻初见古人心。

俨山　陆深书

屠侨《宿白鹿洞书院诗》曰：

白鹿清幽洞草香，五峰影里见宫墙。

图书道妙谁开始（谓元公），天地人文有主张（谓文公）。

云壑风泉刊不泯，匡庐彭蠡胜兹长。

登祠拜罢论来夕（时同行少参黄君宏、佥宪师君夔治具论洞事），

竹树阴阴锁院凉。

正德戊寅夏孟中浣日　四明屠侨书

杨绍芳有白鹿洞诗曰：

洞开千载古，同志共登临。

五老盘商皓，群松弄孔琴。

当年同异辩，此日仰庐阴。

独爱环溪水，源头泼泼浔。

□□□□滨 杨绍芳书

紫霞真人《游白鹿洞歌》曰：

何年白鹿洞，正傍五老峰。

五老去天不盈尺，俯窥人世烟云重。

我欲揽秀色，一一青芙蓉。

举手石扇开半掩，绿鬟玉女如相逢。

风雷隐隐万壑泻，凭崖倚树闻清钟。

洞门之外百丈松，千株尽化为苍龙。

驾苍龙，骑白鹿，泉堪饮，芝可服。

何人肯入空山宿。空山空山即我屋，

一卷《黄庭》石上读。

辛巳三月日紫霞真人宿此洞，编蒲为书

王梃有白鹿洞诗曰：

载月试春衣，排云上翠微。

波声喧石窦，乱峰滴岩扉。

往事知谁在，幽吟和者稀。

翻怜面壁相，烧劫憺忘归。

汪伊有白鹿洞诗曰：

谒洞

石磴萦回倚仗行，仰瞻幽敞自天成。

云收万里见秋色，蝉噪一林空暮声。

洞水周遭源更远，松杉今古气逾清。

登临邂逅容迁客，启辟荒芜愧后生。

秋祭

入洞攀萝鸟道连，冲泥瘦马落花前。

峰峦万叠元灵削，衣钵千年有圣传。

鹤影松高精对越，云通疏牖杂炉烟。

祀馀高美登亭望，直欲乘风五老巅。

古歙　汪伊

王希烈有白鹿洞诗二首曰：

游白鹿洞一首

偶系扁舟湖水滨，穿云蹑屐破秋旻。

丹霞迥隔红尘界，瑶草长留玉洞春。

自去真儒谁地主，才登蓬岛即天人。

朋来亭上开新酌，五老参前成主宾。

次魏槐川韵一首

千古名山始一临，丹崖碧水恣幽寻。

登台面面开山色，伐木丁丁闻鸟音。

洞道泉声行处满，洞天云气坐来深。

因参朱陆求遗论，格致元同主静心。

嘉靖戊午秋九月　豫章王希烈书

高旸有白鹿洞诗曰：

白鹿洞次晦翁先生韵五首

相承家学重希贤，来访山中思豁然。

拭目虬松观翠霭，洗心泉石听潺湲。

青山有道人应仰，白鹿忘机鸥共眠。

活水源头成永叹，无边光景亦良缘。

缔观彭蠡绕匡山，山水钟奇天地间。

抱合真儒传道脉，汇流胜概障狂澜。

千红万紫排生意，霁月光风豁笑颜。

读罢遗编浑不寐，青霄白鹤点苍班。

远听鹤鸣庐山阴，敧枕怀贤漫不禁。

枉却他歧求色相，始知此洞可招寻。

天光云影千机锦，鱼跃鸢飞一此心。

只向洞前驯白鹿，蘋花芝草会长吟。

委心胜概已多年，碧流隐隐来山泉。

不尽文章归圣泽，无端风月附瑶编。

鹅湖曾点红炉雪，鹿洞应增赤帜传。

得意忘言谁理解，鸾凤郊野尽腾骞。

浪迹宫墙半未成，每从机括欲求鸣。

解牛莫测无中理，投豆须知豫此诚。

漱石枕流原素志，风泉云壑苦虚生。

洞门深锁春如海，好向山灵共结盟。

　　　　嘉靖庚申仲春朔日　楚蕲少崖山人高旸　谨撰

康熙帝摹米芾书江淹诗曰：

从冠军建平王登庐山香炉峰

广成爱神鼎，淮南好丹经。

此山具鸾鹤，往来尽仙灵。

瑶草正翕艳，玉树信葱菁。

绛气下萦薄，白云上杳冥。

中坐瞰蜿虹，俛伏视流星。

不寻遐怪极，则知耳目惊。

日落长沙渚，层阴万里生。

藉兰素多意，临风默念情。

方学松柏隐，羞逐市井名。

幸承光诵末，伏思托后旍。

　　　　元丰三年仲春月书于致爽轩中　襄阳米芾

周昌《游白鹿洞诗》与题序曰：

忆丙辰、丁巳之役，予两至匡庐，虽知白鹿洞为先贤奥区，然方驰驱王事，游览未遑。既而蒙星公兄继我濂溪公来守是邦，力请于抚军安公，修复旧制。天子闻而嘉之，御书额扁。时予至自豫章，舟泊其下，减从独游。适有洞生蔡值、汪生兰两人指点古迹，慰予十年未了之怀。徘徊未忍弃去，诚快事也。聊赋一律，以纪其盛：

萧条古洞乐重新，盛世文明育瑞麟。

槛外泉声传铎响，石中云窟写天真。

万松瑟瑟参霜径，一瀑轰轰走野宾。

驱尽平生鄙俗虑，欢情尤在奉清尘。

　　时康熙丙寅岁仲冬下浣之吉　楚郢后学　周昌谨识

郎廷极白鹿洞诗曰：

郎大中丞送原先生赴鹿洞讲席诗

洙泗渊源道不孤，千秋末学辟榛芜。

名山此日留弦诵，多士于今得楷模。

讲席晓光摇匹练，钟楼斜日对香炉。

楮冠芒屦家风在，尚作商歌一曲无。

又　集唐与鹿洞师生

宫墙依旧压层崖（皮日休），惟有读书声最佳（翁承瓒）。

绛帐青衿同日贵（石贯），始应高惬圣君怀（张蠙）。

后又有跋曰：

郎大中丞讳廷极，字紫衡，号北轩，广宁人；原先生讳敬，字元功　号畏斋，乐安人。

康熙壬辰孟夏月谷旦　　鹿洞诸生　典谒：杨必逵　干建邦李廷模　引赞：陈正堂 邹士驹　万口口

此跋介绍了郎廷极与书院山长原敬的字号与籍贯。

在白鹿洞书院南，上畈李村华盖松树下的石上，有仲鹤庆白鹿洞诗《华盖松》曰：

　　　　播枝已成盖，苍翠尚扶疏。

　　　莫谓张虚势，松原古大夫。

　　　　　　　　　　　　　　辛丑夏　吴陵仲鹤庆

南康知府王凤池《己卯春重游秀峰寺》曰：

> 去年庐峰半峰雪，面目疑真疑未真。
>
> 过百十日重来游，如相识友情更亲。
>
> 磨以石镜照我影，塵以松鬠拂我尘。
>
> 龙潭涓涓浣我手，鹤巢亭亭坐我身。
>
> 岭树张屏藤挂幕，岩花缀锦苔铺茵。
>
> 谷帘风动碧纹活，香炉烟起丹篆新。
>
> 旦闻空中奏仙乐，玉峡瑶琴宴嘉宾。
>
> 醴泉壶爵甘露盏，石耳云腴佐饛珍。
>
> 诸葛蔓菁元修菜，东坡玉带渊明中。
>
> 五老七贤陪隔座，天地薐庐一笑嚬。
>
> 引入昭明读书处，更探白傅草堂春。
>
> 客揖主人辞欲出，泉籁树韵勾留频。
>
> 过午钟声犹在耳，懒残招我乘金轮。

改屐游　匡庐使者王凤池未妥草

民国时期，周辉甫有白鹿洞诗（图7—2）曰：

图7—2　周辉甫白鹿洞书院题诗

鹿洞书院感咏

名山在昔僧占多，喜儒此独坐重席。

读书洞启彝伦堂，光昭宋学年七百。

书院堂皇庙貌魏，名儒硕士纪遗迹。

我来洗心且希贤，高山流水费寻绎。

抚碑既叹缺宋元，学荒恐断薪传脉。

泉峰如旧供鹿游，溯源惆怅亲圣泽。

东粤　古梅　周辉甫拜书

一般而言，庐山的题诗以碑刻居多，题诗也有较为完整的格式，包括诗题、诗文、作者姓名、官衔、籍贯、时间等，有的还有序或跋。由所列题诗可知，并非所有的题诗都照这个格式按部就班，会略有差异，有的是具备相当完整的格式，有的仅有诗文和署名部分，具体的格式会因石而异。

题识

历代以来，文人在纵情山水时多有题识习惯，宋代以降，题识风气较前代更为盛行。庐山的题识数量相当可观，既有碑刻题字，也有摩崖石刻题字。通常将石刻内容是单句或只有几个字的称为"题识"。庐山数千方石刻中，摩崖石刻题识数量多于碑刻题识数量，这些石刻大小不一，字体各异，所题的字数往往不多，少则两字附带署名，多则字数如一诗句。经过对各朝代题字石刻的统计，清代的题识数量蔚为可观。这类题识石刻具有相对统一的格式，即包括题识主体内容、署名、籍贯、刻石时间等，然而并非每方石刻都完全具有上述所列项目。

有的只有题识主体内容，后人根据史籍记载，或者此方石刻附近有一方石刻有署名，且字迹相同，而综合考证得知题识者，例如：

图7—3　李天植佛手岩题识

北宋真净文归宗题识：归宗

李天植佛手岩题识：洞天玉液（图7—3）

苏轼游历白鹤观题识：壁佩琳琅

黄庭坚石镜溪题识：石镜溪

黄庭坚三峡涧题识：三峡涧

黄庭坚秀峰题识：聪明泉

米芾龙潭题识：第一山

米芾青玉峡题识：青玉峡

朱熹卧龙潭题识：卧龙

朱熹白鹿洞题识：白鹿洞

朱熹枕流桥下题识：枕流

朱熹康王谷（今名庐山垅、桃花源）口题识：谷帘泉

朱熹简寂观港西山麓石台上题识：连理

朱熹醉石题识：归去来馆

张孝祥玉渊题识：玉渊

陈淳祖白鹿洞题识：圣泽之泉

陈绰青玉峡题识：寿寿福禄

马朋观音桥题识：金井

周祖尧青玉峡题识：风泉云壑（图7—4）

图7—4　周祖尧青玉峡题识

郑廷鹄古道石壁题识：霞谷

朱端章石镜溪题识：欲知眼前事，拊石听流泉

蔡克廉白鹿洞题识：千古不磨

石和阳木瓜洞题识：石破云修

苗蕃凌霄洞上方题识：天纵奇观

金琦青玉峡题识：山谷洪涛

左观澜白鹿洞题识：不在深

彭治白鹿洞题识：观澜

陈三立碧龙潭题识：碧龙潭

僧青松玉帘泉题识：玉帘吐花

僧青松黄龙潭题识：黄龙潭（图7—5）

马鸿炳仙人洞题识：纵览飞云

大部分石刻格式是含有题识主体内容及署名（或字或号），譬如：

岳飞题识：还我河山　岳飞

陈沂龙潭题识：龙池　陈沂

李梦阳白鹿洞题识：回流　李子书山

图7—5　僧青松黄龙潭题识

黄谦白鹤观题识：道岸　黄谦题

张寰青玉峡题识：喷雪奔雷，濯缨洗耳　张寰书

陈端甫青玉峡题识：石屋　陈端甫题

刘世扬三叠泉题识：玉川门　刘世扬书

紫柏大师归宗题识：归宗寺　半偈道人书

孟遵时玉帘泉题识：天奇　孟遵时书

陶孔肩卧龙潭题识：钓石滩　陶孔肩题

明蠡玉帘泉题识：龙门　明蠡道人题

宋之盛龙潭题识：龙卧处　万古源流　白石宋

释超渊龙潭题识：老友　壁头陀

张集馨白鹿洞题识：访道名山　张集馨书

李道泰白水槽题识：白崖　李道泰

宋荦龙潭题识：漱玉亭　宋荦书

李得阳古道石壁题识：白云天际　李得阳书

顾贞观欢喜岭题识：欢喜亭　顾贞观书

苗蕃凌霄洞题识：五老高呼　苗蕃印

曹秀先青玉峡题识：德隐　曹秀先

曹秀先龙潭题识：虚受　曹秀先

曹秀先观音桥题识：天下第六泉　曹秀先

彭玉麟白鹿洞题识：清泉漱玉　彭玉麟书

康有为黄龙寺题识：黄龙寺　康有为

郭友龙玉帘泉题识：漱玉流霞　郭友龙

蒋伏生五老峰题识：万古云霄　蒋伏生题（图7—6）

庄同生龙潭题识：具有高深　庄同生书

蒋介石美庐题识：美庐　蒋中正书

图7—6　蒋伏生五老峰题识

图7—7　孙鹤皋五老峰题识

孙鹤皋五老峰峰顶题识：五老洞　孙鹤皋、陈维新（图7—7）

有些题识在署名时亦附其身份、籍贯、官衔、国籍等：

北宋李继勋龙潭题识：仰镜　饶守李继勋书（饶守，即饶州知府）

真净文石镜溪题识：金轮峰　真净文僧镌石

陈绰归宗鸾溪题识：福禄眉寿　三山陈绰摹立（三山，在今福州）

马云锦青玉峡题识：与我同情　南康别驾马云阶书（别驾，为州刺史佐史）

乔宇龙潭题识：瀑布泉　太原乔宇

马世臣龙潭题识：静观　锦城马世臣

张鲸黄岩题识：石住　罗浮山启题

鲍正修白鹤观题识：山水幽奇　黔中鲍正修书

熊汝学古道石壁题识：玄览幽思　水部熊汝学昔侍父大司空尚文公，在此不胜憬然。（熊汝学，时任工部水司员外郎）

孟世泰龙潭题识：静观自得　河东孟世泰题

薛胤隆龙潭题识：广长舌薛胤隆题，武昌□□书

龚蕃锡开先寺题识：心灯佛果　乙未之吉　燕山龚蕃锡书

龚蕃锡青玉峡题识：片云　古檀龚蕃锡书

刘源浚龙潭题识：洗心　古韦刘源浚书

范秀五老峰题识：天章云汉　会稽范秀（图7—8）

黄虞再观音桥南题识：众妙之门　江西学使者黄虞再书

黄虞再龙潭题识：不忍去　江右学使者　黄虞再题

蔡士英龙潭题识：砥柱　巡抚蔡士英题　知府高民望刻

吴邦枢青玉峡题识：可以观　黔阳吴邦枢书

孟光国龙潭题识：逝者如斯　河东孟光国题

原敬龙潭题识：印月　白鹿洞主原敬

高晋白鹿洞书院题识：源头活水　乾隆嘉平　长白 关中高晋书
（图7—9）

戴第元玉渊潭题识：冰笏太史　大庾戴第元

吴嵩岚青玉峡题识：寄傲中原　三吴游子吴嵩岚书

王之藩龙潭题识：吾庐可爱　郡守　淮南王之藩再题

许兆麟龙潭题识：天河垂象　燕山许兆麟书

陈谦五老峰题识：俯视大千　古寻郡守陈谦题（图7—10）

高华龙潭题识：天地同流　邑令　余姚 高华

王又新龙潭题识：贯注精神　民国丙戌年　兴国王又新题

米霖龙潭题识：瀑布飞雷　关中米霖书

朱世贵龙潭题识：清且洁　朱世贵题赵鹤书　滇西

史廷飏青玉峡题识：峭壁飞流　濑江史廷飏题

特别值得一提的是李宁

图7—8　范秀五老峰题识

斋于 1932 年在青玉峡题识：笑啼岩　韩李宁斋

　　石刻一侧有阆中何万信附记云：

　　宁斋先生，韩遗民也。国亡来华。睹吾国现状颇与韩同，乃亲书笑啼岩三字于此，复嘱余增书一韩字，以明其国籍所在焉。

图7—9　高晋白鹿洞书院题识

　　1995 年 8 月，韩国民间文化交流访华团前往秀峰，将此石刻拓片带回韩国。上三字、下三字出自李宁斋笔下，略呈长方，笔划宽厚凝重。中间所书"韩"字则为篆书，出自同游者何万信笔下。"笑啼"即"哭哭笑笑"之意，以国破家亡之悲慨，系于此山。

　　有些石刻题识除了主体内容外，署名、刻石时间、籍贯、官衔等也较齐全，这部分石刻属于格式比较完整的一类：

　　陈宓白鹿洞题识：流芳　嘉定戊寅重五日莆田国陈宓书

　　雪屋古道石壁题识：南无阿弥陀佛　皇宋淳祐乙巳年　雪屋正韶□□

　　朱端章青玉峡题识：庐山　淳熙甲辰长至日　南康守朱端章立石

　　朱端章石镜溪题识：山水　甲辰季冬长乐朱端章书何必丝与竹山水有清音

　　林廷玉龙潭题识：今古奇观　大明正德改元八月　江西金事林

廷玉书

　　魏裔界青玉峡题识：惊涛怒浪　顺治癸巳仲夏　古鄙魏裔界题

　　龚蕃锡龙潭题识：星汉分流　大清顺治十二年岁次乙未上元日　燕山龚蕃锡题

　　龚蕃锡凌霄洞题识：白云深处　顺治戊戌菊月望日　燕檀龚蕃锡题

　　郭一鄂玉帘泉题识：峭壁飞珠　庚戌夏洛阳郭一鄂题

　　郭一鄂龙潭题识：雪浪　庚戌夏洛阳郭一鄂题

　　薛所习万杉题识：珍珠泉　顺治庚子春　河阳薛所习

　　大清康熙四十七年岁次戊子陆月吉旦　巡抚江西等处地方兼理军务、都察院右副都御史加 三级臣郎廷极敬立

　　大清康熙四十七年岁次戊子陆月吉旦　巡抚江西等处地方兼理

图7—10　陈谦五老峰题识

军务、都察院右副都御史加三级臣郎廷极敬立

宋至龙潭题识：壁公洗钵处戊寅小春　商丘宋至书

佟世忠青玉峡题识：归去来　家父解组东归，风阻星渚，鼓角日。余过此，见山水瑰奇，益发荔宫兰佩之想　口口先生自洳石而去宁。大清康熙己未岁九月六日　辽阳佟世忠题

叶光洛龙潭题识：直泻银河　康熙丁酉年　叶光洛书

叶谦龙潭题识：匡腰玉带　康熙戊戌岁　郡守闽中叶谦书

谢启昆玉渊题识：浩浩自太古　乾隆己酉仲夏 南安谢启昆偕南昌万缙、冯来仪、铅山祝纶、大儿学增同游因题

张集馨龙潭题识：银河洗甲　辛酉三月　江西布政使张集馨记，星子县李溥弁从游

张维屏龙潭题识：不息　道光甲午五月　番禺张维屏书

熊秉钧龙潭题识：盈科 同治戊辰端午 高安熊秉钧题

彭玉麟龙潭题识：漱玉流云　咸丰丁巳秋　衡阳彭玉麟题

王之藩青玉峡题识：破壁飞去　同治戊辰　知南康郡王之藩题

刘建德青玉峡题识：岩壑灵长　光绪癸未刘建德题

王以懋卧龙潭题识：神龙见首　丁未二月　武陵王以懋书

曹东浚龙潭题识：澄心　光绪丁丑仲春之月　郡守曹东浚书

刘锡鸿龙潭题识：酌以励清　光绪九年　知南康府事刘锡鸿

张口黄岩题识：自在所在　道光丁酉仲夏　张口书

干建邦龙潭题识：活活泼泼　乾隆乙亥

刘珵龙潭题识：空人心　岁丙辰孟夏燕山刘珵 题

陈兴亚汉阳峰巅石台上题识：庐顶　民国甲戌九月　海城陈兴亚题

蒋光鼐等题纪念碑：永壮山河 中华民国三十五年四月

薛所习观音桥题识：招隐　顺治丁酉二月　河阳薛所习题

傅煦山青玉峡题识：饮石泉　荫松柏　康熙戊午　傅煦山书

蓝世桓青玉峡题识：泉石坚心　余自流忘牺牲，而有国土重光，浔阳寄居八载荣归，聊补纪念

养晦安时命，穷途不怨嗟。伏波身许国，定远义忘家　中华民国三十四年　六一老人蓝世桓

双十节日　侍儿蓝良弼敬书

还有一类题识石刻也值得我们去关注，这类石刻在众多石刻中显得尤为特别，在署名时还特别标注刻工的姓名：

方信孺青玉峡题识：拾枯松　煮瀑布 方信孺书　住山致柔刻

传正刻龙潭题识：浴仙池 传正刻　南滨

宋儒秀峰题识：千岩竞秀　万壑争流　万历癸未 九江府通判、蜀人宋儒题，玉山程应球刻

一些擘窠大字十分壮观，别具一格，给庐山之景增添不少非凡气势：

槐京万杉寺题识：龙虎岚庆

顾贞观万寿寺题识：万寿

刘荫枢龙潭题识：神龙跃空　康熙丁酉夏月 龙门刘荫枢六十四岁书

李亦龙潭题识：龙　南康守李亦书

别不花龙潭题识：虎 右书：大元至大四年岁次辛亥　左书：上柱国开府仪同三司丞相别不花书

另，一些石刻为无名氏所为，或署款而不知其人生平，但颇有

文学、书法价值，如海会寺和罗汉寺题识。

在各类石刻材料中，每一方石刻署名和刻石时间的记录都是一个组成部分。文本文章作者通常是独立完成，署名也简洁明了，署名者有的用字号，有的用别号。庐山石刻的署名除作者外，还冠以时任职务或曾任职务，或实职或虚衔，或是冠以籍贯，籍贯有的用古地名。在记录刻石时间方面更是具体详尽，许多石刻在落款时间中还会包括时令，显然，这是揭示石刻产生的时代背景。有时在落款附带同游者姓名，这对考其生平大有益处。另有部分庐山石刻落款时将书丹者、撰文者、刻工和立石（碑）者一应俱全，尤其是山南白鹿洞书院中的碑刻，落款时极为详尽细致，令人肃然起敬。

题记

题记石刻一般是指人们游览所留之迹，庐山的题记石刻是游历庐山者在各景观、景点游玩后的凭证，这种题记石刻以摩崖石刻居多，多位于风景名胜处，题记字数较题识多，最为基本的格式包括题记主体部分，在署名格式上，附上姓名和游览时间，例如：陈绰两游秀峰龙潭，留下八字题记："本军签判　陈绰复游。"此摩崖石刻高 1.8 米，宽 0.8 米。再如顾桐的青玉峡崖壁上的题记："万历庚寅清和日　姑苏之莱道人顾桐识。"

大部分的摩崖石刻署名除了刻姓名与所游时间外，还刻同游者姓名和籍贯：

程师孟万杉寺题记：高阳齐廓公辟、广平程师孟仲途、谯郡曹仲回亚之、谯国盛遵甫仲衮、河南毕伟万卿，虢略杨易简中理。乙酉闰五月八日同游

韩绛万杉寺题记：子莘学士同游，长安翁日新徙，孟春八日来游精舍。　颍川韩绛　皇祐壬辰

周行先龙潭题记：皇祐元年季秋二十八日，星子令周行先、建昌簿周佑、归宗长老惠南同游

楚评开先寺题记：东平守与玉局翁同访开先老师。刷染庆忏。时元符元年十月日劝缘，僧楚评谨题。（玉局翁即指苏轼）

此刻石左边又有另一人所题：空奇曾纤公卷来过　绍兴癸丑十二月八日

方道纵青玉峡题记：星渚使者李元应，置酒邀客，自万杉来开先，观漱玉绝景，徘徊良久。会者四人，鲍文友、沈广微、利道潜，靖康元年五月乙亥 方道纵书。

朱熹卧龙冈题记：丹阳朱熹卜卧龙山居，成纪崔嘉彦实□，其徒临江刘清之 □□□用□□□□□己亥秋七月九日。

刘尧夫秀峰题记：□□□同黄维之、刘尧夫来，淳熙戊申仲冬己亥

程师孟石桥潭题记：□南元绛、广平程师孟、昌黎韩宗彦□□年中冬月游，星渚潘正□□ 绍□南子李涪　石桥潭

曹彦约青玉峡题记：郡人曹简父、三山陈□宽、李梦开、王文仲、临安刘庆先、林少蒙、关 □，癸丑闰秋、甲戌同游（郡人，说明他是南康军人；简父，即曹彦约之字号）

赵希纯青玉峡题记：赵希纯文甫、江开开之，开禧元年冬半雪后来

袁甫青玉峡题记：四明袁甫侍亲偕胡革、边应时自溢江来游。嘉定辛未十月二日。

赵季清凌霄洞题记：四明史泰叔祐、雁荡赵季清携家来游，东

白□，杖俱，男同之、全之、会之侍。 嘉定癸酉九月晦日

史文卿青玉峡题记：南康守、石窗史文卿景望偕婺女宋自道吉甫、四明陈镗声道、会稽陈策次贾，绍定癸巳端月丁未来游。

史膺之青玉峡题记：淳祐改元，花朝史膺之、舒炳子有开来游。

赵邦水龙潭题记：山阳赵邦水领客三山陈宋杰，访华藏主人，□师瀹慈清谈，泉□□月，亭竹风生，峡泉声冽，剩得□乐。

嘉熙己亥九月既望

王公卧龙潭题记：十八日，贵仁观康成中春，从行者三人 康烈韩

庐山之胜，来观龙潭，提刑学士王公遍历。

金旷简寂观题记：龙虎金旷送□留此泉石之游，□□月，及登汉王峰。

李梦阳龙潭题记：正德八年岁次癸酉，江西按察司副使、提学、北郡李梦阳再游记于五月之廿一日也。 诸生孙冕、陈韶、孙能 从

王阳明青玉峡题记：大明正德庚辰 阳明王守仁到，同行御史伍希儒、谢源、参政徐珏、知府陈霖

吴三极青玉峡题记：嘉靖庚申秋，东乡吴三极、吉永丰谢经、金溪吴羲皇、子万镒纪。

陈三立青玉峡题记：光绪十八年闰六月朔，陈三立、易顺鼎、顺豫、梁节庵同游。

程启充古道石壁题记：巡按江西监察御史、嘉州程启充、户部主事、汝南李经、九江兵备副使、太仓周广、分巡九江道佥事、开州王崇庆

大明嘉靖元年十二月十八日，同游夜分至此

民国时期刘锴青玉峡题记：赣卫指挥刘锴随王郡老□游

此外，还有一些题记内容饱满丰富，倾注作者的情感，宛如一篇短小精悍的游记。

留元刚归宗鸾溪题记，全文一百三十八字：予自锦绣谷磨崖，岁月起丁酉迄□□之丁未，游历凡四十五所，峰□□中，下化成护国石盆，保兴圣僧岩，香城、香谷、东西林。太平兴国宫□云溪水青，云□□，息龙泉，祥符同泰，禅智□□云庆宝积，□□□戊寅胜鹿台沙，智取甘泉，栖云显□□□□崇寿□□田云居同守香城，柴桑酹陶靖节祠，抵能仁而还。朱沐、段日严、释□担偕行予。留元刚住山昌绍

留元刚谷帘泉题记：嘉定戊寅十一月壬申，与客朱沐、陈伯贤、段日严、向公美，由上京、修白、卧龙，宿万杉。癸酉，取道开先，瀹茗漱玉，登黄石岩、文殊塔，谒栖隐、梁昭明书堂，晚憩简寂。后五日，自东溪再至青玉峡。毛方平会于起亭。子潇侍，僧致柔、元澄

留元刚遍历庐山山南北，而以题记之，透露了行程与所历地点。

曾致虚卧龙潭题记：绍熙壬子三月五日，赣州曾集致虚、东莱吕六勋允功、括苍郭师尹、汤举、龙游桂堂、刘康同来时抱膝。新桥落成，相与观飞瀑桥上。自是由西原走三峡，惜欢于虚己下世矣。曾辉壑野侍行。此刻记载同游者行踪与游观之乐。

汪伊观音桥题记（图 7—11）：嘉靖壬子正月既望，同知南康府事汪伊游此，侄学周、儿学孔、学文侍，觉身世之□□□游，奇之如斯，坐至移晷，自记岁月云。在文中融入了自己游览时的真情实感。

再如，陈三立在碧龙潭题记:黄家坡之胜冠山北，而径路翳塞，隔绝人境，近十载海客始发其秘。庚午八月，结侣来游，导者杨

德泅、颜介甫趺坐双瀑下，取康乐句题记。散原老人陈三立，时年七十有八。

僧青松在玉帘泉崖壁上题记：庚午秋，承青松和尚邀赏仙境，特书此以志焉。岳峻山席妙音同劳用宏、杨德泅、劳则民、杨寅丞、李叔谦溯。

庐山的题记相当于踏访庐山者游历的一项证明，后人可根据某处题记石刻的数量判断景点的受

图7—11 汪伊观音桥题记

欢迎程度，可根据题记的内容和落款等信息，去获得这些文人学士的更多信息，例如交友情况和郊游情况等。

记叙

石刻最初的功能就是记事功能，庐山现存最早的碑刻《大唐中兴颂》记载的乃是中唐之事，记事功能使这类碑刻在中国石刻史上占据着极为重要的地位，承载着极高的史志价值，历代文人也善于即事咏怀，继而题于石上。庐山石刻的记叙体例内容包括记录造桥、造塔、战事、祭祀、官员巡查、祈雨、劝农、重修书院等。

僧人智朗在观音桥下拱石上留刻：维皇宋祥符七年岁次甲寅二月丁巳朔建桥。上愿皇帝万岁，法轮常转，风调雨顺，天下民安。谨题。

福州僧智朗勾当造桥，建州僧文秀教化造桥，江州匠陈智福、弟智汪智洪。

此石刻详述大宋祥符七年（1014）二月初一建成此桥以及参与此桥建设的人物一事。

贾似道青玉峡摩崖石刻：淳祐第一，春社三日，贾似道被旨南昌，核实军饷。舟泊星渚风作，乃游。幕属王松客、张辑、虞伯祚、刘木、弟明道侍。

此石刻作于淳祐元年（1241），改湖广统领任上，即掌握军权之始，有助于考证其生平。

李结青玉峡刻石：河阳李结被旨总饷蜀道，留宿青玉峡，大雅、大钧、亮侍。淳熙己丑仲夏二日，住山僧□□刻石。

此记叙对佐证李结此行任务有一定史料价值。

史文卿玉渊刻石：绍定壬辰秋九月甲申，知南康军、石窗史文卿领事之初，躬诣白鹿洞学，释菜先圣先师礼成，同金书判官厅公事 天台张萃、军学教授 四明任褒然来游。

此石刻记叙了史文卿上任知南康军之初，往白鹿洞书院礼祭孔夫子之事。

秀峰青玉峡龙潭旁赵与志刻石：郡守青田赵与志，宝祐戊午祷雨来此。

此石刻记叙祷雨于龙潭之事，可见此年大旱，且可知赵与志在宝祐年间知南康军，向龙祈祷降雨，以祈丰收，乃地方官应有之职责。

邵宝龙潭刻石：弘治壬戌二月既望，常郡邵宝观泉于龙池，时以江西按察副使视学至南康，从者儒官王人实记。

此石刻记录了官员视学之职。

叶阊秀峰刻石：咸淳甲戌二月望，劝农归宗，回过开先，余与校官黄惟宪、推官郑伯焘、子令刘淙俱。是日天气开明，登青玉峡，酌泉踞石而饮之。以老坡留句，不敢轻著语，姑题名以识。余，金华叶阊也。

此石刻详细记录了叶阊游览时的动作、心态及其为知南康军期间，劝农归来时的游历经过，劝农活动是地方官员之职责。

王阳明秀峰记功碑：正德己卯六月乙亥，宸濠以南昌叛，称兵向阙，破南康、九江、攻安庆，远近震动。七月辛亥，臣守仁以列郡之兵复南昌。宸濠还救，大战鄱阳湖。丁巳，宸濠擒，余党悉定。当是时，天子闻变赫怒，亲统六师临讨，遂俘宸濠以归。于赫皇威，神武不杀，如霆之震，靡击而折。神器有归，孰敢窥窃，天鉴于宸濠，式昭皇灵，嘉靖我邦国。正德庚辰正月晦，提督军务都御史王守仁书，从征官属列于左方。

此石刻简略记述了正德十四年平定宸濠之乱的过程，并警告胆敢谋反者，义正辞严，并将随从作战的部将姓名列在左边。

方尚成龙潭刻石：正德辛未，因江西盗寇蜂起，王命子守镇是方，□□□行以便宜携兵，五载之间，获功四万，□□□□抵宁，三农乐业，凯奏九重。命下回任，舟至南康，出□开先寺，□其胜水名山，偶成：

文献无兵盗，□□□□□。提兵次第平。□谒开先寺，回首□□诚。时□□□

正德丙子岁仲冬，钦差镇守江西等处 方尚成□□监黎□拙书。

此石刻简要记载正德六年至十一年间江西民众造反及派兵镇压的情况。

罗牧玉渊刻石：宋大中丞留带处 罗牧书。

此石刻言康熙年间，曾任御史中丞后擢江西巡抚的宋荦，在江西任官期间到庐山巡视，重修开先寺，将身上的玉带留赠开先寺收藏之事，宋荦自作的《游庐山》诗中有注："杨文襄效坡公留玉带于焦山，余复继杨留带于此。"书写者为宁都人、著名画家罗牧。

姜泽恩玉渊潭刻石：恪公裔孙 宋大令灿补带处　姜泽恩书。

据栖贤寺山门署款："星渚姜泽恩谨字，光绪庚子岁腊八月住持德宗吉立。"则可知姜泽恩为清晚期星子人。宋文恪公为宋讷，为明代国子监祭酒、文渊阁大学士宋讷。其裔孙宋灿，宣统年间，任歙县知县。此石刻似在光绪年间星子人姜泽恩侍陪宋灿游庐山栖贤寺而作。宋灿当有补留玉带于栖贤寺故事，与上方题识联系紧密。

俊男三将军洞造塔题刻：南康在塔生俊男舍石观音□　至正癸未造塔，自可立

此刻字体舒展宽大，三将军洞因传说秦时有武士三人，弃官南游求仙至此隐洞中而得名。洞内既有此记，在洞外当有塔，早圮。

太乙村建造题刻（图7—12）：太乙村　民国十九年造　计划委员　刘一公、黄申乡、张敬之、劳用宏、曾晚归、李汝倬；监工委员　文汝舟、余春泉、胡勉成、谭仲文、刘元实。此刻记录了营建太乙村之事。

戴季陶黄岩刻石：心慈悲，体清凉。垂甘露，润四方。田畴熟，万民康。干戈戢，正教昌。　孝园主人　民国二十二年，

图7—12　刘一公等太乙村题识

巡农庐山，敬书二十四字

此摩崖石刻记录了其巡察农耕生产活动，且表达了其美好的心愿。

另，白鹿洞书院碑刻《白鹿洞流芳桥重修记》：

书院在庐山五老峰下，唐李宾客隐居之所，宋朱紫阳讲学之地，据天然形胜。卓岭面溪，跨溪有桥，是谓流芳。斯桥也，长虹卧波，横亘于回流山下，凡虞人之往来，与夫游客之凭眺，靡不于此焉涉足，固不仅流风遗韵、芳草斜阳点缀风景也。岁壬戌，桥毁于水，前邑侯周听永请款葺之。落成未久，山洪暴发，白石红板，又付清流，责工赔修。事未果，以量移去，余来承乏，仲秋次丁，诣书院，释菜于先师，临流兴叹，越溪而行，爰命管理员陈彭年饬工修复，旋以桥圮，天灾不可抗避，且工贫无资，力代乞免，因怜而许之，为请于省，准拨款复行庀工，从事于建筑，桥改新式，较旧为坚，非徒为观美也。既成，特志之以勒于珉，亦仍永远流芳之意云尔。

五等文虎章知星子县知事、津门陈富庆谨字，白鹿洞书院管理员陈彭年立石，匡南布衣刘澄寰谨书　岁在民国甲子嘉平月　谷旦

此文记载了流芳桥在书院交通地位中的重要性，以及多次建桥的艰巨，着重在最后一次修建的过程。

康有为东林寺柳碑重现记：东林寺为晋远公译《华严经》《涅槃经》之地，寺经洪杨之破坏尽矣。光绪己卯冬来游，于厨下觅得柳公权碑帖实之。丙寅秋七月三日，携同签、同凝二儿重游，寺僧出柳碑见赠，追旧游已。三十八年矣，世移时移，怆感留题。

康有为曾三游庐山，光绪十五年（1889）游历海会寺、东林寺时，在东林寺香积厨地上发现唐代书法家柳公权《复东林寺碑》残碑，嘱僧妥善保存，1926年第三次上庐山再游东林寺，见柳碑仍在，感慨万千而作记。

我们细细品读庐山记叙石刻，这些石刻内容少则几十字，多则不过近百字，以精炼的语言来记录亲历重要活动、事件，起到言简意丰的效果，主体内容都包含人物、事件、时间等，有些还蕴涵有创作者的情感，是自我情绪在石头之上的表达。

古文

古文通常来说字数较多，因此庐山石刻中的古文体式基本上是用于碑刻。碑刻古文分为两类，一类是藏于白鹿洞书院的碑刻古文，这类碑刻的撰文者、书写者通常为同一人；另外一类是书写者和撰文者是分离的，即书写者书前人之文，通常是书写者崇尚某位历史名人，或者某一历史名篇而镌刻于石，表达自己对撰文者的敬仰之情，或是对文章所表达思想内容的推崇。

白鹿洞书院堪称我国历史上最负盛名的高等教育学府，既有"海内书院第一"的美誉，又有"天下书院之首"的称赞。书院多石刻碑记，碑记中的古文数量达上百篇，碑目格式有诸多类似之处，多以重修白鹿洞书院记、白鹿洞游记作标题，如：李贤的《重修白鹿洞书院记》、陈宝琛的《重修白鹿洞书院碑记》、于孔兼的《游白鹿洞记》、肖端蒙的《游白鹿洞》等，书院内大部分碑刻有碑额，且以篆书入额，相当醒目。碑主体古文文体，内容详尽，包括复兴书院类、院内建筑类、学田膏火类、洞条教规类、洞主掌教类、游记序赋类[①]等，其中较为出名的是由杨廉撰文、周广书写的《宗儒祠记》（图7—13）。

例如，书院碑刻《重建宗儒堂记》款为：时顺治十八年岁在辛

① 李宁宁、高峰主编：《白鹿洞书院艺文新志》，江西人民出版社 2007 年版，目录。

丑孟冬月谷旦，知县云杜黄秉昆篆额，南康府主洞事理刑推官姚江朱雅淳撰文，南康府学教授兼副讲官称阳杨日圣书丹。

此石刻署名篆额者、撰文者、书丹者俱全，格式齐全，易于后人考证。书院其余碑刻落款或集篆额、撰文、书丹、刻工、立石者于一处，总体说来，书院碑刻较其他摩崖石刻落款更为详尽细致。

书院以外，还有朱元璋所撰《周颠仙人传》刻于御碑亭、王阳明书写的《庐山高歌赠刘凝之》。

另一类就是后人书前人之佳作，如赵孟頫书白居易《庐山草堂记》，跋文为：

南康燕琦求余书此记，将刻石庐山以修故事，余深嘉其意，书以遗之。

翰林学士承旨荣禄大夫知制诰兼备国史馆赵孟頫书

王阳明亲书《修道说》《〈中庸〉古本》《〈大学〉古本序》《〈大学〉古本》；雍正帝手书周敦颐散文《爱莲说》；冯玉祥游庐山时，有感于国势动荡，书《墨子篇》将治国

图7—13　朱雅淳撰《宗儒祠记》

之道刻于玉渊，以期"国家之治，安于庐岳"①，这也是庐山占地面积最大（63 平方米），字数最多（252 字）的一方石刻。跋文也极为详尽：

> 墨子之言也。昔贤论道经邦，盖欲天下后世知所取法，莫国家于磐石之安。余游匡山，如入桃源，因冀国家之治，安如庐岳，持节录墨子之语，镌石于此，以告当世，亦藉以志鸿爪云尔。

中华民国二十五年夏日 冯玉祥

墓志

中国，素有"礼仪之邦"的美称，受儒家传统思想"视死如生"的影响，尽其力而树碑立传，为死者争光，为生者添彩，因碑志是有关生死哀荣的大事，碑志往往请名家撰文书写②。碑刻通常用于歌功颂德、彰显后世。墓主往往是有身份者。碑文篇幅往往较长，并形成了一定的规制，体现了儒家立德立功立言以求不朽的生命价值观念，碑文素材和题材取自民间墓志铭使石刻艺术更为人性化。庐山一带碑刻墓志不少，但历史名人墓志不多，惟历史名人墓志可称之为文物。

一是曾巩撰、夏希道书《刘凝之夫人钱氏墓志铭》：

宋故寿安君钱氏墓志铭

宣德郎、尚书祠部员外郎、充集贤校理、权知洪州军州兼管内劝农事骑都尉借紫 曾巩撰；朝奉郎、守尚书都官郎中、权知南康军兼管内劝农事、上轻车都尉赐绯鱼袋 夏希道书；权发遣利州路

---

① 文师华、戴晓云主编：《赣文化通典》(书画卷)，江西人民出版社 2014 年版，第 263 页。
② 王宏理：《中国金石学史》(下)，华东师范大学出版社 2016 年版，第 821 页。

转运判官公事兼提举农田水利差役事、承奉郎守太子中允借绯鱼袋黄廉篆盖。

　　刘凝之仕既不合，退处庐山之阳。初无一亩之宅、一廛之田，而凝之嚣嚣然乐若有馀者，岂独凝之能以义自胜哉？其妻亦能安于理，不戚戚于贫贱，有以相之也。凝之晚，有宅于彭蠡之上，有田于西涧之浜。子进于朝廷，荐于乡闾。凝之夫妇康宁寿考，自肆于山水之间。白发皤然，体不知驾乘之劳，心不知机撄之畏。世人之所慕者无慊焉，世人之所不能及者独得也。其夫妇如此，可不谓贤哉！熙宁九年，凝之年七十有七，哭其妻之丧。自为状，次其妻之世出行事来乞铭，余为之。因其言而字之曰：夫人姓钱氏。考，内殿崇班子穆；祖考，内园使昭晟；曾祖考，宣德军节度使同中书门下平章事偲；高祖考，吴越文穆王元瓘。夫人色庄气仁，言动不失绳墨。居族人长幼亲疏间尽其宜。事夫能成其志，教子能成其材，是皆可传者也。夫人年七十有三，卒于四月之庚子，而葬于其岁十一月之庚申，墓在南康军西城之北原。初以凝之恩封寿光县君，再以子恕恩封寿安县君。有子曰恕，秘书丞；曰恪，乡贡进士，皆以文学显于世。女嫁进士徐彦伯、太子中允黄廉。孙羲仲、和升、羲叔、秤。凝之名涣，筠州高安县人，今为尚书屯田员外郎致仕。铭曰：

　　　　士不苟合，安于贱贫。其艰其豫，繇媲有人。

　　　　维不终窭，又寿以康。有续孔辰，既庶而臧。

　　　　世躁而求，独优以取。世一以处，独肆而有。

　　　　士也则然，女实作辅。考则钱媛，垂范千古。

另一方墓碑为李常撰、路京书《刘凝之墓志铭》：

尚书屯田员外郎致仕刘凝之府君墓志铭

提点淮西刑狱公事、朝奉郎、尚书度支员外郎、秘阁校理借紫建昌李常撰；朝奉郎、守尚书驾部郎中、知南康军兼管内劝农事护军借紫 祁阳路京书；权提点河东路刑狱公事、承事郎、守太常丞充集贤校理借紫、分宁黄廉篆盖。

皇祐之庚寅，有洁身不辱之士，姓刘氏，讳涣，字凝之，行年五十致其仕而归。方是时，学士大夫争为咏叹以饯之，非所以宠其行以预送凝之为荣耳。欧阳文忠公之诗，道其为人与夫去最详且工，人能诵之，谓为实录。凝之博学强识，允蹈所闻。初欲推其长以及诸物，视世无与合者，浩然去之莫遏也。色辞靖和，恂恂可亲。及与之分辩义理是非之际，强毅不可辄夺。盖其自持犹圭玉然，宁缺以折，非矫揉可胜也。自少至于老，守之弗变。就其老而逆考之有加焉。

少举进士第，历官至颍上县令。其去也，始卜庐山之阳以居，五亩之宫，灌园茹蔬，逾三十年。隐几啸歌如丰泰者。噫！若予耳目所接，未见其偶也。两以泛恩与其子通籍，由太子中允三转为屯田员外郎。享年八十有一。有文集二十卷。

曾祖盈，仕南唐，为筠州镇遏使。祖颀，考玚，赠兵部侍郎。世居筠之高安。母谢氏，追封永年县太君。娶钱氏，封寿安县君。子男曰恕、曰恪，皆有学行，耿介不回如凝之。恕官至秘书丞以卒。女一适临海徐彦伯；一适太常丞、集贤校理分宁黄廉。孙男四人，羲仲、和孙、羲叔、和仲，女四人。凝之卒于元丰之三年九月辛未，后七十五日乙酉，葬于庐山清泉乡河村里云。铭曰：

噫嗟凝之，直矣清矣。道窒事违，心则亨矣。

显荣泰通，昧者争矣。苟晞其风，鄙吝平矣。

两方墓志碑刻墓主分别为刘凝之及其夫人钱氏，墓志的撰文者和书写者非同一人，但撰文格式相似，碑目皆以某某墓志铭命题，文章结尾以四字句式来归纳总结墓主一生，不愧为佳作。

联语

庐山石刻体式除题诗、题识、题记、记叙、古文、墓志等文体外，还有联语，联语对仗工整，读起来朗朗上口，是对庐山之景、之情凝练的表达。

张崟阳木瓜洞联语（图7—14）：

枯木云留迹；瓜生月播烟。　　张崟阳题。

此副联语表现了其极为丰富的联想能力。

刘方溥谯楼联：

曾是名贤过化,前茂叔,后考亭。我亦百姓长官,且试问催科抚字;

纵使绝险称雄,背匡庐,面彭蠡。谁作一方保障? 敢徒凭形势山川。

乾隆癸未仲春下浣　山右刘方溥撰书。

上联言南康府为周敦颐、朱熹过化之地，后来地方长官，责任重大；下联言此地形胜称雄，更要政

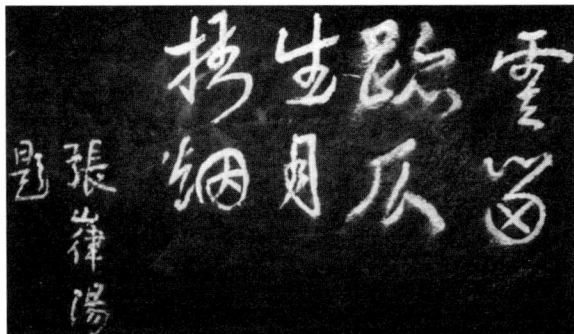

图7—14　张崟阳木瓜洞联语

通人和，方可保障一方。

王以慭玉帘泉联：

荡胸生曾云，炯如一段清水出万壑；

濯足弄沧海，上有六龙回日之高标。

光绪丁未六月　武陵王以慭。

此联化用前人诗句，而宛如己出，形容玉帘瀑，神采飞扬，有画龙点睛之妙。

姜泽恩栖贤寺对联：

前赐紫衣，后留玉带，遗泽千秋传不朽；

面朝五老，背傍七贤，壮观万古并称雄。

光绪庚子岁腊八日住持性宗吉立，星渚姜泽恩谨字。

上联言栖贤寺历史名人赠寺礼物故事，下联言此间面对五老峰、背倚七贤寺的形势。

在仙人洞景区入口园门左右镶嵌一副隶书对联："仙踪渺黄鹤；人事忆白莲。""仙踪"和"黄鹤"指的是道家，而"白莲"则指佛家，从联语中便可知佛、道两家都曾在此栖修，也体现了庐山对不同宗派的宽容，对各种文化的兼容并蓄。

仙人洞景区中观妙亭左右石柱上存有联语："山川吐纳开灵镜；文轨交通乐太平。"其中，"文轨"即指文章典范、榜样之说。

仙人洞御碑亭正面四个石柱上刻有两副草书联语："姑从此处寻踪迹；更有何年告太平。""四壁云山九江棹；一亭烟雨万壑松。"

刻于庐山大天池斗姆亭石柱上亦刻联语："琳宇胜劫灰，法象壮严留佛座；瓣香临危洞，新亭结构续仙龛。"横额为"相望祖庭"。

在庐山著名景点花径西门的门额上，民国时人许世英刻"花径"二字，石坊门柱上刻联语："花开山寺；咏留人间。"浓缩了白居易咏《大林寺桃花》之精髓。 许世英曾于 1925 年任北洋政府总理，财政总长，1928 年任经济委员会主席。

庐山石刻联语既是一种装饰艺术，也是一种文字艺术，其文辞精炼，格式精巧，衬景而怡人。

第二节 创作手法多样

石刻本身的装饰性少，庐山石刻借助文字、词语、表达方式、创作手段等方式通过想象和联想来展示作者所追求的精神向往，把高超的艺术语言和唯美的石刻词语完美结合，让读者产生意境，通过不一样的文学创作手法，在遣词造句、选材布局、立意谋篇中表达作品的思想和意蕴，无处不体现石刻创作者的文学才华。采用白描、比喻、夸张、拟人等表现手法及用典等表达方式，极大拓展了石刻文字的文学艺术感染力。庐山石刻创作在表现手法和表达方式上多种多样，向读者全面、逼真地展示了庐山的地理地貌和文化内涵，这既是石刻的内在魅力，也是石刻独特的语言魅力。正所谓宋人陈舜俞所言：“庐山古今人留题多矣，清言丽句既落人口，山翁野老相传不绝。”庐山石刻的语言是立体的语言，是融情融景的语言，是集情、景、字于一体的语言，读者可体会石刻物之形，品味石刻文之神，从石刻承载着的丰富的历史信息中，体会到石刻的原始意味，获取有别于以纸质为载体之诗文语言魅力独特的体验。

白描

白描原是绘画中的一种技法，指在绘画时不添加色彩，只用墨线勾画物象，后来引申在写作上，指用简洁的语言文字直接描绘人物或景物，不加以任何烘托与陪衬的表现手法，白描的本质就是重在写实。庐山摩崖石刻的语言和一般的文本语言不同，石刻受材质和规模的限制和约束，其内容多写实，而文本语言多重文采，从庐山摩崖石刻中的记叙文体看来，一般就事论事，删除无关紧要的词句，用简练的语言记实而作，力求提神点出，以达到警醒瞩目的作用。与此同时把事件表述完整，因此，写实是庐山石刻语言的最典型的特点。

庐山摩崖石刻中起标志性作用的，如青玉峡有米芾的"第一山"、宋至的"壁公洗钵处"、黄庭坚在开先寺（后改名秀峰寺）后命一泉眼为"聪明泉"，李梦阳题字"白鹿洞书院"，悬于书院大门门额等，皆以最为简练的语言来状物。

此外，庐山石刻当中的许多记叙、题识和题记等文学体式，诸多采用白描的表现手法来状景或言物的，从而达到"白描入骨，尽得神传"的效果。

比喻

比喻是常见的修辞方式，通过比喻的方式，对事物特征的描述进行渲染，增强语言的形象性，使其具体而生动，这种语言艺术给人印象深刻。庐山摩崖石刻的创作者们往往在题识、题记时字字珠玑，文字精粹，善用明喻、暗喻、借喻等方式表达丰富的文字内涵，有的文辞甚是优美。

明蠡道人将玉帘泉悬瀑之处比喻为龙门，遂在玉帘泉旁题刻"龙门"二字；清朝魏裔界在青玉峡以"波涛怒浪"四字概括了青玉峡中双瀑有如龙跃入潭中的景物特征；释超渊在秀峰龙潭镌刻的"老友壁头坨"，将山水喻为老友，知音深情寄居于山水之中；龚蕃锡在凌霄洞内的石刻"白云深处"，用杜牧"白云深处有人家"诗句意，言凌霄洞地处山高崖峭之间，隐于白云之中，写尽此间幽境之妙，其在秀峰龙潭的"星汉分流"言龙潭瀑布乃为星汉分一直流坠落于此，颇有妙趣；郭一鄂在青玉峡崖壁刻"雪浪"，言龙潭之水奔涌如雪也，玉帘泉乃是被喻为"奇观"的著名瀑布，"瀑布如散丝，随风悠扬，堕潭无声，最为轻妙"[①]，其于玉帘泉边的题识"峭壁飞珠"，言瀑高飞散如珠洒；叶谦在龙潭的题刻"匡腰玉带"，比喻青玉峡瀑布如匡腰之玉带；陈淳祖刻"圣泽之泉"，以白鹿洞前流水喻儒学孔孟之教化，以勉励学子在此潜心儒学。

夸张

夸张也是常见的一种文学表现手法，它通常是为了达到某种表达效果的需要，对事物的形象、特征、作用、程度等方面着意夸大或缩小的修辞方式，引起读者丰富的联想，从而达到表现事物的特征、抒发作者的情感、刻画事物的形象等目的。

明正德年间进士张寰，是明代书家和藏书家，在青玉峡崖壁上镌刻"喷雪奔雷　濯缨洗耳"，言雪如奔之势，描写青玉峡的瀑布之猛和隐士行止；蔡克廉刻"千古不磨"四大字，极为恰当，推崇言白鹿洞儒学传统如砥石，历经千古而不磨灭；叶光洛在秀峰青玉峡的题识"直泻银河"，采用夸张的手法言青玉峡瀑布之水自银河之上直泻而下；张集馨的龙潭题识"银河洗甲"，也用夸张的手法

---

① 潘耒：《游庐山记·小方壶斋舆地丛钞》，第四帙，第 275 页。

言瀑布之水倾泻天河之势。

拟人

　　拟人是一种把事物人格化的修辞手法，在文学创作中使用频率高，能使语言更加形象化和情感化，能生动逼真地状物写景，庐山石刻中的拟人手法，使庐山石刻的语言凝练而生动，富有生命力和感染力。

　　宋儒在青玉峡镌刻"千岩竞秀　万壑争流"八字隶书，将庐山众多的山峰、岩石、溪流高度拟人化，言山岩竞争，溪水你争我赶，将庐山秀峰一带景色描绘得如此灵动。

　　孟遵时在玉帘泉的"天奇"二字，言玉帘泉水可道破天机，玉帘泉瀑布之妙，乃是天赐之奇也。

　　魏裔界青玉峡题识"惊涛怒浪"，将用情绪化的语言"惊""怒"言青玉峡瀑布之水激入龙潭之中的气势。

　　苗蕃在五老峰下凌霄洞刻"五老高呼瀑隐"，以"高呼"状五老峰如人之举止。

　　干建邦龙潭题识"活活泼泼"，言瀑布、潭水有源头，自然就有活泼情态。

用典

　　用典即引用古籍中的故事、词句，丰富而含蓄地表达有关的内容和思想，《文心雕龙》所谓"援古证今"也，就是指引前人之言或事，以验证作者之理论。

　　韩人金琦青玉峡的"星槎可泛"，原指汉武帝令张骞在河源乘槎，经过一个月后至天河，那里乘槎可至银汉。此用其典，言青玉峡瀑源通天河。

庐山石刻内容用典丰富，在漱玉亭方信孺的刻石"拾枯松，煮瀑布"六大字，出自开先寺第一代绍宗圆智禅师，青原下第七世，释普济编《五灯会元》载："师，姑苏人也，江南李主巡幸洪井，入山瞻谒，请上堂。僧问：'如何是开先境？'师曰：'最好是一条界破青山色。'曰：'如何是境中人？'师曰：'拾枯松，煮布水。'国主益加钦重。""拾枯松，煮布水"。

薛胤隆在秀峰龙潭的题识"广长舌"，以"广长舌"比喻青玉峡的涧溪声（语出自苏轼《赠东林总长老》："溪声便是广长舌，山色岂非清净身。夜来八方四千偈，他日如何举似人。"其典故源于佛的舌头，据说佛舌广而长，覆面至发际。《大智度论》卷八："是时佛出广长舌覆面上至发际语婆罗门言：'汝见经书颇有如此舌人而作妄语不？'"次句言山色清净无尘，此诗实际体现了宋诗理趣特征，表达了当局者迷的哲思，与苏轼的另一首诗《题西林壁》中的"不识庐山真面目，只缘身在此山中"有异曲同工之处。

清同治年间黔阳吴邦枢在秀峰漱玉亭东北青玉峡崖壁上刻"可以观"，源自《论语》："诗可以兴、可以观、可以群、可以怨。"这是孔子对诗的社会作用的高度概括，可以观即指诗可以观察社会、认识社会现实揭示了诗歌的认识价值。

孟光国题刻"逝者如斯"于白鹿洞书院，四字取自《论语》："子在川上曰：逝者如斯夫，不舍昼夜。"言时光逝如此水，告诫学子要珍惜时光，及时学习归去来。

仲鹤庆在华盖松下的题诗《华盖松》："播枝已成盖，苍翠尚扶疏。莫谓张虚势，松原古大夫。"描绘大松树枝繁叶茂，状如车盖，并喻之五大夫，借用秦始皇至泰山并将五棵大松树封为五大夫的典故。

东晋陶渊明是中国文坛一大伟人，其名士风范即人格魅力受到历代文人的崇敬，关于陶渊明题材在庐山石刻中的引用也是十分广泛的，醉石处向来是题诗刻字的热点，寻访此石，总是联想到陶渊明的志节与故事，人们在醉石的题诗与刻字，缅怀先贤，也总是借用陶渊明的典故。

第八章

庐山历代石刻之评述

第一节　成就之简评

中国最早的刻石之一即著名的琅琊刻石铭中记载诸臣议于海上，曰："古之帝者，地不过千里，诸侯各守其封域，或朝或否，相侵暴乱，残伐不止，犹刻金石，以自为纪。……今皇帝并一海内，以为郡县，天下和平，……群臣相与颂皇帝功德，刻于金石，以为金表。"[①] 正说明了刻石的情况以及目的。石刻作为人类用来表达思想、记录史实的载体，发展到今天已有 2000 多年的历史。由于其材质的特殊性，保存的时间较为长久，大量不同的石刻留存至今，成为具有极高历史、文化和艺术价值的珍贵文物，为考古学、历史学、古文字学、文学、经济学、法学、美学、艺术学、书法学等众多社会科学和自然科学的研究保存了丰富可靠的资料，是后人研究历史、文化等方面的重要渠道，况且还将会有新的发现。

庐山成为文化名山，始于中古，历代佛、道、儒三家文化在庐山相互影响而传承不绝。庐山作为世界文化景观，是中国乃至世界的

---

① 司马迁：《史记·秦始皇本纪》，中华书局 2013 年版，第 2 页。

文化名山。"宇宙间名山胜迹,自五岳外首推匡庐"①,庐山自然景物之美,千百万年来变化较少,而装点庐山、吸引人们关注、游历和鉴赏的,正依赖于文化的繁荣发展。雄姿飞峙、风光旖旎、"内外兼修"的匡庐,古往今来,吸引历代名人纷至沓来,留下不胜枚举的胜迹遗踪、故事传奇和诗词歌赋。历代儒佛道在精神和物质上的一切活动,点缀着庐山的自然景物,使山石增辉,而庐山的景物,又为这些活动提供了重要的自然条件②。庐山文化中最具历史丰碑意义的当属历代庐山石刻,千百年来留下的众多精美绝伦的石刻,遍布庐山的各个景点、景区、干道两旁、标志性建筑物附近等,与庐山自然风光、人文环境融为一体,形成了具有极高美学价值和可以就近感官触摸的文化景观。这些石刻,是庐山一道道别致的风景,也是中华艺术之瑰宝。从现存的石刻进行分析,可得出庐山石刻成就如下:

一、庐山石刻数量异常之多。庐山石刻包括现存可考石刻、现存待考石刻、史志上记载的石刻,据统计庐山石刻现存有一千余方,数量庞大,不容小觑,其中不乏精品。

二、庐山石刻时间跨度非常之长。庐山现存最早的石刻是唐代石刻,庐山石刻兴盛于宋明,经历清代一直延续到民国时期,距现在已有一千三百余年的历史。庐山石刻是江西文化的重要组成部分,这一千多年的庐山历史融入在这一千多方石刻当中,使"庐山文化"乃至"江西文化"得以彰显、弘扬、传播。

三、庐山石刻形式多种多样。庐山石刻种类包括有碑刻、摩崖石刻等,富于变化,依附在形式上的石刻价值也是庐山石刻史上浓

① 龚嵘:《庐山志序》,毛德琦撰、徐新杰校点:《庐山志》江西省九江庐山区委员会文史委员会,星子县委员会文史资料研究委员会1991年版,第2页。
② 周銮书:《庐山史话》,江西人民出版社1996年版,第43—95页。

重的一笔。

四、出自名人之手的石刻众多，影响深远。庐山以其清爽宜人的气候和大自然鬼斧神工的自然特色，一直为世人所仰慕，从公元前一世纪至今，有多少诗人学者伫足庐山，难以估量。而这些踏足庐山者，又有许多镌刻石刻，或志地名符号，或记山水之美，或述人物盛事，或镌游玩行迹，或弘扬宗教、儒学，或骋怀铭志。很多历史名人，如苏东坡、曾巩、张孝祥、李梦阳、王阳明、邵宝、康有为乃至康熙，书道精深，铭文精妙。代表性的书法巨匠李邕、颜真卿、黄庭坚、米芾、赵孟頫、董其昌对后世影响深远。从名家石刻创作的数量，可管窥庐山石刻文化之繁荣。

五、庐山石刻书体齐全。所谓文学是社会生活最敏感的神经，书法是以"形体"来表达的媒介，各种书体一应俱全，篆、隶、楷、行、草，无所不有，无所不全，有的书法家精通一体，有的书法家博采众长，庐山石刻犹如书法艺术的宝库。

六、这些镌刻者有刻于名山以存己之志趣，或有展示才华、希冀同道赏字的意图，或有传之久远的动机，也有的是寺院或书院请名人题刻，借名人以增辉的意图，或有可能自己出资，也有的是当地的主人出资请名人题写。

七、石刻分布相对集中。庐山石刻题刻者多选址在景点景区或文化重镇的醒目之处，这些石刻有极高的文化性，为游人提供了最具文化内涵的人文景观，是国内现存其他石刻所罕见的。大量石刻集中在山上的花径、锦绣谷、山北东林寺、九十九盘古道、山南的秀峰、白鹿洞书院、醉石、归宗寺等地。石刻最密集处为白鹿洞书院与秀峰，其中仅秀峰一带就将近两百处。

八、庐山石刻所体现的文化价值极高，而庐山石刻这种艺术形式作为庐山儒释道文化和隐逸文化的高度结合与体现，给人们展示了一座气势恢宏的石质书库，在中国名山文化中居于第一流。

九、历代庐山石刻的创作者们通过"刀与笔的转换"，以各种各样的形式展示石刻的线条之美和文字石刻的造型之美，其作为文字的石刻让我们感受整齐统一、均匀平衡、节奏相协之美感。当人们置身于庐山这一名胜之中，风光的旖旎和石刻的点缀，给人以多样而统一的美的感受和体验。换言之，庐山石刻既彰显了庐山的自然美，揭示了庐山的人格美，又展示了作者的才华和各自情性。

十、历代庐山石刻以文字为语言与人们交流，聚篆、隶、楷、行、草等书体于一岩，集诗、词、题、铭、记于一地，通过多样的文学体裁、丰富的文学内容、多样的创作手段和独到的石刻语言构成了庐山石刻文化的丰富内涵，使文辞、书法与自然环境相融合，独特的自然景观与丰富的人文景观交相辉映，展现出极高的文学价值。

纵观上述，庐山保存着丰富石刻历史遗迹，其数量之多、内容之广、品种之盛、书法之妙、镌刻之精、风貌之美，已形成了地方性石刻文化，具有极高的史料价值、艺术价值、文化价值、美学价值和文学价值，可以称得上是中华文化艺术之瑰宝。

第二节　文化之弘扬

江西在春秋战国时期，主要属楚，秦置九江郡，汉属扬州，唐称江南南道，宋分属江南东南两路，元设行省制，清称江西省。江西古文化发达，以新干铜器为代表的青铜文化在全国赫赫有名。青铜器铭文及石刻字，两者无疑具有借鉴意义，徐自强、吴梦麟《古代石刻通论》总结江西石刻的特点：一是历代碑刻和摩崖石刻中题名较多，其中将近 20 处被列入新中国成立后的胜迹文物保护单位；二是历代碑刻和历代墓志，多集中于宋、元、明三代，尤其宋明两代更盛，充分体现了江西省历史的特色。庐山石刻完全符合以上谈到的两点。

庐山石刻，是人文与自然融合的杰作，是这座人文圣山特有的文化语汇。庐山以其独特的自然景观、人文景观入选世界文化遗产（中国最早）、世界地质公园、全国重点文物保护单位、国家重点风景名胜区、国家 5A 级旅游景区、首批全国文明风景旅游区示范点。早在 1996 年，庐山作为"世界文化景观"被列入《世界遗产名录》时评价：庐山的历史遗迹，以其独特的方式融入具有突出价值的自然美之中，形成了具有极高美学价值的，与中华民族精神紧密联系的文化景观。庐山石刻既是庐山文化的有机组成部分，也是世界文化遗产的有机组成部分，它是庐山文化艺术价值的主要体现和重要载体。1928 年胡适游庐山，对庐山文化的内涵和影响作了高度概括："庐山有三处史迹代表三大趋势：（一）慧远的东林寺代表中国"佛教化"与佛教"中国化"的大趋势，（二）白鹿洞代表中国近七百年的宋学大趋势，（三）牯岭代表西方文化侵入中国的大趋势。"庐山石刻在东林寺和白鹿洞书院的集中性，正是庐山文化的集中体现。庐山石刻文化博大精深，每一处石刻都是名人贤达人生感悟和生活智慧的表达，其"精"其"善"对后人有着极大的启示作用。目前，已出版关于庐山石刻文化的专著，把庐山一些极具代表性的石刻作品印制在书本之中，将庐山文化中极具魅力的近千年的石刻文化展示于世，作为文化珍品，具有较高的历史价值、文物价值和书法价值，同时，为人们欣赏、研究、临摹、收藏提供一种途径。它们对于推介庐山，促进旅游，传承文化，对于保护、抢救、利用石刻艺术，发挥其文史、文献、文化价值，都具有重要意义。弘扬庐山石刻文化，开发以石刻为主题的旅游资源，既是对庐山传统文化的发扬光大，有利于人们更好地欣赏石刻这一人文景观，提高人们的审美情趣和文化品位，也可拓宽赣鄱文化发展空间、挖掘江西历史文化遗产，展示江西丰富的文化内涵，增强赣鄱文化的传播与影响力，以文化软实力的提升来推动江西经济社会的进一步发展。

第三节　遗产之保护

现存的庐山石刻文化考究可追溯至1300多年前的唐代初期，自唐以降，不计其数的文人学者游躅接踵，代代相因，纷纷以在庐山留下翰墨为荣，为后人所敬仰。其中不乏有人不畏艰辛，跋山涉水，发现、搜集、记录庐山石刻。有的人以复杂的工序，将石刻以拓片的形式保存下来，为庐山石刻文化的宣传保护和传承发展做出了重大贡献。古有金石学，今有考古学，庐山石刻历来深受学者们的关注。民国时期，上世纪三十年代，吴宗慈在整理各种县志、府志和院志等史料的同时，还攀峻涉险、亲临庐山，发现了以往史志中未载的石刻，并撰《庐山志》，编《庐山金石汇考》，其规模之浩大，真可谓前无古人。《庐山志》中的艺文部分，搜辑了历代庐山的诗文金石，金石部分录碑文50余篇，碑铭存目300余篇，另录摩崖石刻560余条，堪称大观①；徐新杰实地考察辨证，亦发现诸多史志未载石刻，辨明和补充诸多遗文；此外，刘海清、丁联洪以及九江文物普查队、原星子县（今属庐山市）数位文史工作人员都为此付出过努力。近些年来，湮没在深山草丛和悬崖峭壁上的石刻也

---

① 吴宗慈编，胡迎建校注：《庐山诗文金石广存》，江西人民出版社1996年版，概述。

陆续被发现。越是人迹罕至之地，石刻保存得越完好。如：2004 年，江西省九江市庐山区文物普查队在文物普查中对庐山山北文物进行普查时，在莲花洞附近的龙门大壑发现一处颇具规模的古寺遗址，并在该寺遗址后见到了一块古老的摩崖石刻，石刻的正面是行楷"海会寺"三个大字[①]；2005 年，江西省星子县（今属庐山市）电视台记者在庐山黄岩瀑布拍摄风光片时，因天气干旱，瀑布水流变小，无意中在镜头里看到该悬崖上隐约有字，经辨析可得石刻内容："心慈悲，体清凉。垂甘露，润四方。四时熟，万民康。干戈戢，正教昌。"据目测，每字足有一平方米，字旁有附注，但字迹难辨，此乃巨幅摩崖石刻；又如，2009 年文物普查时在白鹿镇胡家坳的罗汉寺门额上发现"罗汉寺"三大字石刻，在秀峰港水沟旁石上发现陈经《秀峰港诗》的碑刻，碑下半截有残缺。

　　庐山的摩崖石刻基本上立于大自然中，碑刻除少数存放在建筑物内外，大部分也立于室外，加之地处南方湿度较高，土质潮湿，土壤酸性较重，经过漫长时间的风剥日晒、雨蚀风化，环境的侵害导致石刻有的模糊不已，破落不堪，文字缺败，毁坏程度比较大，甚至是一如石板，白鹿洞书院后山诸多碑刻未能妥善保护，青玉峡、龙潭的摩崖石刻游客可直接踏足；有的庐山石刻为伐石者斫毁，残缺不全甚至湮没无存；再加上庐山历史上屡经兵火，"文化大革命"时期许多石刻又人为破坏，或者是人们思想观念的原因和保护意识淡薄，将石刻移为他用等等[②]。距今久远的唐代以前石刻基本无存，故明朝嘉靖年间进士桑乔登庐山后有"诸石刻崩裂荡尽，无复存在，

---

　　① 周跃喜，胡萍：《庐山发现最早摩崖石刻》，《江西日报》，2004—5—31（4）。

　　② 董建华：《临夏回族自治州古代碑刻的史料价值研究》，兰州大学硕士论文 2006，第14 页。

先贤之作莫可考稽矣"的感叹。光绪十九年(1893)陈三立再游庐山，夜宿东林寺，应邀观看寺壁上的柳公权、李邕断碑，在《晚抵东林寺宿》诗中为之感慨。吴宗慈《庐山志》记载的大量石刻仅存于某一段历史时期乃至诸多石刻已佚。庐山作为中国第一个世界文化景观，石刻是庐山文化遗产中不可或缺的重要组成部分，因此，保护庐山石刻刻不容缓，其保护意义也毋庸置疑。

庐山石刻是研究庐山历史最为重要的实物资料。庐山石刻的整体水平很高，1959年，江西省文物管理委员会就派专家到庐山进行文物普查，同年省人民委员会公布的省级文物保护单位中，庐山石刻就有四处（仙人洞石刻、九十九盘石刻、天池寺石刻、黄龙寺石刻）名列其中。1986年，庐山又有八处石刻群（松树陆石刻、花径石刻、女儿城石刻、五老峰石刻、王家坡石刻、青莲谷三叠泉石刻、仰天坪石刻、汉阳峰石刻）被九江市人民政府公布为市级文物保护单位，后秀峰石刻、三峡涧石刻、白鹿洞贯道溪石刻、归宗石刻、醉石石刻、白鹿洞碑刻、秀峰碑刻等文化遗产单体相继列为文物保护单位，目前进入各级文物保护单位的石刻多达400多方，另外还有不少零散石刻分布于庐山各处，庐山石刻受到越来越多的人关注、重视。而今设立庐山市，石刻博物馆也日渐完善，这为庐山石刻文化的保护提供了新的方向。

石刻遗产的保护受自然因素和人为因素的共同作用，对庐山文化遗产的保护，首先要尽可能多地将社会力量、政府力量和社团力量融入到保护行动中来，不断提高人们对庐山文化遗产的保护意识和重视力度，构建和谐庐山，构建起文化遗产可持续利用方案，从多角度探索庐山石刻文化保护新的思路和对策，积极发挥遗产的经济作用，从而推动区域整体协同发展。

　　针对庐山石刻文化的保护问题，结合庐山实际情况，我们可从四方面着手：

　　（1）文化层面：加强石刻文化遗产保护的宣传，加强石刻文化遗产保护方法的教育，提高当地居民和外来游客的遗产保护意识；

　　（2）技术层面：培养专业的技术保护人才，培训为石刻拓片的人才，总结运用传统保护技术，研究应用现代保护技术，同时，借鉴现有的影像技术，将石刻影像保存，以防一旦遭毁，便可根据所存影像随时将石刻恢复原貌；

　　（3）机制层面：制定完善相应的法律法规，包括国家层面，地方层面的法律法规或具体条例布告等，尤其要建立省、市协调统一的文物保护机制；

　　（4）划定区域保护：在江西省委省政府的大力支持下，庐山石刻博物馆设于原英国汉口国际出口公司别墅内（庐山河西路29号），并于2017年8月正式免费向公众开放，博物馆汇集庐山各处石刻照片，是当前让人们短时间了解石刻文化，提高保护意识的行之有效的方法之一；此外，白鹿洞书院内建碑林，在刻石上覆盖建筑物用以保护诸多碑刻，也可值得借鉴。

　　江西之美看庐山，庐山之美看山南。庐山山南留存着我国历代诸多名人的摩崖石刻和碑刻，像颜真卿、黄庭坚、苏轼、王阳明、朱熹等，其历史文化价值弥足珍贵。近年来，江西省九江市星子县（今属庐山市）致力于世界文化景观——庐山山南摩崖石刻的妥善保护，对庐山山南摩崖石刻进行全面调查摸底，制定切实可行的保护措施，加大石刻保护宣传力度，组织了以"保护庐山山南石刻，传承历史文化精髓"的专题调研并形成报告，在石刻保护方面取得显著成绩，向中外游人充分展示了庐山丰厚的文化底蕴和历史积淀，社会反响良好。

结　语

人与自然的交流对话，勒之于石，即为石刻留题，使自然之物有了历史的温度和表情，坚硬的岩石便有了生命的印迹。石刻，将人类的活动与玄思，深深锲入大自然的身体之中，成为大自然特有的烙印和语汇。

庐山，这座矗立在钟灵毓秀的赣北大地，东襟浩瀚鄱湖，北枕滔滔长江的千古名山，孕育着琳琅满目、遍及各处的摩崖石刻和碑刻，庐山石刻融历史与现实为一石，集自然之美和人文之美为一体，历朝历代相续不绝的石刻，勾勒了庐山历史大概的轮廓，叠加了一处景观文化的厚重，博大、丰富的庐山石刻是整个华夏文明不可多得的历史文化瑰宝，阅读庐山、了解庐山，最不可忽略的是其几乎无可媲美的石刻文化遗产。

对历代庐山石刻的研究应该是多角度、多元化的，涉及艺术学、文学、史学、考古学、美学等众多学科领域，本书对庐山石刻及其文化的整体研究，采取深度与广度相结合，在历史的时间轴上呈现出不同时代的石刻文化，试图将每一处石刻放在历史的时间轴中进行分析整合，较为完整地交代了庐山石刻形成的背景，对庐山石刻以时间脉络和地点概况梳理其分布情况，继而分析探索具有极高史料价值、艺术价值、文化价值、美学价值、文学价值，与中华民族精神和文化紧密联系的石刻文化，最后对庐山石刻进行评述，并呼吁人们保护石刻遗产。

　　庐山石刻也以其丰富的文化内涵、极高的艺术造诣、独特的文学魅力、珍贵的史料价值以及富有特色的美学价值为世界所瞩目，通过撰文，更深刻地感悟到：大凡天下名山，皆有名人题刻，百世流芳，而数量之多、价值之高如庐山者则为罕见。庐山与历代庐山石刻，恰似一座文化绵延的名山，由千年石刻展示了历史的厚重。

附　录

一、历代庐山石刻统计表

序号	地点	唐以前	唐	宋	元	明	清	民国	时代不明	总数	石佚
1	白鹿洞			27	1	80	57	2	40	207	15
2	秀峰		3	25	2	30	46	5	62	173	18
3	东西林寺	41	36	17	1	15	3	1	5	119	59
4	归宗寺	1		9	1	6	11	1	17	46	11
5	观音桥			9	2	9	11	1	14	46	6
6	仙人洞			1		4	3	6	17	31	1
7	天池寺			1		10		4	12	27	1
8	白鹤观			6	1	8	4	2	6	27	9
9	卧龙潭			4	1	8	1		9	23	6
10	醉石			6	1	5	3		8	23	2
11	莲花洞		1	4		4	8		3	20	14
12	九十九盘					14	2		11	27	
13	如琴湖			1		1		6	11	19	
14	牯岭及周边			2		3	2	8	5	20	1
15	三叠泉			4	1	4	2		8	19	6
16	简寂观		1	9		2			4	16	15
17	石门涧			2		3	6	3	2	17	4

续表

序号	地点	唐以前	唐	宋	元	明	清	民国	时代不明	总数	石佚
18	星子县城			9		3	2		2	16	11
19	青莲谷						2	4	4	10	
20	黄龙寺					7		1	1	9	3
21	五老峰			1		2		1	5	9	
22	万杉寺			4			3		2	9	7
23	太平观		2	6						8	8
24	仰天坪					1	1		4	6	3
25	马尾水			2					4	6	5
26	碧龙潭					1		3	2	6	
27	含鄱口						3		3	6	2
28	庐山垅			1		2			3	6	1
29	吴障岭					1	1		2	4	
30	栖贤谷		1	1			2			4	4
31	罗汉寺								1	1	
32	三峡涧			1					1	2	
33	玉渊潭			2	1		3			6	
34	万寿寺			1						1	
35	面阳峰						2	1		3	
36	金竹坪					2				2	
37	女儿城							2		2	

续表

序号	地点	唐以前	唐	宋	元	明	清	民国	时代不明	总数	石佚
38	栗里			1					1	2	
39	星子县文物所			4		3	3			10	
40	花径					1		8		9	
41	华盖石			2						2	
42	玉帘泉					1	6	5		12	
43	好汉坡							6		6	
44	日照峰							1		1	
45	恩德岭						1	1	1	3	
46	掷笔峰							1		1	
47	神龙宫							1	1	2	
48	剪刀峡							1		1	
49	铁船峰							3		3	
50	灌缨池								3	3	
51	虎爪崖								1	1	
52	康王谷			1	1					2	
53	芦花塘村								4	4	
54	马祖寺							1		1	
55	锦涧桥					2				2	
56	面阳山						2			2	

续表

序号	地点	唐以前	唐	宋	元	明	清	民国	时代不明	总数	石佚
57	木瓜洞						1		2	3	
58	碧云庵								1	1	
59	修静庵							1	1	2	
60	松树路							3	2	5	
61	来龙埂					1				1	
62	太乙村							1		1	
63	大孤山						3	2	5	10	
64	白水槽						2			2	
65	三将军洞				1					1	
66	海会寺		1							1	
67	黄岩寺					1	1	1	2	5	
		42	45	163	14	234	197	86	294	1075	212

二、庐山唐代至民国时期摩崖石刻目录

说明：

1. 表格空白处为内容不详或无考。

2. 石刻名称一栏，资料来源中已命名，则依之；未命名的，石刻仅有少数字就以石刻内容为名；石刻诗歌、散文等本身有标题的，标题使用书名号，如《白鹿洞赋》，无标题的则直接称为诗碑或记，如白鹿洞诗碑，知石刻字数或残存字数的，以字数加体式名之。

3. 作者一栏，依据资料来源定。

4. 刻石时间一栏，有落款或有考证的，则注明确切时间；落款残缺或无落款的，则注明大致年限；无考的阙如。

5. 任职简况一栏，主要突出石刻作者在江西的情况，有些官员在江西无任职，则简述其最高职位，有些文化身份高于官员身份的，则注重其文化身份，在此栏中仅说明籍贯或简述其成就。

6. 资料来源一栏，主要采信的文献：《庐山历代石刻》《庐山诗文金石广存》《庐山石刻》《庐山名胜石刻》《会讲故事的庐山石刻》《白鹿洞书院碑刻摩崖选集》；另有几方石刻为笔者实地考察所发现，未见史载。

唐代摩崖石刻：

序号	石刻名称	刻石时间	作者	任职简况	书体	体式	现存状况	资料来源
1	海会寺	唐证圣元年乙未岁（695）			行楷	题识	山南海会寺	《江西日报》

宋代摩崖石刻：

序号	石刻名称	刻石时间	作者	任职简况	书体	体式	现存状况	资料来源
1	仰镜	北宋初年	李继勋	曾任饶州知州	行楷	题识	山南秀峰龙潭	《庐山历代石刻》第 5 页
2	罗汉寺	北宋咸平年间（998—1003）			楷书	题识	山北罗汉寺	《庐山历代石刻》第 11 页
3	国泰清净	天圣五年（1027）	宋仁宗			题识	山南万杉寺	《庐山诗文金石广存》第 581 页
4	建桥题记	大宋祥符七年（1014）	僧人智朗			记叙	山南栖贤桥（观音桥）	《庐山诗文金石广存》第 578 页
5	醉石七言绝句	北宋庆历五年（1045）	程师孟	庆历年间知南康军	楷书	题诗	山南醉石	《庐山历代石刻》第 6 页
7	万杉寺题识	北宋庆历五年（1045）	齐廓	江淮西南转运使	楷书	题记	山南万杉寺	《庐山历代石刻》第 7 页
8	石桥潭题识	北宋庆历年间（1041—1048）	元绛或程师或韩宗彦	江西转运判官	楷书	题记	山南三峡涧栖贤桥（今名观音桥）	《历代庐山石刻》第 12 页

续表

序号	石刻名称	刻石时间	作者	任职简况	书体	体式	现存状况	资料来源
9	欧阳国华、李升华、韩子高，皇祐三年同游	皇祐三年（1051）				题记	山南醉石侧	《庐山诗文金石广存》第591页
10	万杉寺题识	北宋皇祐四年（1052）	韩绛	官至司空、太尉	楷书	题记	山南万杉寺	《庐山历代石刻》第9页
11	万杉寺题识	北宋皇祐四年（1052）	何次公	星子县尉	楷书	题记	山南万杉寺	《庐山历代石刻》第10页
12	壁佩琳琅	北宋元丰七年（1084）	苏轼	元丰七年途经南康军	楷书	题识	山南白鹤观	《庐山历代石刻》第14页
13	濯缨池五言绝句	北宋元祐三年（1088）	吴亮	浙江衢州人	楷书	题诗	山南醉石	《庐山历代石刻》第8页
14	卧龙潭题诗	北宋元祐三年（1088）	刘谊		行书	题诗	山南卧龙潭	《庐山历代石刻》第15页
15	书七佛偈	元祐六年（1091）十二月	黄庭坚	分宁（今修水）人，元丰三年（1080）改知太和县	行楷	题诗	山南秀峰读书台下	《庐山历代石刻》第16页

续表

序号	石刻名称	刻石时间	作者	任职简况	书体	体式	现存状况	资料来源
16	聪明泉		黄庭坚	分宁（今修水）人，元丰三年（1080）改知太和县	楷书	题识	山南秀峰双桂堂后	《庐山历代石刻》第18页
17	三峡涧		黄庭坚	同上	汉隶带竹简笔意	题识	山南栖贤谷三峡涧	《庐山历代石刻》第18页
18	石镜溪	绍圣二年（1095）十月辛巳	黄庭坚	同上	行书	题识	山南金轮峰旁石镜溪	《庐山历代石刻》第18页
19	归宗	北宋	真净文	归宗寺住持	篆书	题识	山南归宗寺石镜溪	《庐山历代石刻》第11页
20	金轮峰	北宋	真净文	同上	行书	题识	山南归宗寺石镜溪	《庐山历代石刻》第11页
21	龙虎岚庆	北宋	槐京	安徽青阳县人，天圣五年（1027）进士	行楷	题识	山南万杉寺	《庐山历代石刻》第13页

续表

序号	石刻名称	刻石时间	作者	任职简况	书体	体式	现存状况	资料来源
22	第一山	北宋	米芾	官至礼部员外郎	行书	题识	山南秀峰龙潭	《庐山历代石刻》第19页
23	青玉峡	北宋	米芾	同上	楷书	题识	山南秀峰青玉峡	《庐山历代石刻》第19页
24	青玉峡题记	靖康元年（1126）5月	方道纵		楷书	题记	山南秀峰青玉峡	《庐山历代石刻》第25页
25	龙	南宋乾道年间（1165—1173）	李亦	乾道年间知南康军	篆书	题识	山南秀峰龙潭	《庐山历代石刻》第54页
26	简寂观五言诗 / 连理	南宋淳熙六年（1179）	朱熹	淳熙五年至八年知南康军	楷书	题诗	山南简寂观	《庐山历代石刻》第28/30页
27	二十九字题记	己亥七月（1179）	朱熹	同上		题记	山南卧龙潭	《庐山诗文金石广存》第580页
28	四十五字题记 / 风云	南宋淳熙七年（1180）	朱熹	同上		题记	山南华盖石	《庐山诗文金石广存》第574页

续表

序号	石刻名称	刻石时间	作者	任职简况	书体	体式	现存状况	资料来源
29	白鹿洞 / 枕流		朱熹	淳熙五年至八年知南康军	楷书	题识	山南白鹿洞书院	《庐山历代石刻》第 29/30 页
30	圣泽之泉 / 流杯池 / 流觞		朱熹	同上		题识	山南白鹿洞书院	《庐山诗文广存》第 576 页
31	卧龙		朱熹	同上	隶中带楷	题识	山南卧龙潭	《庐山历代石刻》第 29 页
32	遥通洙泗 / 观物 / 文行忠信		朱熹书、陈绰摹			题识	山南白鹿洞书院	《庐山诗文金石广存》第 575 页
33	圣寿无疆颂（并序）	南宋淳熙八年（1181）	周颐			古文	山南华盖石	《庐山诗文金石广存》第 574 页
34	庐山	南宋淳熙十一年（1184）	朱端章	淳熙十一年知南康军	楷书	题识	山南秀峰青玉峡	《庐山历代石刻》第 40 页
35	山水	南宋淳熙十一年（1184）	朱端章	同上	楷书	题识	山南归宗石镜溪	《庐山历代石刻》第 41 页

续表

序号	石刻名称	刻石时间	作者	任职简况	书体	体式	现存状况	资料来源
36	欲知眼前事，扪石听流泉		朱端章	淳熙十一年知南康军	楷书	题识	山南归宗石镜溪	《庐山历代石刻》第41页
37	青玉峡题记	南宋淳熙十六年（1189）	李结	淳熙十六年前往四川途中来游庐山青玉峡	楷书	题记	山南秀峰青玉峡	《庐山历代石刻》第34页
38	卧龙潭题识	南宋绍熙三年（1192）	曾集	绍熙年间知南康军	楷书	题记	山南卧龙潭	《庐山历代石刻》第43页
39	青玉峡题识	南宋绍熙四年（1193）	曹彦约	江西安抚使	楷书	题记	山南秀峰青玉峡	《庐山历代石刻》第42页
40	四十九字题记	南宋庆元丙辰年（1196）	梁翊			题记	山南白鹿洞书院	《庐山诗文金石广存》第575页
41	青玉峡题识	南宋开禧元年（1205）	赵希纯		行楷	题记	山南秀峰青玉峡	《庐山历代石刻》第43页
42	十八字题记	南宋开禧元年（1205）	赵京			题记	山南秀峰青玉峡	《庐山诗文金石广存》第582页

续表

序号	石刻名称	刻石时间	作者	任职简况	书体	体式	现存状况	资料来源
43	嘉定四年赵崇宪祭其祖赵忠定公文	南宋嘉定四年（1211）	赵崇宪	抚州军业推官，江州知府	楷书	记叙	山北天池寺	《庐山石刻》第51页
44	青玉峡题识	南宋嘉定四年（1211）	袁甫	绍定三年（1230）江东提点刑狱，后移司鄱阳，官至兵部侍郎兼吏部尚书	楷书	题记	山南秀峰青玉峡	《庐山历代石刻》第46页
45	四十四字题记	南宋嘉定壬申（1212）	陈台			题记	山南秀峰青玉峡	《庐山诗文金石广存》第582页
46	凌霄洞题记	南宋嘉定六年（1213）	赵季清	历任仙居县丞，忠州判官	楷书	题记	山南凌霄洞	《庐山历代石刻》第47页
47	三十八字题记	南宋嘉定六年（1213）	汪执刚			题记	山南秀峰青玉峡	《庐山诗文金石广存》第582页

续表

序号	石刻名称	刻石时间	作者	任职简况	书体	体式	现存状况	资料来源
48	徐邦宪谏文	南宋嘉定七年（1214）	徐邦宪	任江州知府	楷书	谏文	山北天池寺	《庐山石刻》第51页
49	拾枯松煮瀑布	南宋嘉定十年（1217）	方信孺		楷书	题识	山南秀峰青玉峡	《庐山历代石刻》第36页
50	流芳桥题记	南宋嘉定十一年（1218）	陈宓	知南康军	楷书	记叙	山南白鹿洞书院	《庐山历代石刻》第35页
51	流芳	南宋嘉定十一年（1218）	陈宓	同上	楷书	题识	山南白鹿洞书院	《庐山历代石刻》第34页
52	谷帘泉题记	南宋嘉定十一年（1218）	留元刚	知赣州期间游庐山	行楷	题记	康王谷谷帘泉	《庐山历代石刻》第37页
53	归宗鸾溪题记		留元刚	同上	行楷	题记	山南归宗寺鸾溪	《庐山历代石刻》第38页
54	八十六字题识	南宋嘉定戊寅（1218）	留元刚	同上		题记	山南秀峰青玉峡	《庐山诗文金石广存》第582页
55	卧龙祠堂落成题识	南宋嘉定辛巳（1221）	黄桂增			记叙	山南卧龙潭	《庐山诗文金石广存》第580页

续表

序号	石刻名称	刻石时间	作者	任职简况	书体	体式	现存状况	资料来源
56	青玉峡题识	南宋嘉定年间（1208—1224）	刘铠	嘉定年间任赣卫指挥	楷书	题记	山南秀峰青玉峡	《庐山历代石刻》第44页
57	玉渊题记	南宋绍定五年（1232）	史文卿	绍定五年知南康军	楷书	题记	山南玉渊潭	《庐山历代石刻》第48页
58	青玉峡题记	南宋绍定六年（1233）	史文卿	同上	楷书	题记	山南秀峰青玉峡	《庐山历代石刻》第49页
59	龙潭题记	南宋嘉熙三年（1239）	赵邦水	嘉熙年间南康军任职	楷书	题记	山南秀峰龙潭	《庐山历代石刻》第58页
60	青玉峡题记	南宋淳祐元年（1241）	贾似道	知江州兼任江南西路安抚使	楷书	题记	山南秀峰青玉峡	《庐山历代石刻》第45页
61	青玉峡题识	南宋淳祐元年（1241）	史膺之		楷书	题记	山南秀峰青玉峡	《庐山历代石刻》第51页
62	南无阿弥陀佛	南宋淳祐五年（1245）	雪屋	住庐山天池寺十八年	隶书	题识	山北九十九盘古道	《庐山历代石刻》第39页
63	释若凤题刻	南宋宝祐乙卯年（1255）	释若凤		行楷	题记	山北天池寺	《庐山石刻》第52页

续表

序号	石刻名称	刻石时间	作者	任职简况	书体	体式	现存状况	资料来源
64	本军签判陈绰复游	南宋宝祐年间（1253—1258）	陈绰	南康军签判	行楷	题识	山南秀峰青玉峡	《庐山历代石刻》第55页
65	寿寿福禄		陈绰	同上	楷书	题识	山南秀峰青玉峡	《庐山历代石刻》第56页
66	福禄眉寿		陈绰	同上	楷书	题识	山南归宗寺鸾溪	《庐山历代石刻》第57页
67	龙潭祷雨题识	南宋宝祐六年（1258）	赵与志	宝祐年间知南康军	楷书	记叙	山南秀峰龙潭	《庐山历代石刻》第52页
68	风泉云壑	南宋开庆年间（1259—1262）	陈淳祖	开庆元年知南康军	行楷	题识	山南白鹿洞书院	《庐山诗文广存》第576页
69	圣泽之泉	南宋开庆年间（1259—1262）	陈淳祖	同上	楷书	题识	山南白鹿洞书院	《庐山历代石刻》第50页
70	秀峰题记	南宋咸淳十年（1274）	叶阊	咸淳年间知南康军	楷书	题记	山南秀峰	《庐山历代石刻》第53页
71	与我同情	南宋后期	马云阶	南康军别驾	行书	题识	山南秀峰青玉峡	《庐山历代石刻》第59页

续表

序号	石刻名称	刻石时间	作者	任职简况	书体	体式	现存状况	资料来源
72	李元度刻石	宋	李元度	知南康军		题记	只留落款可识，山南栖贤谷玉渊潭	《庐山诗文金石广存》第577页
73	佛手岩	南宋			楷书带隶书笔意	题识	山北仙人洞	《庐山石刻》第5页

元代摩崖石刻：

序号	石刻名称	刻石时间	作者	任职简况	书体	体式	现存状况	资料来源
1	简寂观题识	元大德年间（1297—1307）	金旷	龙虎山道士	楷书	题记	山南简寂观	《庐山历代石刻》第64页
2	虎	元至大四年（1311）	别不花	至大年间丞相	篆书	题识	山南秀峰龙潭	《庐山历代石刻》第61页
3	三将军洞造塔题识	元至正三年（1343）	俊男	信佛居士	楷书	记叙	山南金轮峰三将军洞内	《庐山历代石刻》第66页

续表

序号	石刻名称	刻石时间	作者	任职简况	书体	体式	现存状况	资料来源
4	二十七字题记	元至正四年（1344）	孙崇智			题记	山南秀峰青玉峡	《庐山诗文金石广存》第582页
5	玉渊潭题记	元至正九年（1349）	吴思勉	至正年间任南康路推官	楷书	题记	山南栖贤谷玉渊潭	《庐山历代石刻》第67页

明代摩崖石刻：

序号	石刻名称	刻石时间	作者	任职简况	书体	体式	现存状况	资料来源
1	一百零八字诗	明成化乙未（1475）	俞汝钦			题诗	山南秀峰龙潭	《庐山诗文金石广存》第583页
2	瀑布泉	明弘治年间（1488—1504）	乔宇	官至吏部尚书	小篆	题识	山南秀峰龙潭	《庐山历代石刻》第70页
3	古今奇观	明正德元年（1506）	林廷玉	正德年间任江西金事	楷书	题识	山南秀峰龙潭	《庐山历代石刻》第69页

续表

序号	石刻名称	刻石时间	作者	任职简况	书体	体式	现存状况	资料来源
4	四十五字题记	正德辛未（1511）	王□	苏州人		题记	山南秀峰青玉峡	《庐山诗文金石广存》第583页
5	观物／砥柱／回流山	正德年间	李梦阳	江西提学副使		题识	山南白鹿洞书院	《庐山诗文金石广存》第576页、《庐山历代石刻》第72页
6	龙潭题记	正德八年（1513）	李梦阳	同上	楷书	题记	山南秀峰龙潭	《庐山历代石刻》第72页
7	四十二字题记	正德八年（1513）	李梦阳	同上		题记	山南秀峰青玉峡	《庐山诗文金石广存》第583页
8	白鹿洞书院	明正德年间	李梦阳	同上	楷书	题识	山南白鹿洞书院	《庐山诗文金石广存》第575页
9	秀峰五言律诗	明正德十年（1515）	姚元佐	江西人	楷书	题诗	山南秀峰青玉峡	《庐山历代石刻》第92页

续表

序号	石刻名称	刻石时间	作者	任职简况	书体	体式	现存状况	资料来源
10	壶天胜览	明正德年间（1451—1510）	姚□仙			题记	山北来龙埂	《庐山诗文金石广存》第565页
11	龙潭题记与题诗	明正德十一年（1516）	方尚成		楷书	题记、题诗	山南秀峰龙潭	《庐山历代石刻》第79页
12	游东林寺诗	正德十五年（1520）	王阳明	正德十四年（1519）巡抚南赣，平定宸濠之乱后，曾羁滞庐山等候朝命	楷书	题记	山南秀峰青玉峡	《庐山历代石刻》第75页
13	庐山高	明正德年间	王阳明	同上		题识	山北九十九盘古道	《庐山诗文金石广存》第565页

续表

序号	石刻名称	刻石时间	作者	任职简况	书体	体式	现存状况	资料来源
14	王守仁题诗	明正德年间（1506—1521）	王阳明	明正德年间十一年擢右金都御史，巡抚南康、赣州	行楷阴刻	题诗	山北天池寺	《庐山石刻》第50页
15	二十三字题记	明正德庚辰（1520）三月	王阳明	同上		题记	山北天池寺	《庐山诗文金石广存》第568页
16	金井	正德年间	马朋	正德年间任南康同知	楷书	题识	山南栖贤谷观音桥	《庐山历代石刻》第91页
17	六十一字题记	明嘉靖元年（1522）	程启充	江西监察御史	楷书	题记	山北九十九盘古道	《庐山历代石刻》第113页
18	石屋	明嘉靖初年	陈端甫	江苏武进县人	楷书	题识	山南秀峰青玉峡	《庐山历代石刻》第89页
19	《题醉石》	嘉靖四年（1525）	郭波	户部主事	楷书	题诗	山南醉石	《庐山历代石刻》第130页

续表

序号	石刻名称	刻石时间	作者	任职简况	书体	体式	现存状况	资料来源
20	《登读书台》	明嘉靖五年（1526）	徐岱	以监察御史巡按江西	行楷	题诗	山南秀峰读书台下	《庐山历代石刻》第97页
21	庐山高一首赠中允	明嘉靖丁亥年（1527）	徐岱等重新刊刻，欧阳修撰文	同上	楷书	古文	山北九十九盘古道	《庐山石刻》第40页
22	天池七言律诗	明嘉靖己丑（1527）六月八日	陈沂	江西参议		题诗	山北天池寺	《庐山诗文金石广存》第282、568页
23	题醉石七言律诗	明嘉靖七年（1528）	卢襄	官至兵部郎中，嘉靖七年游庐山	楷书	题诗	山南醉石	《庐山历代石刻》第84页
24	李循义题刻	嘉靖十二年（1533）	李循义		楷书	题记	山北九十九盘古道	《庐山石刻》第39页

续表

序号	石刻名称	刻石时间	作者	任职简况	书体	体式	现存状况	资料来源
25	龙池	明嘉靖年间（1527—1529）	陈沂	嘉靖六年（1527）江西参议一游庐山，嘉靖八年二游庐山	篆书	题识	山北秀峰龙潭旁	《庐山历代石刻》第71页
26	十八字题记	嘉靖己丑（1529）	汪居安			题记	山南秀峰青玉峡	《庐山诗文金石广存》第583页
27	三叠泉题识	明嘉靖十年（1531）	刘世扬	明嘉靖年间曾任给事中，后任白鹿洞书院主洞	篆书笔意写隶书	题记	山南三叠泉	《庐山历代石刻》第93页
28	玉川门	明嘉靖十一年（1532）	刘世扬	同上	行书	题识	山南三叠泉	《庐山历代石刻》第93页

续表

序号	石刻名称	刻石时间	作者	任职简况	书体	体式	现存状况	资料来源
29	意不在鱼／思贤台		刘世扬	明嘉靖年间曾任给事中，后任白鹿洞书院主洞		题识	山南白鹿洞书院	《庐山诗文金石广存》第576页
30	照江崖		刘世扬	同上	楷书阴刻	题识	山北天池寺	《庐山石刻》第50页
31	八十八字题记	嘉靖十年（1531）	黄焯，僧人传仙、传正刻	南康知府	楷书	题记	山南秀峰龙潭	《庐山历代石刻》第106页
32	浴仙池	嘉靖十年（1531）	南滨书，传正刻		楷书中兼有隶法	题识	山南秀峰龙潭	《庐山历代石刻》第107页
33	二十四字题识	嘉靖十七年（1538）	李元阳	云南大理人	行楷	题记	山南秀峰龙潭	《庐山历代石刻》第88页

续表

序号	石刻名称	刻石时间	作者	任职简况	书体	体式	现存状况	资料来源
34	尺五天	明（1541以前）	王士昌（刻工桂宣旺、徐时应）		楷书	题识	山北黄龙寺	《庐山诗文金石广存》第569页;《庐山石刻》第61页
35	五言律诗		王士昌		章草	题诗	山北黄龙寺	《庐山诗文金石广存》第569页;《庐山石刻》第61页
36	降龙		王士昌			题识	山北黄龙潭	《庐山诗文金石广存》第570页
37	七言诗	明嘉靖乙巳（1545）	钱全志			题诗	山北佛手岩	《庐山诗文金石广存》第565页
38	陵化云题刻	嘉靖戊申年（1548）	陵化云		行书	题记	山北九十九盘古道	《庐山石刻》第48页

续表

序号	石刻名称	刻石时间	作者	任职简况	书体	体式	现存状况	资料来源
39	观音桥题记	嘉靖三十一年（1552）	汪伊	南康府同知	楷书	题记	山南栖贤谷观音桥	《庐山历代石刻》第111页
40	南无阿弥陀佛	明嘉靖三十七年（1558）	姚适珂		隶书	题识	山北九十九盘古道	《庐山石刻》第38页
41	霞谷	明嘉靖年间（1522—1566）	郑廷鹄	明嘉靖年间江西官礼部仪制郎，江西提学副使，布政司右参军	汉隶	题识	山北九十九盘古道	《庐山历代石刻》第104页
42	喷雪奔雷濯缨洗耳	嘉靖年间（1507—1566）	张寰	官至通政司右参议		题识	山南秀峰青玉峡	《庐山历代石刻》第86页
43	静观	明嘉靖年间（1507—1566）	马世臣	嘉靖二十五年（1546）举人，授四川某地知县	楷书	题识	山南秀峰龙潭	《庐山历代石刻》第90页

续表

序号	石刻名称	刻石时间	作者	任职简况	书体	体式	现存状况	资料来源
44	道岸	明成化年间（1464—1487）或嘉靖年间（1522—1566）	黄谦		楷书	题识	山南白鹤观	《庐山历代石刻》第79页
45	归宗寺	明（1563—1603）	半偈道人（高僧紫柏）	在庐山学法相宗	篆书	题识	山南归宗寺	《庐山历代石刻》第118页
46	三年学成方下此行	嘉靖丙辰（1556）	寒庵			题识	山南康王谷	《庐山诗文金石广存》第591页
47	青玉峡题识	嘉靖三十九年（1560）	万镒	星子县人	行书	题记	山南秀峰青玉峡	《庐山历代石刻》第100页
48	卧龙潭五言绝句	明嘉靖四十年（1561）	何迁题，知府吴如庶刻	九江知府，嘉靖三十八年讲学白鹿洞书院	草书	题诗	山南白鹿洞书院	《庐山历代石刻》第102页

续表

序号	石刻名称	刻石时间	作者	任职简况	书体	体式	现存状况	资料来源
49	白鹿洞 / 白鹿洞天（此方石刻待考）	明嘉靖年间（1522—1566）	何迁	九江知府，嘉靖三十八年讲学白鹿洞书院		题识	山南白鹿洞书院	《庐山石刻诗文广存》第575/576页
50	风泉云壑	嘉靖年间（1522—1566）	周祖尧	嘉靖二年任南康知府	行楷	题识	山南白鹿洞书院	《庐山历代石刻》第99页
51	吾与点也之意 / 千古不磨 / 漱石 / 钓台	嘉靖年间（1522—1566）	周克廉	江西按察司金事		题识	山南白鹿洞书院	《庐山石刻诗文广存》第576页 /《庐山历代石刻》第108页
52	翁溥题刻	嘉靖三十一年（1552）	翁溥	官至南京刑部尚书	行书	题记	山北九十九盘古道	《庐山石刻》第39页
53	五言绝句	明嘉靖年间（1522—1566）	翁溥	同上	行楷	题诗	山北九十九盘古道	《庐山石刻》第35页

续表

序号	石刻名称	刻石时间	作者	任职简况	书体	体式	现存状况	资料来源
54	青玉峡题识	万历十八年（1590）	顾桐	苏州人	楷书	题记	山南秀峰青玉峡	《庐山历代石刻》第127页
56	仰止处	万历壬辰年（1592）	秦大夔			题识	山南白鹿洞书院	《庐山名胜石刻》第97页
57	白云天际	明万历年间（1573—1620）	李得阳	万历年间任九江知府	行楷	题识	山北九十九盘古道	《庐山历代石刻》第119页
58	锦涧桥	明万历辛丑（1601）	黄仁荣	南昌人	楷书	题记	山北九十九盘古道	《庐山诗文金石广存》第566页
59	惊雷不拔	明天启五年（1625）五月	王思任	江西佥事，天启年间游庐山	楷书	题识	山南仰天坪	《庐山历代石刻》第124页
60	石住	明崇祯九年（1636）	张启	崇祯七年知星子县	楷书	题识	山南黄岩寺	《庐山历代石刻》第114页

续表

序号	石刻名称	刻石时间	作者	任职简况	书体	体式	现存状况	资料来源
61	洞天玉液	明万历八年（1580）	李天植	广德人	楷书	题记	山北佛手岩	《庐山石刻》第8页
62	南无阿弥陀佛	明万历年间（1573—1620）			楷书	题识	山北天池寺	《庐山诗文金石广存》第568页
63	玄览幽思/周颠洗髓处/步天池	明崇祯年间（1628—1644）	熊汝学	江西丰城人，历任工部水司员外郎，工部侍郎，崇祯年间督荆州府	行书	题识	山北九十九盘古道	《庐山历代石刻》第128页
64	半天	明崇祯时期（1628—1644）	陈禹谟	官至四川按祭司金事	行楷	题识	山北九十九盘古道	《庐山诗文金石广存》第566页

续表

序号	石刻名称	刻石时间	作者	任职简况	书体	体式	现存状况	资料来源
65	钓石滩	明崇祯年间（1628—1644）	陶孔肩	星子县人，补为南康府学生员，崇祯四十年（1641），举家隐居卧龙岗	双勾楷书	题识	山南卧龙潭	《庐山历代石刻》第125页
66	天奇	明崇祯	孟遵时	南康府通判	楷书	题识	山南玉帘泉	《庐山历代石刻》第125页
67	云海	明崇祯七年（1634）	阎尔梅（白耷山人）	崇祯举人	行书	题识	山北仙人洞	《庐山石刻》第11页
68	《五噫歌》	明隆武己亥（1646）夏仲	陶惟中	陶渊明后裔		题诗	山南卧龙潭	《庐山诗文金石广存》第580页
69	龙门	明	明蠡道人	明代归宗寺僧	楷书	题识	山南玉帘泉	《庐山历代石刻》第126页

序号	石刻名称	刻石时间	作者	任职简况	书体	体式	现存状况	资料来源
70	云根	明			行书	题识	山北仙人洞	《庐山石刻》第4页
71	蟾蜍石	明			变体行书	题识	山北仙人洞	《庐山石刻》第5页
72	拄笏而观	明			行书	题识	山北仙人洞	《庐山石刻》第13页
73	天池	明			行书	题识	山北九十九盘古道	《庐山石刻》第44页
74	持公咒裂石	明	昌裴		行书	题识	山北九十九盘古道	《庐山石刻》第47页
75	步天池	明	曹邦兴		魏碑体	题识	山北九十九盘古道	《庐山石刻》第48页

清代摩崖石刻：

序号	石刻名称	刻石时间	作者	任职简况	书体	体式	现存状况	资料来源
1	惊涛怒浪	清顺治十年（1653）	魏裔界	官至太子太保兼礼部尚书	楷书	题识	山南秀峰青玉峡	《庐山历代石刻》第133页

续表

序号	石刻名称	刻石时间	作者	任职简况	书体	体式	现存状况	资料来源
2	心灯佛果/星汉分流	顺治十二年（1655）	龚蕃锡	江西守备道，建昌知府	楷书/行书	题识	山南秀峰	《庐山历代石刻》第140/141页
3	招隐	顺治十四年（1657）	薛所习	顺治十四年南康知府	楷书含隶书笔意	题识	山南栖贤谷观音桥	《庐山历代石刻》第147页
4	珍珠泉	顺治十七年（1660）	薛所习	同上	章草	题识	山南万杉寺	《庐山历代石刻》第148页
5	天半飞涛		薛所习	同上		题识	山南玉帘泉	《庐山诗文金石广存》第589页
6	白云深处	顺治十五年（1658）	龚蕃锡	江西守备道，建昌知府	行书	题识	山南凌霄洞	《庐山历代石刻》第141页
7	日近云低	顺治十五年（1658）	许世昌		行书	题识	山南五老峰	《庐山石刻》第116页

续表

序号	石刻名称	刻石时间	作者	任职简况	书体	体式	现存状况	资料来源
8	片云	顺治年间	龚蕃锡	江西守备道，建昌知府	行书	题识	山南秀峰青玉峡	《庐山历代石刻》第140页
9	晴岚飞雪	顺治年间	龚蕃锡	同上		题识	山南玉帘泉	《庐山诗文金石广存》第589页
10	砥柱	顺治年间（1643—1661）	蔡士英题，知府高民望刻	顺治九年（1652）以副都御史巡抚江西，期间至南康府，游庐山，兴复白鹿洞书院	行楷	题识	山南秀峰龙潭	《庐山历代石刻》第146页
11	具有高深	顺治年间	庄同生	顺治年间进士	楷书	题识	山南秀峰龙潭	《庐山历代石刻》第184页

续表

序号	石刻名称	刻石时间	作者	任职简况	书体	体式	现存状况	资料来源
12	石破云修	康熙年间（1674年后）	石和阳	五十四岁，康熙十三年（1674）迁居庐山	楷书双勾	题识	山南木瓜洞	《庐山历代石刻》第133页
13	白崖	康熙初年	李道泰	建昌（今永修县）知县，南康府同知	楷书	题识	山南白水槽瀑布附近	《庐山历代石刻》第136页
14	雪浪	康熙九年（1668）夏日	郭一鄂	河南洛阳人，官至广东左布政使	行楷	题识	山南秀峰龙潭	《庐山历代石刻》第143页
15	峭壁飞珠	康熙九年（1668）夏日	郭一鄂	同上	行楷	题识	山南玉帘泉	《庐山历代石刻》第146页
16	白水槽题识	康熙丙辰（1676）	李道泰	福建德化人，南康府同知	楷书	题记	山南白水槽瀑布附近	《历代庐山石刻》第136页
17	饮石泉，荫松柏	康熙十七年（1678）	傅煦山	康熙年间任提学副使	行楷	题识	山南秀峰青玉峡	《庐山历代石刻》第154页

续表

序号	石刻名称	刻石时间	作者	任职简况	书体	体式	现存状况	资料来源
18	归去来等六十二字题识	康熙己未（1679）	佟世忠			题识	山南秀峰青玉峡	《庐山诗文金石广存》第584
19	山谷洪涛／星槎可泛	康熙三十四年（1695）	金琦	或韩国人，或南康知府	行楷	题识	山南秀峰青玉峡	《庐山历代石刻》第162/163页
20	神龙跃空	康熙三十六年（1697）	刘荫枢	江西按察使，访木瓜洞道士石和阳	楷书	题识	山南秀峰青玉峡	《庐山历代石刻》第146页
21	壁公洗钵处	康熙三十七年（1698）	宋至	宋荦次子	楷书	题识	山南秀峰龙潭	《庐山历代石刻》第155页
22	老友	康熙四十年（1701）前后	释超渊	开先寺住持	行书，款草书	题识	山南秀峰龙潭	《庐山历代石刻》第138页
23	印月	康熙五十一年（1712）	原敬	康熙五十一年聘为白鹿洞洞主	楷书	题识	山南白鹿洞书院	《庐山历代石刻》第159页

续表

序号	石刻名称	刻石时间	作者	任职简况	书体	体式	现存状况	资料来源
24	直泻银河	康熙五十六年（1717）	叶光洛	福建人，曾访庐山木瓜洞有诗	行书	题识	山南秀峰龙潭	《庐山历代石刻》第162页
25	匡腰玉带	康熙五十七年（1718）	叶谦	顺治九年任南康知府	楷书	题识	山南秀峰龙潭	《庐山历代石刻》第163页
26	卧龙处 /万古源流	清（1639—1668）	宋之盛	隐居庐山	楷书	题识	山南秀峰龙潭	《庐山历代石刻》第134页
27	回澜	康熙年间（1662—1680）	黄虞再	康熙十一年（1673）任江西提学使	楷书	题识	山南观音桥北	《庐山历代石刻》第144页
28	众妙之门	康熙年间（1662—1680）	黄虞再	同上	行书	题识	山南三峡涧口	《庐山历代石刻》第144页
29	不忍去	康熙年间（1662—1680）	黄虞再	同上	楷书	题识	山南秀峰龙潭	《庐山历代石刻》第144页

续表

序号	石刻名称	刻石时间	作者	任职简况	书体	体式	现存状况	资料来源
30	风雨根		黄虞再	康熙十一年（1673）任江西提学使		题识	山南栖贤谷玉渊潭	《庐山诗文金石广存》第578页
31	五老高呼	清康熙年间（1664—1722）	苗蕃	康熙三年（1664）任南城知县，后隐居白鹿洞书院附近	行书双勾	题识	山南凌霄洞	《庐山历代石刻》第150页
32	天纵奇观	清康熙年间（1664—1722）	苗蕃	同上	行书双勾	题识	山南凌霄洞	《庐山历代石刻》第150页
33	静观自得	清康熙年间（1704—1722）	孟世泰	江西布政使	行楷	题识	山南秀峰龙潭	《庐山历代石刻》第135页
34	天河垂象	康熙年间（1713—1722）	许兆麟	江西巡抚	行楷	题识	山南秀峰龙潭	《庐山历代石刻》第174页

续表

序号	石刻名称	刻石时间	作者	任职简况	书体	体式	现存状况	资料来源
35	逝者如斯	康熙年间	孟光国	山西运城人，湖北宜城知县	楷书	题识	山南白鹿洞书院	《庐山历代石刻》第155页
36	黄谷再见等八十一字题记	清康熙丁未（1667）九月	沈瑛	南康军判	楷书	题记	山南青莲谷	《庐山石刻》第117页
37	目无障碍		沈瑛	同上	隶书	题识	山南五老峰	《庐山石刻》第121页
38	宋大中丞留带处	康熙二十八年（1669）前后	罗牧书，李元蕭勒石		行楷	题识	山南栖贤谷玉渊潭	《庐山历代石刻》第137页
39	漱玉亭	康熙二十八年（1669）前后	宋荦	康熙二十七（1688）年擢江西巡抚，期间多次到庐山巡视	楷书	题识	山南秀峰龙潭	《庐山历代石刻》第142页
40	万寿	清康熙年间	顾贞观	官至秘书院典籍	楷书	题识	山南栖贤谷万寿寺	《庐山历代石刻》第145页

续表

序号	石刻名称	刻石时间	作者	任职简况	书体	体式	现存状况	资料来源
41	欢喜亭	清康熙年间	顾贞观	官至秘书院典籍	行楷	题识	山南欢喜亭	《庐山历代石刻》第145页
42	冰笏	乾隆二十九年（1764）	戴第元	乾隆二十九年任白鹿洞书院山长	行书	题识	山南栖贤谷玉渊潭	《庐山历代石刻》第165页
43	涵养性灵强勉学问	清乾隆甲申（1704）秋月	戴第元	同上		题识	山南白鹿洞书院	《庐山诗文金石广存》第575页
44	源头活水	乾隆丁酉（1777）	高晋	两江总督	楷书	题识	山南秀峰龙潭	《庐山历代石刻》165页/《庐山诗文金石广存》第584页
45	活活泼泼	乾隆四十四年（1779）	干建邦	白鹿洞书院山长	行楷	题识	山南秀峰龙潭	《庐山历代石刻》第185页

续表

序号	石刻名称	刻石时间	作者	任职简况	书体	体式	现存状况	资料来源
46	起为霖雨	乾隆四十四年（1779）	郝硕	江西巡抚	行楷	题识	山南秀峰青玉峡	《庐山历代石刻》第168页
47	浩浩自太古	乾隆五十四年（1789）仲夏	谢启昆	乾隆五十四年主持白鹿洞书院讲席	楷书	题识	山南栖贤谷玉渊潭	《庐山历代石刻》第167页
48	孝悌忠信礼义廉耻	乾隆五十八年（1793）	张宿仁			题识	山南白鹿洞书院	《庐山诗文金石广存》第576页
49	不在深	乾隆年间（1792—1794）	左观澜	乾隆五十七年任白鹿洞书院山长至乾隆五十九年	行楷	题识	山南白鹿洞书院	《庐山历代石刻》第166页
50	德隐/虚受	乾隆年间	曹秀先	江西新建县人，官至礼部尚书	楷书/行草	题识	山南秀峰青玉峡/龙潭	《庐山历代石刻》第164页

续表

序号	石刻名称	刻石时间	作者	任职简况	书体	体式	现存状况	资料来源
51	天池草堂记	清嘉庆十六年辛未（1811）夏	方体			题记	山北石门洞，字迹漫漶	《庐山诗文金石广存》第558页
52	甘露泉	清嘉庆庚辰（1820）	万素澄		楷书	题识	山北九十九盘古道	《诗文金石广存》第566页
53	洗心	道光年间	刘源浚	九江道参议	行楷	题识	山南秀峰龙潭	《庐山历代石刻》第142页
54	枕流桥	道光十年（1830）				题识	山南白鹿洞书院	《庐山诗文金石广存》第575页
55	不息	道光十四年（1834）	张维屏	署理南康知府，常到白鹿洞书院讲学	行楷	题识	山南秀峰龙潭	《庐山历代石刻》第172页
56	自在所在	道光十七年（1837）	张曌	广东人	行书	题识	山南黄岩寺	《庐山历代石刻》第185页

续表

序号	石刻名称	刻石时间	作者	任职简况	书体	体式	现存状况	资料来源
57	清泉漱玉	清咸丰七年（1857）	彭玉麟	咸丰七年彭玉麟由鄱阳湖至星子县，从庐山南麓登牯岭	草书	题识	山南白鹿洞书院	《庐山历代石刻》第173页
58	漱雪流云	清咸丰七年（1857）	彭玉麟	同上	行书	题识	山南秀峰龙潭	《历代庐山石刻》第173页
59	凌波第一锦绣无双	清咸丰丁巳年（1857）	彭玉麟	同上		题识	山北大孤山	《庐山诗文金石广存》第560页
60	银河洗甲	咸丰十年（1860）	张集馨	咸丰十年任江西布政使	行楷	题识	山南秀峰龙潭	《庐山历代石刻》第170页
61	访道名山	咸丰十一年（1861）	张集馨	同上	行楷	题识	山南白鹿洞书院	《庐山历代石刻》第171页

续表

序号	石刻名称	刻石时间	作者	任职简况	书体	体式	现存状况	资料来源
62	八十九字题记	咸丰十一年（1861）	曾省三	蜀南人		题记	山南秀峰青玉峡	《庐山诗文金石广存》第584页
63	盈科	同治七年（1868）	熊秉钧	江西高安人	行书	题识	山南秀峰龙潭	《庐山历代石刻》第172页
64	可以观	同治年间	吴邦枢	同治元年（1862）任南康都司	楷书	题识	山南青玉峡	《庐山历代石刻》第149页
65	破壁飞去	同治七年（1868）	王之藩	同治七年任南康知府	行书	题识	山南秀峰青玉峡	《庐山历代石刻》第174页
66	吾庐可爱	同治七年（1868）	王之藩	同上	行书	题识	山南秀峰龙潭	《庐山历代石刻》第175页
67	可以观	同治年间（1862—1874）	吴邦枢	同治元年任南康都司	楷书	题识	山南秀峰青玉峡	《庐山历代石刻》第149页

续表

序号	石刻名称	刻石时间	作者	任职简况	书体	体式	现存状况	资料来源
68	澄心	光绪三年（1877）	曹东瀓	南康知府	行楷	题识	山南秀峰龙潭	《庐山历代石刻》第181页
69	岩壑灵长	光绪九年（1883）	刘建德	光绪年间任石门县知县	楷书	题识	山南秀峰青玉峡	《庐山历代石刻》第178页
70	酌以励清	光绪九年（1883）	刘锡鸿	光绪九年知南康府事	楷书	题识	山南秀峰龙潭	《庐山历代石刻》第184页
71	青玉峡题识	光绪十八年（1892）	陈三立	修水县人，多次游历庐山，父陈宝箴	行楷	题记	山南秀峰龙潭	《庐山历代石刻》第189页
72	文恪公裔孙宋大令灿补带处	光绪二十六年（1900）	姜泽恩	星子县人，举人		题识	山南栖贤谷玉渊潭	《庐山历代石刻》第183页
73	栖贤寺对联一副	光绪二十六年（1900）	姜泽恩	同上	楷书	对联	原星子县文物管理所	《庐山历代石刻》第183页

续表

序号	石刻名称	刻石时间	作者	任职简况	书体	体式	现存状况	资料来源
74	光绪癸卯新会伍铨萃等五十九字题记	光绪癸卯年（1903）				题记	山南恩德岭	《庐山诗文金石广存》第570页
75	神龙见首	光绪三十三年（1907）	王以慜	光绪年间任南康知府	行楷	题识	山南卧龙潭	《庐山历代石刻》第178页
76	玉帘泉联	光绪三十三年（1907）	王以慜	同上	楷书	对联	山南归宗寺玉帘泉	《庐山历代石刻》第179页
77	观澜/寻乐处	同治光绪年间人	彭治		楷书	题识	山南白鹿洞书院	《庐山历代石刻》第184页
78	寄傲中原	清	吴嵩岚	江苏人	楷书	题识	山南秀峰青玉峡	《庐山历代石刻》第168页
79	为善最乐	清	松筠		行书	题识	山北石门涧	《庐山诗文金石广存》第558页

续表

序号	石刻名称	刻石时间	作者	任职简况	书体	体式	现存状况	资料来源
80	星聚层峦	清	郭友龙	南康府星子县丞		题识	山南五老峰	《庐山诗文金石广存》第573页
81	漱玉流霞	清	郭友龙	同上	行楷	题识	山南玉帘泉	《庐山历代石刻》第182页
82	天地同流	清晚期	高华	星子知县	行楷	题识	山南秀峰龙潭	《庐山历代石刻》第181页
83	俯视大千	清	陈谦	郡守	行楷	题识	山南五老峰	《庐山石刻》第115页
84	空人心	清	刘理	北京人	楷书	题识	山南秀峰龙潭	《庐山历代石刻》第182页
85	石门涧	清	蔡瀛	九江人，例贡生	楷书	题识	山北天池寺	《庐山石刻》第57页

民国时期摩崖石刻：

序号	石刻名称	刻石时间	作者	任职简况	书体	体式	现存状况	资料来源
1	甘露琼浆	民国三年（1914）	罗理松		行书	题识	山北仙人洞	《庐山石刻》第30页
2	晋僧昙诜手植婆罗宝树	民国八年（1919）七月	程颂万	湖北候补道	楷书	题记	山北黄龙寺	《庐山石刻》第62页
4	在山泉清	民国九年（1920）	林森	国民党官员	行书	题识	山北女儿城	《庐山石刻》第97页
5	莲谷	民国十一年（1922）	李拙翁	彭泽县县长，隐居庐山	篆书	题识	山北女儿城	《庐山石刻》第97页
6	建石栏题记	民国十二年（1923）	李祥卿			题记	山南栖贤谷观音桥	《庐山诗文金石广存》第579页
7	人格救国	民国十二年（1923）			楷书	题识	山北女儿城	《庐山石刻》第101页
8	交芦桥题记	民国十七年（1928）	林森	国民党政府官员	楷书	题记	山北黄龙寺交芦桥	《庐山石刻》第74页

续表

序号	石刻名称	刻石时间	作者	任职简况	书体	体式	现存状况	资料来源
9	梵音泉	民国十五年（1936）	林春	国民党政府官员	行楷	题识	山北仙人洞	《庐山石刻》第18页
10	归宗梅	民国十五年（1936）	林森	同上	楷书	题识	山北黄龙寺	《庐山石刻》第74页
11	神龙潭	民国十七年（1928）	彭程万、褚辅成、王有兰、殷汝骊		楷书	记事	山北神龙宫	《庐山诗文金石广存》第569页
12	痛饮黄龙	民国十七年（1928）	邓泽如	国民政府中央监察委员	楷书	题识	山北黄龙寺	《庐山石刻》第67页
13	雄据中流	民国十八年（1929）	杨德泂、林捷三、萧布公			题识	山北大孤山	《庐山诗文金石广存》第560页
14	交芦桥	民国十八年（1929）	陶江林		行书	题识	山北黄龙寺	《庐山石刻》第73页

续表

序号	石刻名称	刻石时间	作者	任职简况	书体	体式	现存状况	资料来源
15	汉王台	民国十八年（1929）秋	侯林森			题识	山南大汉阳峰	《庐山诗文金石广存》第587页
16	仙源无二	民国十九年（1930）	周树华等		行书	题识	山北仙人洞	《庐山石刻》第20页
17	太乙村	1930年	刘一公等人		隶书	记叙	山南太乙村	《庐山历代石刻》第201页
18	玉帘吐花	1930年	僧青松	庐山黄龙寺住持	行书	题识	山南玉帘泉	《庐山历代石刻》第200页
19	黄龙寺题刻		僧青松	同上	楷书	题记	山北黄龙寺	《庐山石刻》第63页
20	黄龙潭		僧青松	同上	楷书	题识	山北黄龙寺	《庐山石刻》第66页
21	玉帘泉题记	1930年	岳峻		楷书	题记	山南玉帘泉	《庐山历代石刻》第194页

续表

序号	石刻名称	刻石时间	作者	任职简况	书体	体式	现存状况	资料来源
22	贤者乐此	1930 年	张敬之		楷书	题识	山北仙人洞	《庐山石刻》第21页
23	吴迈诗刻	1930 年	吴迈	1930 年借宿大林寺疗疾	楷书	题诗	山北黄龙寺	《庐山石刻》第66页
24	虎守松门	民国十九年（1930）	陈三立	九江修水人	楷书	题记	山北大林寺	《庐山诗文金石广存》第562页
25	憩石挹飞泉	民国十九年（1930）	陈三立	同上	行楷	题识	山南碧龙潭	《庐山石刻》第106页
26	洗龙碧海	民国十九年（1930）	陈三立	同上	行楷	题识	山南碧龙潭	《庐山石刻》第106页
27	《慈泉铭》	民国二十年（1931）	陈三立	同上		题记	山北日照峰	《庐山诗文金石广存》第561页
28	周道复兴	民国二十年（1931）	罗敬仁			题识	山北仙人洞	《庐山石刻》第19页

续表

序号	石刻名称	刻石时间	作者	任职简况	书体	体式	现存状况	资料来源
29	散潭	民国二十年（1931）	欧阳渐	宜黄人		题记	山南王家坡碧龙潭	《庐山诗文金石广存》第571页
30	碧龙潭	民国二十年（1931）	刘一公	庐山管理局局长	楷书	题识	山南碧龙潭	《庐山历代石刻》第188页
31	碧龙潭题记	民国二十年（1931）	刘一公	同上	行书	题记	山南碧龙潭	《庐山石刻》第105页
32	总览群真	民国二十年（1931）	刘一公	同上	楷书	题识	山北仙人洞	《庐山石刻》第19页
33	黄龙潭题诗	民国二十一年（1932）	林尔嘉		楷书	题诗	山北黄龙潭	《庐山诗文金石广存》第570页
34	笑啼岩	民国二十一年（1932）	李宁斋	韩国人	楷书	题识	山南秀峰青玉峡	《庐山历代石刻》第191页

续表

序号	石刻名称	刻石时间	作者	任职简况	书体	体式	现存状况	资料来源
35	佛手岩题诗	民国二十一年（1932）	许世英			题诗	山北佛手岩	《庐山诗文金石广存》第564页
36	甘露池	民国壬申（1932）	刘一公	庐山管理局局长		题记	山南恩德岭	《庐山诗文金石广存》第570页
37	文殊岩/文殊古洞	民国二十二年（1933）秋天	许世英	民国政府官员	行楷	题识	山北天池寺	《庐山诗文金石广存》第568页
38	花径/花开山寺，咏留人间		许世英	同上	隶书	对联	山北花径	《庐山石刻》第90页
39	黄岩铭语	1933年	戴传贤	国民党中央宣传部部长，二十世纪三十年代居庐山	楷书	题识	山南黄岩瀑布	《庐山历代石刻》第199页

续表

序号	石刻名称	刻石时间	作者	任职简况	书体	体式	现存状况	资料来源
40	纵览飞云/豁然贯通	1933 年	马鸿炳	国民党将领	魏碑体	题识	山北仙人洞	《庐山历代石刻》第 204 页
41	气象万千	民国二十二年（1933）	李廷		隶书	题识	山北女儿城	《庐山石刻》第 102 页
42	秀峰七言题诗	1934 年	林秉周	国民党将领	楷书	题诗	山南秀峰寺双桂堂北崖壁	《庐山历代石刻》第 200 页
43	相望祖庭横额及对联一副	1934 年	丁士木		篆书	对联	山北天池寺	《庐山石刻》第 60 页
44	女儿城七言律诗	民国二十三年（1934）	王景岐		行书	题诗	山北女儿城	《庐山石刻》第 99 页
45	静观亭	民国时期	许世英	民国政府官员	行楷	题识	山北铁船峰	《庐山石刻》第 124 页
46	大林寺五言题诗	民国二十二年（1933）	马占山题，罗镜仁书，杨祥升镌	国民政府官员	楷书	题诗	山北大林寺	《庐山诗文金石广存》第 562 页

续表

序号	石刻名称	刻石时间	作者	任职简况	书体	体式	现存状况	资料来源
47	古狮子岩/清凉台	民国癸酉（1933）秋	吴宗慈			题识	山北天池寺	《庐山诗文金石广存》第568页
48	癸西年九月九日韩明悟李玉峰两大仙人志	民国二十二年（1933）	韩明悟、李玉峰		楷书	题记	山南五老峰	《庐山石刻》第112页
49	涌泉	1934年	林森	国民政府官员	行楷	题识	山北黄龙寺	《庐山石刻》第61页
50	五老峰五言题诗	1934年	林尔嘉		楷书	题诗	山南五老峰	《庐山石刻》第111页
51	庐顶	1934年	陈兴亚	国民党将领	楷书	题识	山南大汉阳峰	《庐山历代石刻》第197页
52	爱石	民国二十三年（1934）	江文汉、姚贤慧、刘良模、陈维姜立		楷书	题识	山北女儿城	《庐山石刻》第100页
53	明悟道人刻石	民国二十四年（1935）	明悟道人		行楷	古文	山南五老峰	《庐山石刻》第112页

续表

序号	石刻名称	刻石时间	作者	任职简况	书体	体式	现存状况	资料来源
54	英文石刻	1935 年	罗伊·奥尔古德	牯岭美国学校校长		公告	山南五老峰	《庐山石刻》第110页
55	观云台	民国二十四年（1935）	林尔嘉		楷书	题识	山南五老峰	《庐山石刻》第120页
56	七言律诗	民国二十五年（1936）	林尔嘉		楷书	题诗	山南五老峰	《庐山石刻》第109页
57	小屋	民国二十五年（1936）	林尔嘉		篆书，款行楷	题记	山南五老峰	《庐山石刻》第122页
58	七言绝句	民国二十五年（1936）	林尔嘉		隶书	题诗	山北铁船峰	《庐山石刻》第123页
59	为民前锋	民国二十六年（1937）	青年社成员		隶书	题识	山北女儿城	《庐山石刻》第100页
60	重修御碑亭记	民国二十六年（1937）	谭炳训	庐山管理局局长	楷书	记叙	山北仙人洞	《庐山石刻》第31页
61	月照松林	民国二十七年（1938）	冯祖树		楷书	题识	山北松树路	《庐山石刻》第79页

续表

序号	石刻名称	刻石时间	作者	任职简况	书体	体式	现存状况	资料来源
62	山叠千重	民国二十七年（1938）	俞味斋	江西保安团将领	行草	题记	山北松树路	《会讲故事的庐山石刻》第63页
63	贯注精神	1946年	王又新	三十年代任赣州督察专员	楷书	题识	山南秀峰龙潭	《庐山历代石刻》第202页
64	天池山	民国三十五年（1946）	款为庐山管理局		篆书	题识	山北好汉坡	《庐山石刻》第93页
65	泉石坚心	1947年	蓝世桓	湖北人	楷书	题记	山南秀峰青玉峡	《庐山历代石刻》第204页
66	美庐	1948年	蒋介石		行楷	题识	山北牯岭东谷	《庐山历代石刻》第196页
67	常乐我净	民国时期	李烈钧			题识	山北佛手岩	《庐山诗文金石广存》第564页
68	万古霄云	民国时期	蒋伏生	国民党将领	行书	题识	山南五老峰	《庐山历代石刻》第196页

续表

序号	石刻名称	刻石时间	作者	任职简况	书体	体式	现存状况	资料来源
69	五言诗	民国时期	林嘉尔			题诗	山北佛手岩	《庐山诗文金石广存》第564页
70	瀑布飞雷/响雪	民国时期	米霖	福州警备司令部司令	行书	题识	山南秀峰青玉峡	《庐山历代石刻》第203页
71	清且洁	民国时期	朱世贵题、赵鹤书	均为国民党官员	楷书	题识	山南秀峰龙潭	《庐山历代石刻》第203页
72	峭壁飞流	民国时期	史廷飏	福建省警察厅厅长	大篆	题识	山南秀峰青玉峡	《庐山历代石刻》第205页
73	一呼众应	民国时期			行书	题识	山北仙人洞	《庐山石刻》第10页
74	智仁勇	民国时期			楷书	题识	山北仙人洞	《庐山石刻》第11页
75	惟善为宝	民国时期			行楷	题识	山北仙人洞	《庐山石刻》第11页

续表

序号	石刻名称	刻石时间	作者	任职简况	书体	体式	现存状况	资料来源
76	天下为公	民国时期	周国华		楷书	题识	山北仙人洞	《庐山石刻》第14页
77	同舟共济	民国时期	胡小妹		楷书	题识	山北仙人洞	《庐山石刻》第18页
78	姑从此处寻踪迹；更有何年告太平	民国时期	陈伯年		草书	对联	山北仙人洞	《庐山石刻》第32页
79	四壁云山九江棹；一亭烟雨万壑松	民国时期	罗侠仙		草书	对联	山北仙人洞	《庐山石刻》第32页
80	龙角岩	民国时期			行书	题识	山北九十九盘古道	《庐山石刻》第33页
81	浴德	民国时期	相鹏林		篆书	题识	山北天池寺	《庐山石刻》第56页
82	飞石	民国时期	孙元良	国民党军官	隶书	题识	山南五老峰	《庐山石刻》第114页
83	痛饮黄龙	民国时期	孙元良	同上	隶书	题识	山北天池寺	《庐山石刻》第56页

续表

序号	石刻名称	刻石时间	作者	任职简况	书体	体式	现存状况	资料来源
84	婆罗长寿	民国时期			隶书	题识	山北黄龙寺	《庐山石刻》第63页
85	莫欲今生胜来世	民国时期			行书	题识	山北黄龙寺	《庐山石刻》第64页
86	道由心学	民国时期			行楷	题识	山北黄龙寺	《庐山石刻》第65页
87	百行孝当先	民国时期			行书	题识	山北黄龙寺	《庐山石刻》第68页
88	潜龙勿用	民国时期			行书	题识	山北黄龙寺	《庐山石刻》第68页
89	邓泽如君捐修	民国时期			行楷	题识	山北黄龙寺	《庐山石刻》第69页
90	性天同乐	民国时期			行楷	题识	山北黄龙寺	《庐山石刻》第71页
91	靳云鹗题刻	民国时期			行楷	题记	山北黄龙寺	《庐山石刻》第71页
92	道贯古今	民国时期			行楷	题识	山北黄龙寺	《庐山石刻》第72页

续表

序号	石刻名称	刻石时间	作者	任职简况	书体	体式	现存状况	资料来源
93	为善以为宝	民国时期			行书	题识	山北黄龙寺	《庐山石刻》第72页
94	乌龙潭	民国时期			行楷	题识	山北黄龙寺	《庐山石刻》第73页
95	南无阿弥陀佛	民国时期			行楷	题识	山北黄龙寺	《庐山石刻》第75页
96	善恶到头终有报；为因来早与来迟	民国时期			行书	题识	山北黄龙寺	《庐山石刻》第75页
97	天主堂界	民国时期			楷书	题识	山北松树路	《庐山石刻》第81页
98	文笔峰	民国时期			篆书	题识	山北花径	《庐山石刻》第84页
99	上帝爱人	民国时期			楷书	题识	山北好汉坡	《庐山石刻》第91页
100	神造天地	民国时期			楷书	题识	山北好汉坡	《庐山石刻》第91页

续表

序号	石刻名称	刻石时间	作者	任职简况	书体	体式	现存状况	资料来源
101	阿弥陀佛（三方）	民国时期			隶书	题识	山北好汉坡	《庐山石刻》第92、93页
102	好汉坡	民国时期			行书	题识	山北好汉坡	《庐山石刻》第94页
103	默祷泉	民国时期	雪潭山人		楷书	题识	山北剪刀峡	《庐山石刻》第94页
104	莲花山房	民国时期			篆书	题识	山北女儿城	《庐山石刻》第96页
105	晒衣石	民国时期			楷书	题识	山北女儿城	《庐山石刻》第99页
106	知所感	民国时期			楷书	题识	山北女儿城	《庐山石刻》第101页
107	惠我青年	民国时期			楷书	题识	山北女儿城	《庐山石刻》第102页
108	莲谷消夏社青年会由此路进	民国时期			楷书	路标	山北女儿城	《庐山石刻》第103页
109	天一公司	民国时期			楷书	题识	山北修静庵北	《庐山石刻》第104页

续表

序号	石刻名称	刻石时间	作者	任职简况	书体	体式	现存状况	资料来源
110	五老洞	民国时期	孙鹤皋、陈维新等		楷书	题识	山南五老峰	《庐山石刻》第111页
111	三逸乡	民国时期			隶书	题识	山北牯岭	《庐山石刻》第157页
112	廉泉	民国时期			楷书	题识	山北牯岭香山路	《庐山石刻》第158页
113	木鱼石	民国时期			楷书	题识	山北牯岭香山路	《庐山石刻》第158页

摩崖石刻（刻石时间待考）

序号	石刻名称	刻石时间	作者	任职简况	书体	体式	现存状况	资料来源
1	咏真洞天					题识	山北佛手岩	《庐山诗文金石广存》第564页
2	响泉／隐仙						山南卧龙潭	《庐山诗文金石广存》第581页

续表

序号	石刻名称	刻石时间	作者	任职简况	书体	体式	现存状况	资料来源
4	采声成曲		马□恩			题识	山南秀峰青玉峡	《庐山诗文金石广存》第586页
5	先贤书院/白鹿胜迹/景贤台		李时达			题识	山南白鹿洞书院	《庐山诗文金石广存》第576页
6	理学渊源		衡崖			题识	山南白鹿洞书院	《庐山诗文金石广存》第576页
7	海阔天空		湛若水			题识	山南白鹿洞书院	《庐山诗文金石广存》第576页
8	竹影疑踪	辛卯初冬	邓旭	翰林	篆书	题识	山南三叠泉	《庐山诗文金石广存》第571页

续表

序号	石刻名称	刻石时间	作者	任职简况	书体	体式	现存状况	资料来源
9	声光何幻		庄同宣			题识	山南三叠泉	《庐山诗文金石广存》第572页
10	可以窥天		庄回生			题识	山南三叠泉	《庐山诗文金石广存》第572页
11	日近云低		许世昌	侍御		题识	山南五老峰	《庐山诗文金石广存》第573页
12	去天五尺		方伯徐坦（烜）			题识	山南五老峰	《庐山诗文金石广存》第573页
13	天章云汉		会稽范秀		行书	题识	山南五老峰	《庐山石刻》第115页
14	闻谷洞					题识	山南五老峰	《庐山诗文金石广存》第573页

续表

序号	石刻名称	刻石时间	作者	任职简况	书体	体式	现存状况	资料来源
15	山谷幽奇		鲍正修	黔中		题识	山南白鹤观	《庐山诗文金石广存》第 574 页
16	黄芽洞					题识	山南白鹤观	《庐山诗文金石广存》第 574 页
17	参道处		陈蕴发			题识	山南白鹤观	《庐山诗文金石广存》第 574 页
18	山水辉光					题识	山南白鹿洞书院	《庐山诗文金石广存》第 575 页
19	源头 / 洗耳		永城书			题识	山南白鹿洞书院	《庐山诗文金石广存》第 575 页

续表

序号	石刻名称	刻石时间	作者	任职简况	书体	体式	现存状况	资料来源
20	悟说		嵩人			题识	山南白鹿洞书院	《庐山诗文金石广存》第575页
21	清如许		范□	主白鹿洞书院		题识	山南白鹿洞书院	《庐山诗文金石广存》第575页
22	洞门重开/洞门深锁		蔡可泉			题识	山南白鹿洞书院	《庐山诗文金石广存》第575页
23	仰思		穆相			题识	山南白鹿洞书院	《庐山诗文金石广存》第575页
24	源头活水/有本如是/义路/引人入胜		郭樏			题识	山南白鹿洞书院	《庐山诗文金石广存》第575页

续表

序号	石刻名称	刻石时间	作者	任职简况	书体	体式	现存状况	资料来源
25	踏实 / 入德津梁		陈琅	郡丞		题识	山南白鹿洞书院	《庐山诗文金石广存》第 575 页
26	在其中		安成邦			题识	山南白鹿洞书院	《庐山诗文金石广存》第 575 页
27	深心		沈琨	主白鹿洞书院		题识	山南白鹿洞书院	《庐山诗文金石广存》第 575 页
28	憩石挹飞泉					题识	山南王家坡碧龙潭	《庐山诗文金石广存》第 571 页
29	青莲谷		万松嵩		隶书	题识	山南青莲谷	《庐山石刻》第 117 页
30	闻公洞者在五老第五峰之巅，董工刘凤……					题记	山南青莲谷	《庐山诗文金石广存》第 571 页

续表

序号	石刻名称	刻石时间	作者	任职简况	书体	体式	现存状况	资料来源
31	吴楚雄关					题识	山南吴障岭	《庐山诗文金石广存》第570页
32	恩德岭					题识	山南恩德岭	《庐山诗文金石广存》第570页
33	慈石岩					题识	山北佛手岩	《庐山诗文金石广存》第564页
34	河山锦绣					题识	山北佛手岩	《庐山诗文金石广存》第564页
35	万笏面观					题识	山北佛手岩	《庐山诗文金石广存》第564页

续表

序号	石刻名称	刻石时间	作者	任职简况	书体	体式	现存状况	资料来源
36	区书					题识	山北佛手岩	《庐山诗文金石广存》第564页
37	讵可抱眠					题识	山北佛手岩	《庐山诗文金石广存》第564页
38	天在山中				行书	题识	山北佛手岩	《庐山诗文金石广存》第564页
39	竹林寺				非篆非隶	题识	山北佛手岩	《庐山诗文金石广存》第564页
40	竹林寺				隶书	题识	山北佛手岩	《庐山诗文金石广存》第565页

续表

序号	石刻名称	刻石时间	作者	任职简况	书体	体式	现存状况	资料来源
41	游仙石					题识	山北佛手岩	《庐山诗文金石广存》第565页
42	夏云				行楷	题识	山北佛手岩	《庐山石刻》第20页
43	颐性养寿					题识	山北佛手岩	《庐山诗文金石广存》第565页
44	重修仙人洞访仙亭记	辛未春月	南丰张履春			题记	山北佛手岩	《庐山诗文金石广存》第565页
45	天池					题识	山北九十九盘古道	《庐山诗文金石广存》第566页
46	梁昭明太子读书台		林天骏	推官		题识	山北天池寺	《庐山诗文金石广存》第568页

续表

序号	石刻名称	刻石时间	作者	任职简况	书体	体式	现存状况	资料来源
47	龙首岩	五月二六日	"平山高"			题识	山北天池寺	《庐山诗文金石广存》第568页
48	称物／平施				楷书	题识	山北天池寺	《庐山诗文金石广存》第569页；《庐山石刻》第54页
49	掷笔峰戒坛					题识	山北掷笔峰	《庐山诗文金石广存》第569页
50	文殊摄化神龙之宫					题识	山北神龙宫	《庐山诗文金石广存》第569页
51	阿弥陀佛						山南黄岩寺	《庐山诗文金石广存》第586页

续表

序号	石刻名称	刻石时间	作者	任职简况	书体	体式	现存状况	资料来源
52	无极而太极		苏轼				山南黄岩寺	《庐山诗文金石广存》第586页
53	银河天泻					题识	山南玉帘泉	《庐山诗文金石广存》第589页
54	玉帘吐花		岳峻山、劳用宏、杨德洵等			题识	山南玉帘泉	《庐山诗文金石广存》第589页
55	右军墨池		笪重光			题识	山南玉帘泉	《庐山诗文金石广存》第590页
56	仙槎					题识	山南虎爪崖北	《庐山诗文金石广存》第590页

续表

序号	石刻名称	刻石时间	作者	任职简况	书体	体式	现存状况	资料来源
57	醉仙濯缨之池					题识	山南濯缨池左侧	《庐山诗文金石广存》第590页
58	五言绝句				行书	题诗	山南濯缨池	《庐山诗文金石广存》第590页
59	张贯道葛道济同游					题记	山南濯缨池右石壁	《庐山诗文金石广存》第590页
60	天生自然					题识	山南黄龙山	《庐山诗文金石广存》第591页
61	小醉石					题识	山南黄龙山	《庐山诗文金石广存》第591页

续表

序号	石刻名称	刻石时间	作者	任职简况	书体	体式	现存状况	资料来源
62	且听		间詹,或作释超渊书			题识	山南秀峰龙潭	《庐山诗文金石广存》第585页
63	忘归		马世德			题识	山南秀峰青玉峡	《庐山诗文金石广存》第585页
64	净念		方域	闽中人		题识	山南秀峰青玉峡	《庐山诗文金石广存》第585页
65	似我		金廷对			题识	山南秀峰青玉峡	《庐山诗文金石广存》第585页
66	煮雪		张汧	督粮使者		题识	山南秀峰青玉峡	《庐山诗文金石广存》第585页

续表

序号	石刻名称	刻石时间	作者	任职简况	书体	体式	现存状况	资料来源
67	响雪		朱燮			题识	山南秀青玉峡	《庐山诗文金石广存》第585页
68	似雪		黄御六			题识	山南秀峰青玉峡	《庐山诗文金石广存》第585页
69	再来		叶玑□			题识	山南秀峰青玉峡	《庐山诗文金石广存》第585页
70	泠然		臧眉锡			题识	山南秀峰青玉峡	《庐山诗文金石广存》第585页
71	可语		海文			题识	山南秀峰青玉峡	《庐山诗文金石广存》第585页

续表

序号	石刻名称	刻石时间	作者	任职简况	书体	体式	现存状况	资料来源
72	飞涛					题识	山南秀峰青玉峡	《庐山诗文金石广存》第585页
73	独立		马世忠			题识	山南秀峰青玉峡	《庐山诗文金石广存》第585页
74	住劫友		湛持			题识	山南秀峰青玉峡	《庐山诗文金石广存》第585页
75	吾羡清流		蓝煦			题识	山南秀峰青玉峡	《庐山诗文金石广存》第585页
76	寺立泉流		马世荣	三河人		题识	山南秀峰青玉峡	《庐山诗文金石广存》第586页

续表

序号	石刻名称	刻石时间	作者	任职简况	书体	体式	现存状况	资料来源
77	不是人间		赵延（廷）普			题识	山南秀峰青玉峡	《庐山诗文金石广存》第586页
78	泉自何来		王用霖			题识	山南秀峰青玉峡	《庐山诗文金石广存》第586页
79	青玉峡题诗		朱鸿渐			题诗	山南秀峰青玉峡	《庐山诗文金石广存》第584页
80	无容下语		施闰章			题识	山南三叠泉	《庐山诗文金石广存》第572页
81	小三级泉		邵长蘅			题识	山南三叠泉	《庐山诗文金石广存》第572页

续表

序号	石刻名称	刻石时间	作者	任职简况	书体	体式	现存状况	资料来源
82	无书自在亭					题识	山南三叠泉	《庐山诗文金石广存》第572页
83	中太六王沅吕生堂帅王竹沅残刻					题记	山南三叠泉	《庐山诗文金石广存》第572页
84	颢时太守涂士懋僧定曜					题记	山南三叠泉	《庐山诗文金石广存》第572页
85	云山韶护		王思训			题识	山南秀峰青玉峡	《庐山诗文金石广存》第584页
86	听泉					题识	山南白鹿洞书院	《庐山诗文金石广存》第575页

续表

序号	石刻名称	刻石时间	作者	任职简况	书体	体式	现存状况	资料来源
87	山高水长		范礽			题识	山南秀峰青玉峡	《庐山诗文金石广存》第584页
88	游开先寺诗		刘廷诰		行书	题诗	山南秀峰	《庐山诗文金石广存》第583页
89	五言律诗		吴国伦			题诗	山南秀峰	《庐山诗文金石广存》第583页
90	约我		王景廉			题识	山南秀峰青玉峡	《庐山诗文金石广存》第585页
91	万流归一		殷孟九			题识	山南栖贤谷观音桥	《庐山诗文金石广存》第579页

续表

序号	石刻名称	刻石时间	作者	任职简况	书体	体式	现存状况	资料来源
92	上古之一石尺					题识	山南栖贤谷观音桥	《庐山诗文金石广存》第 579 页
93	品机处		黄汉丞			题识	山南栖贤谷玉渊潭	《庐山诗文金石广存》第 577 页
94	洗墨池		邵二泉			题识	山南秀峰读书台下	《庐山诗文金石广存》第 581 页
95	仙径				楷书	题识	山北仙人洞	《庐山石刻》第 8 页
96	天泉洞				行书	题识	山北仙人洞	《庐山石刻》第 9 页
97	咏证洞天				篆书	题识	山北仙人洞	《庐山石刻》第 9 页
98	静善泉		季敬		行书	题识	山北仙人洞	《庐山石刻》第 9 页

续表

序号	石刻名称	刻石时间	作者	任职简况	书体	体式	现存状况	资料来源
99	游目骋怀		沈浩		行草	题识	山北仙人洞	《庐山石刻》第12页
100	寒山可语				行楷	题识	山北仙人洞	《庐山石刻》第12页
101	落磊				行楷	题识	山北仙人洞	《庐山石刻》第21页
102	夏子晏坐处				行书	题识	山北仙人洞	《庐山石刻》第22页
103	观妙亭/山川吐纳开灵镜/文轨交通乐太平				隶书	对联	山北仙人洞	《庐山石刻》第31页
104	天池山				楷书	题识	山北来龙埂	《庐山石刻》第34页
105	万丈锦崖				隶书	题识	山北九十九盘古道	《庐山石刻》第35页
106	大天池山				行楷	题识	山北九十九盘古道	《庐山石刻》第38页

续表

序号	石刻名称	刻石时间	作者	任职简况	书体	体式	现存状况	资料来源
107	大天池山				行楷	题识	山北九十九盘古道	《庐山石刻》第39页
108	南京礼社南昌安文辉俸十两修路五百丈祈告				行书	记叙	山北九十九盘古道	《庐山石刻》第41页
109	观音菩萨				楷书	题识	山北九十九盘古道	《庐山石刻》第44页
110	南无佛				行书	题识	山北九十九盘古道	《庐山石刻》第45页
111	星壑／凭虚				行书	题识	山北天池寺	《庐山石刻》第53页
112	"溪声十里"七言绝句				楷书	题诗	山北黄龙寺	《庐山石刻》第62页
113	静听		孙元家		楷书	题识	山北黄龙寺	《庐山石刻》第69页
114	龙泉		杨□豕		篆书	题识	山北黄龙寺	《庐山石刻》第70页

续表

序号	石刻名称	刻石时间	作者	任职简况	书体	体式	现存状况	资料来源
115	枕流		杨□民		行楷	题识	山北黄龙寺	《庐山石刻》第70页
116	松花香				行书	题识	山北松树路	《庐山石刻》第82页
117	松涛虎啸				行书	题识	山北松树路	《庐山石刻》82页
118	花径				楷书	题识	山北花径	《庐山石刻》第84页
119	竹双				隶书	题识	山北修静庵南	《庐山石刻》第104页
120	湖山一目				楷书	题识	山南碧龙潭	《庐山石刻》第107页
121	壮观		杨□舟		隶书	题识	山南五老峰	《庐山石刻》第113页
122	众诃				行草	题识	山南五老峰	《庐山石刻》第114页
123	匡庐秀甲海内等字				行楷	古文	山南五老峰	《庐山石刻》第116页

续表

序号	石刻名称	刻石时间	作者	任职简况	书体	体式	现存状况	资料来源
124	月白风清				楷书	题识	山南青莲谷	《庐山石刻》第119页
125	足蔽风雨				行书	题识	山南五老峰五老洞	《庐山石刻》第121页
126	卧云石		叶百谐		行楷双勾	题识	山南碧云庵	《庐山石刻》第128页
127	静石		"自心上人"		隶书双勾	题识	山北牯岭	《庐山石刻》第161页
128	礼斗石七言绝句		李□荣			题诗	山南简寂观	《庐山名胜石刻》第91页
129	理学渊源					题识	山南白鹿洞书院	《庐山名胜石刻》第97页
130	山浪				飞白体	题识	山南观音桥	《庐山名胜石刻》第100页
131	对联：枯木云留迹；瓜生月播烟		张崒阳			对联	山南木瓜洞	《庐山名胜石刻》第109页

续表

序号	石刻名称	刻石时间	作者	任职简况	书体	体式	现存状况	资料来源
132	太极池		地骨子			题识	山南木瓜洞	《庐山名胜石刻》第109页
133	金石同				楷书	题识	山南女儿城	《会讲故事的庐山石刻》第80页
134	如沦灵泉				楷书	题识	山南女儿城	《会讲故事的庐山石刻》第80页
135	秀山				行书	题识	龙潭往秀峰瀑布路边	笔者实地考察
136	柏寿				行楷	题识	龙潭往秀峰瀑布路边	笔者实地考察

三、庐山唐代至民国时期碑刻目录

唐代碑刻：

序号	石刻名称	刻石时间	作者	任职简况	书体艺术	体式	现存状况	资料来源
1	复东林寺碑	唐开元十九年（731）	李邕		行楷	记叙	原在东林寺，现存星子县（今属庐山市）文物管理所	《庐山历代石刻》第1页
2	《大唐中兴颂》有序	唐代宗大历六年（771）	元结撰文，颜真卿书		楷书	记叙	山南秀峰读书台下	《庐山历代石刻》第2页
3	柳公权残碑	唐大中十一年（857）	柳公权		楷书	古文	山北东林寺	《庐山石刻》第151页

宋代碑刻：

序号	石刻名称	刻石时间	作者	任职简况	书体艺术	体式	现存状况	资料来源
1	宋故寿安县君钱氏墓志铭	北宋	曾巩撰文，夏希道书	曾巩南丰人，夏希道熙宁年间知南康军	行楷	墓志	原星子县文物管理所	《庐山历代石刻》第20页

续表

序号	石刻名称	刻石时间	作者	任职简况	书体艺术	体式	现存状况	资料来源
2	尚书屯田员外郎致仕刘凝之府君墓志铭	北宋元丰年间	李常撰文，路京书	李常曾任江州判官，路京元丰年间知南康军	楷书	墓志	原星子县文物管理所	《庐山历代石刻》第22页
3	《解嘲》释注碑	北宋	苏颂	官至刑部尚书	行书	古文	原星子县文物管理所	《庐山历代石刻》第24页
4	金佛宝殿		宋仁宗			题识	山南万杉寺	《东林大佛话净土》第19页
5	《陆象山白鹿洞书院讲义》	淳熙八年（1181）	朱熹	知南康军		古文	山南白鹿洞书院	《庐山诗文金石广存》第529页
6	《白鹿洞赋》	淳熙九年（1182）	朱熹	同上		古文	山南白鹿洞书院	《庐山诗文金石广存》第529页
7	白鹿洞诗碑		米芾	官至礼部员外郎		古诗	山南白鹿洞书院	《庐山诗文金石广存》第529页

元代碑刻：

序号	石刻名称	刻石时间	作者	任职简况	书体艺术	体式	现存状况	资料来源
1	书白居易《庐山草堂记》	元	赵孟頫	官至翰林学士承旨	行楷	古文		《庐山历代石刻》第62页
2	铁线观音像	元泰定二年（1325）	释师大	泰定年间开先寺住持		碑刻画	山南秀峰	《庐山历代石刻》第65页
3	《游白鹿洞记》	元顺帝十六年（1367）	王祎			古文	山南白鹿洞书院	《庐山诗文金石广存》第530页

明代碑刻：

序号	石刻名称	刻石时间	作者	任职简况	书体艺术	体式	现存状况	资料来源
1	周颠仙人碑	明太祖时期	朱元璋	明朝开国皇帝	篆额楷书	古文	山北御碑亭	《庐山诗文金石广存》第521页

续表

序号	石刻名称	刻石时间	作者	任职简况	书体艺术	体式	现存状况	资料来源
2	《重修书院记》	明正统三年（1439）	胡俨	国子祭酒		古文	山南白鹿洞书院	《庐山诗文金石广存》第530页
3	《重建白鹿洞书院记》	明正统七年（1444）	胡俨	同上	楷书	记叙	山南白鹿洞书院	《白鹿洞书院碑刻摩崖选集》第1页
4	《重修白鹿洞书院记》	明成化二年（1465）	李龄	天顺六年（1462）为江西按擦司金事	楷书	记叙	山南白鹿洞书院	《白鹿洞书院碑刻摩崖选集》第2页
5	《重修白鹿洞书院记》	明成化二年（1465）	李贤	吏部尚书	楷书	记叙	山南白鹿洞书院	《白鹿洞书院碑刻摩崖选集》第4页
6	龙潭题记	弘治二年（1489）	邵宝	弘治年间任江西提学副使	楷书	题记	山南秀峰龙潭	《庐山历代石刻》第85页

续表

序号	石刻名称	刻石时间	作者	任职简况	书体艺术	体式	现存状况	资料来源
7	《白鹿洞学田记》	弘治十二年（1499）	娄性	弘治十一年赴白鹿洞掌教	楷书	古文	山南白鹿洞书院	《白鹿洞书院碑刻摩崖选集》第84页
8	《白鹿洞书院宗儒祠记》	正德六年（1511）	李梦阳	江西提学副使	楷书	古文	山南白鹿洞书院	《白鹿洞书院碑刻摩崖选集》第24页
9	《宿白鹿洞书院》	正德十三年（1518）	屠侨	御史	楷书	题诗	山南白鹿洞书院	《白鹿洞书院碑刻摩崖选集》第96页
10	《修道说》/《中庸》古本/《大学》古本序/《大学》古本	正德十三年（1518）	王阳明	明正德年间十一年擢右佥都御史，巡抚南康、赣州	行楷	古文	山南白鹿洞书院	《庐山历代石刻》第76页

续表

序号	石刻名称	刻石时间	作者	任职简况	书体艺术	体式	现存状况	资料来源
11	记功碑	正德十五年（1520）	王阳明	明正德年间十一年擢右金都御史，巡抚南康、赣州	行楷	记叙	山南秀峰读书台下	《庐山历代石刻》第74页
12	《游东林寺诗》	正德庚辰年（1520）	王阳明	同上	行草	题诗	山北东林寺	《庐山历代石刻》第78页
13	《白鹿书院劄付》	正德十六年（1521）	唐龙	官至刑部尚书、吏部尚书	篆额宋楷	古文	山南白鹿洞书院	《白鹿洞书院碑刻摩崖选集》第78页
14	《谒白鹿书院次阳明先生韵》	正德辛巳年（1521）	朱节		楷书	题诗	山南白鹿洞书院	《白鹿洞书院碑刻摩崖选集》第98页
15	白鹿洞诗	明正德年间	任维贤	江西佥事	行楷	题诗	山南白鹿洞书院	《庐山历代石刻》第94页

续表

序号	石刻名称	刻石时间	作者	任职简况	书体艺术	体式	现存状况	资料来源
16	锦涧桥记	明正德年间	柳邦杰			记叙	山北锦涧桥	《庐山诗文金石广存》第520页
17	《白鹿洞即事》	明正德年间	王纶	正德年间迁右副都御史巡抚湖广	行楷	题诗	山南白鹿洞书院	《庐山历代石刻》第109页
18	《弘治辛亥同南康郡守诸公游白鹿洞谨次太史张东白先生韵》	明弘治辛亥年（1491）	周瑛	四川参政，进右布政使	楷书	题诗	山南白鹿洞书院	《白鹿洞书院碑刻摩崖选集》第97页
19	《宗儒祠记》	明嘉靖二年（1523）	杨廉撰文，周广书	周广在江西为官多年	楷书	古文	山南白鹿洞书院	《庐山历代石刻》第80页
20	白鹿洞书院题诗	明嘉靖七年（1528）	严时泰	南康知府	行草	题诗	山南白鹿洞书院	《庐山历代石刻》第95页

续表

序号	石刻名称	刻石时间	作者	任职简况	书体艺术	体式	现存状况	资料来源
21	《游白鹿洞书院次韵得诗二首》	明嘉靖七年（1528）	卢襄	官至兵部郎中，嘉靖七年游庐山	楷书	题诗	山南白鹿洞书院	《白鹿洞书院碑刻摩崖选集》第96页
22	《白鹿洞赋奉次文公先生韵》	嘉靖十二年（1533）	高公		行草	题诗	山南白鹿洞书院	《白鹿洞书院碑刻摩崖选集》第98页
23	《过白鹿洞自题一首》	嘉靖十六年（1537）	陈襄		行书	题诗	山南白鹿洞书院	《白鹿洞书院碑刻摩崖选集》第99页
24	白鹿洞诗	嘉靖十七年（1538）	涂相	南昌人，任广东金事	草书	题诗	山南白鹿洞书院	《庐山历代石刻》第98页
25	陶靖节祠祝文	明嘉靖十七年（1538）	陶亨	陶渊明四十一代孙		祝文	山南面阳山陶靖节祠与墓	《庐山诗文金石广存》第555页

续表

序号	石刻名称	刻石时间	作者	任职简况	书体艺术	体式	现存状况	资料来源
26	白鹿洞七言律诗	明嘉靖十八年（1539）	苏祐	嘉靖十八年前后任江西提学副使	行草	题诗	山南白鹿洞书院	《庐山历代石刻》第87页
27	白鹿洞五言律诗	明嘉靖十九年（1540）	杨绍芳	江西按察副使，嘉靖十九年视学白鹿洞书院	行楷	题诗	山南白鹿洞书院	《历代庐山石刻》第101页
28	五言律诗	嘉靖壬寅（1542）春二月	王梃	嘉靖二十年（1541）至庐山白鹿洞讲学	行书	题诗	山南白鹿洞书院	《庐山诗文金石广存》第556页
29	《重兴白鹿洞记》	嘉靖二十三年（1544）	郑守道	嘉靖二十三年主白鹿洞	楷书	古文	山南白鹿洞书院	《白鹿洞书院碑刻摩崖选集》第5页
30	《二贤洞教》	嘉靖戊申年（1548）	冯元	主白鹿洞书院	楷书	古文	山南白鹿洞书院	《白鹿洞书院碑刻摩崖选集》第42页

续表

序号	石刻名称	刻石时间	作者	任职简况	书体艺术	体式	现存状况	资料来源
31	《明林隐禅师墓铭》	嘉靖二十八年（1549）	朱厚焜			墓志	山北上大林寺	《庐山诗文金石广存》第520页
32	《谒洞》/《秋祭》两首七言律诗	嘉靖三十一年（1552）	汪伊	任南康府同知	行楷	题诗	山南白鹿洞书院	《庐山历代石刻》第110页
33	《游白鹿洞》	嘉靖三十一年（1552）	萧端蒙	晚年巡按江西	行楷	题诗	山南白鹿洞书院	《庐山历代石刻》第112页
34	《重修白鹿洞书院记》	明嘉靖三十五年（1556）	能俸	官至山东按察司副使	楷书	古文	山南白鹿洞书院	《白鹿洞书院碑刻摩崖选集》第6页
35	《饶宗藩白鹿洞义田记》	明嘉靖三十五年（1556）	邹守益	国子祭酒	行楷	记叙	山南白鹿洞书院	《白鹿洞书院碑刻摩崖选集》第86页

续表

序号	石刻名称	刻石时间	作者	任职简况	书体艺术	体式	现存状况	资料来源
36	《大明宗室养士田记》	明嘉靖三十五年（1556）	敖铣	国子祭酒	篆额隶书	古文	山南白鹿洞书院	《白鹿洞书院碑刻摩崖选集》第87页
37	《游白鹿洞一首》、《次魏槐川韵一首》七言律诗	明嘉靖三十七年（1558）	王希烈	嘉靖三十七年九月来游庐山	行书为主，兼有章草	题诗	山南白鹿洞书院	《庐山历代石刻》第11页
38	《游洞中十四景记》	明嘉靖己未年（1559）	胡淑道	掌白鹿洞书院教事	楷书	题诗	山南白鹿洞书院	《白鹿洞书院碑刻摩崖选集》第102页
39	《次敬所先生朋来亭韵》	明嘉靖己未年（1559）	万言		行书	题诗	山南白鹿洞书院	《白鹿洞书院碑刻摩崖选集》第104页

续表

序号	石刻名称	刻石时间	作者	任职简况	书体艺术	体式	现存状况	资料来源
40	《游白鹿洞次阳明先生韵》、《白鹿洞次晦翁先生韵五首》	明嘉靖三十九年（1560）	高旸	湖北人	楷书	题诗	山南白鹿洞书院	《庐山历代石刻》第116页
41	《白鹿洞用韵示诸生》	明嘉靖四十年（1561）	黄国卿	嘉靖四十年为江西提学副使	行书	题诗	山南白鹿洞书院	《庐山历代石刻》第105页
42	《白鹿洞续讲》	明嘉靖乙丑年（1565）	王畿	武选郎中，王阳明高足	行楷	古文	山南白鹿洞书院	《白鹿洞书院碑刻摩崖选集》第48页
43	《入白鹿洞游眺》	嘉靖年间（1522—1566）	陆深	官至詹事府詹事	行书	题诗	山南白鹿洞书院	《庐山历代石刻》第81页
44	白鹿洞七言绝句	明嘉靖年间（1522—1566）	王俸	官至御史	行楷	题诗	山南白鹿洞书院	《庐山历代石刻》第131页

续表

序号	石刻名称	刻石时间	作者	任职简况	书体艺术	体式	现存状况	资料来源
45	游仙石	明嘉靖年间（1522—1566）	钱全志	东莞人	行书	题识	山北仙人洞	《庐山石刻》第14页
46	七言绝句诗	明嘉靖年间（1522—1566）	钱全志	同上	行书	题诗	山北仙人洞	《庐山石刻》第15页
47	白鹿洞七言律诗	明嘉靖后期	胡松	江西巡抚都御史	楷书含有篆书笔意	题诗	山南白鹿洞书院	《庐山历代石刻》第96页
48	游白鹿洞歌	明万历九年（1581）	紫霞真人		行草	题诗	山南白鹿洞书院	《庐山历代石刻》第103页
49	千岩竞秀，万壑争流	万历十一年（1583）	宋儒	万历初年任九江府通判	隶书双勾	题识	山南秀峰青玉峡	《庐山历代石刻》第118页
50	《惺查先生语录》	明万历十二年（1584）	史桂芳	两浙监运使	楷书	古文	山南白鹿洞书院	《白鹿洞书院碑刻摩崖选集》第50页

续表

序号	石刻名称	刻石时间	作者	任职简况	书体艺术	体式	现存状况	资料来源
51	秀峰港诗七言绝句	明万历十三年（1585）	陈经	万历年间任星子知县	行书	题诗	山南秀峰港水沟旁	《庐山历代石刻》第83页
52	明神宗护藏敕／明神宗新刊续入藏经序／圣母印施佛藏经赞	明万历十四年（1586）	明神宗，顾云程立石	顾云程为江西提刑按察司		古文	山南黄龙寺	《庐山诗文金石广存》第523页
53	《白鹿洞示诸生》	明万历丁亥年（1587）	沈九畴		行书	题诗	山南白鹿洞书院	《白鹿洞书院碑刻摩崖选集》第106页
54	《白鹿洞重修庙宇记》	明万历十九年（1591）	张位	官至吏部尚书	楷书	记叙	山南白鹿洞书院	《白鹿洞书院碑刻摩崖选集》第8页

续表

序号	石刻名称	刻石时间	作者	任职简况	书体艺术	体式	现存状况	资料来源
55	《游白鹿洞记》	明万历癸卯年（1603）	于孔兼	礼部仪制郎中	篆额楷书	古文	山南白鹿洞书院	《白鹿洞书院碑刻摩崖选集》第94页
56	《高美亭》	明万历年间（1573—1620）	袁汝萃	曾任四川布政司参议	草书	题诗	山南白鹿洞书院	《庐山历代石刻》第129页
57	《李公去思碑记》	天启四年（1624）	熊德扬	县知事	仿宋体	古文	山南白鹿洞书院	《白鹿洞书院碑刻摩崖选集》第60页
58	《同梁悬黎廉宪游白鹿洞》	明天启五年（1625）	韩光祐	江西都察院右佥都御史	楷书	题诗	山南白鹿洞书院	《庐山历代石刻》第123页
59	书欧阳修《鹎鶋词》	明	董其昌	官至礼部尚书	草书	题诗	原星子县文物管理所	《庐山历代石刻》第122页

续表

序号	石刻名称	刻石时间	作者	任职简况	书体艺术	体式	现存状况	资料来源
60	《重建庐山东林寺神运殿碑铭》	明崇祯十三年（1640）	寂融	东林寺住持	楷书	记叙	山北东林寺	《庐山诗文金石广存》第514页
61	《主洞廖侯去思记》	明崇祯十六年（1643）	余忠宸		楷书	古文	山南白鹿洞书院	《白鹿洞书院碑刻摩崖选集》第62页
62	白鹿洞书院诗	明	王承至	陕西人	行书	题诗	山南白鹿洞书院	《庐山历代石刻》第108页
63	摹钟繇《力命表》	明	僧人	归宗寺	行楷	古文	原星子县文物管理所	《庐山历代石刻》第120页
64	摹米芾《蒋永仲帖》	明	僧人	归宗寺	行书	古文	原星子县文物管理所	《庐山历代石刻》第121页
65	先贤书院	明	李时达		行楷	题识	山南白鹿洞书院	《庐山石刻》第130页

清代碑刻：

序号	石刻名称	刻石时间	作者	任职简况	书体艺术	体式	现存状况	资料来源
1	广长舌	顺治三年（1646）后	薛胤隆	顺治三年（1646）进士，后任南康知府	楷书	题识	山南秀峰龙潭	《庐山历代石刻》第138页
2	《重修白鹿洞文会堂记》	顺治八年（1651）	胡淑寅	南康府推官	楷书	古文	山南白鹿洞书院	《白鹿洞书院碑刻摩崖选集》第23页
3	惊涛怒浪	顺治十年（1653）仲夏	魏裔界	官至礼部尚书	楷书	题识	山南秀峰青玉峡	《庐山历代石刻》第133页
4	白鹿洞诗七言律诗	顺治十一年（1654）	龚蓍锡	江西守备道，建昌知府	行书	题诗	山南白鹿洞书院	《庐山历代石刻》第139页
5	《少司马大中丞蔡公重兴白鹿洞碑记》	顺治十一年（1654）十一月	熊维典	白鹿洞书院山长	楷书	记叙	山南白鹿洞书院	《白鹿洞书院碑刻摩崖选集》第9页

续表

序号	石刻名称	刻石时间	作者	任职简况	书体艺术	体式	现存状况	资料来源
6	《重修白鹿洞书院》	顺治十二年（1655）二月	蔡士英	江西巡抚	楷书	记叙	山南白鹿洞书院	《白鹿洞书院碑刻摩崖选集》第10页
7	《重建宗儒堂记》	顺治十八年（1661）	朱雅淳	南康府推官，主白鹿洞事	楷书	古文	山南白鹿洞书院	《白鹿洞书院碑刻摩崖选集》第27页
8	《康熙丁巳岁十月甲子升白鹿洞彝伦梁垚雨霁口占咏怀》	康熙十六年（1677）	伦品卓	南康知府	行书	题诗	山南白鹿洞书院	《白鹿洞书院碑刻摩崖选集》第108页
9	《康熙丁巳十月从宣明伦公游白鹿洞有引》	康熙十六年（1677）	曹大护		楷书	题诗	山南白鹿洞书院	《白鹿洞书院碑刻摩崖选集》第109页

续表

序号	石刻名称	刻石时间	作者	任职简况	书体艺术	体式	现存状况	资料来源
10	《朱子洞规》	康熙二十一年（1682）	朱熹撰文，许延珣立		楷书	古文	山南白鹿洞书院	《白鹿洞书院碑刻摩崖选集》第38页
11	游白鹿洞诗	康熙二十五年（1686）	周昌		楷书	题诗	山南白鹿洞书院	《庐山历代石刻》第156页
12	《御书阁碑记》	康熙二十五年（1686）	安世鼎撰文；周灿刻石	江西巡抚；南康知府	楷书	古文	山南白鹿洞书院	《白鹿洞书院碑刻摩崖选集》第22页
13	《白鹿书院四首》	康熙丁丑年（1697）	刘其藻		行楷	题诗	山南白鹿洞书院	《白鹿洞书院碑刻摩崖选集》第111页
14	《文公朱子专祠碑记》	康熙四十年（1701）	张象文	南康知府	楷书	古文	山南白鹿洞书院	《白鹿洞书院碑刻摩崖选集》第21页

续表

序号	石刻名称	刻石时间	作者	任职简况	书体艺术	体式	现存状况	资料来源
15	书江淹诗	康熙四十二年（1703）	康熙		行书	题诗	山南秀峰读书台上	《庐山历代石刻》第151页
16	《原泉亭记》	康熙四十三年（1704）	干建邦	白鹿洞山长	楷书	古文	山南白鹿洞书院	《白鹿洞书院碑刻摩崖选集》第31页
17	秀峰寺	康熙四十七年（1708）	康熙		楷书	题识	山南秀峰	《庐山历代石刻》第152页
18	洒松雪	康熙四十七年（1708）	爱新觉罗·胤礽		行书	题识	山南秀峰	《庐山历代石刻》第153页
19	《郡伯刘公教思碑记》	康熙四十七年（1708）	熊士伯	南康府教授	楷书	古文	山南白鹿洞书院	《白鹿洞书院碑刻摩崖选集》第64页

续表

序号	石刻名称	刻石时间	作者	任职简况	书体艺术	体式	现存状况	资料来源
20	《鹿洞公建冀公讲堂碑记》	康熙五十年（1711）	李凤翥	官至兵部侍郎	楷书	记叙	山南白鹿洞书院	《白鹿洞书院碑刻摩崖选集》第28页
21	白鹿洞七言诗	康熙五十一年（1712）	郎廷极	江西巡抚兼理两江总督	楷书	题诗	山南白鹿洞书院	《历代庐山石刻》第158页
22	《详请广额碑记》	康熙五十一年（1712）	原敬	康熙五十一年主讲白鹿洞书院	楷书	古文	山南白鹿洞书院	《白鹿洞书院碑刻摩崖选集》第78页
23	《重修白鹿洞书院记》	康熙五十三年（1714）	冀霖	康熙五十年为江西提学道	楷书	记叙	山南白鹿洞书院	《白鹿洞书院碑刻摩崖选集》第12页
24	《督学冀公祠田碑记》	康熙五十三年（1714）	熊士伯	南康府学教授	楷书	记叙	山南白鹿洞书院	《白鹿洞书院碑刻摩崖选集》第90页

续表

序号	石刻名称	刻石时间	作者	任职简况	书体艺术	体式	现存状况	资料来源
25	《郡伯叶侯教思碑记》	康熙五十八年（1719）	李凤翥	官至兵部侍郎	篆额楷书	古文	山南白鹿洞书院	《白鹿洞书院碑刻摩崖选集》第66页
26	《金溪王夫子掌教白鹿洞书院碑记》	雍正七年（1729）	储大文撰文	翰林院庶吉士	楷书	古文	山南白鹿洞书院	《白鹿洞书院碑刻摩崖选集》第80页
27	《郡伯董大公祖白鹿洞书院教士记》	雍正八年（1730）	干运昌	雍正举人	楷书	古文	山南白鹿洞书院	《白鹿洞书院碑刻摩崖选集》第69页
28	书周敦颐《爱莲说》	雍正年间	雍正		行楷	题诗		《庐山历代石刻》第160页
29	《陶靖节先生墓志》	乾隆元年（1735）	陶渊明四十一代裔孙等立			墓志	山南面阳山陶靖节祠与墓	《庐山诗文金石广存》第554页

续表

序号	石刻名称	刻石时间	作者	任职简况	书体艺术	体式	现存状况	资料来源
31	《朱子白鹿洞教条》	乾隆三年（1737）	朱熹撰文；董文伟，冯淳等立	董文伟，南康郡守；冯淳，星子县尹	楷书	古文	山南白鹿洞书院	《白鹿洞书院碑刻摩崖选集》第36页
32	《登庐山白鹿洞谒朱子庙》	乾隆辛酉年（1741）	商盘	云南元江知府	楷书	题诗	山南白鹿洞书院	《白鹿洞书院碑刻摩崖选集》第113页
34	《登庐山白鹿洞谒朱子庙》	乾隆辛酉年（1741）	吴燝文	浙江山阴人	楷书	题诗	山南白鹿洞书院	《白鹿洞书院碑刻摩崖选集》第114页
35	《游白鹿洞》	乾隆癸亥年（1743）	雷鋐	官至左副都御史	楷书	题诗	山南白鹿洞书院	《白鹿洞书院碑刻摩崖选集》第115页

续表

序号	石刻名称	刻石时间	作者	任职简况	书体艺术	体式	现存状况	资料来源
36	《参政李公修复白鹿洞书院记》	乾隆十年（1745）	靖道谟	乾隆九年巡抚江西，为白鹿洞洞主	楷书	古文	山南白鹿洞书院	《白鹿洞书院碑刻摩崖选集》第13页
37	《陈大中丞讲义》	乾隆十年（1745）	陈弘谋	官至工部尚书	楷书	古文	山南白鹿洞书院	《白鹿洞书院碑刻摩崖选集》第52页
38	《南康太守赵公教思碑记》	乾隆十三年（1748）	熊直宋	白鹿洞书院洞主	篆额楷书	古文	山南白鹿洞书院	《白鹿洞书院碑刻摩崖选集》第68页
39	《励学约言小引》	乾隆十七年（1752）	魏定国	吏部侍郎	楷书	古文	山南白鹿洞书院	《白鹿洞书院碑刻摩崖选集》第83页
40	《魏慎齐夫子讲义》	乾隆十八年（1753）	白鹿洞书院诸生立，况文达刻		楷书	古文	山南白鹿洞书院	《白鹿洞书院碑刻摩崖选集》第54页

续表

序号	石刻名称	刻石时间	作者	任职简况	书体艺术	体式	现存状况	资料来源
41	《题白鹿洞》	乾隆二十年（1755）	张映辰	提督江西学政，官至兵部右侍郎	行楷	题诗	山南白鹿洞书院	《庐山历代石刻》第161页
42	《题白鹿洞》	乾隆二十年（1755）	张映辰	同上	行草	题诗	山南白鹿洞书院	《白鹿洞书院碑刻摩崖选集》第115页
43	谯楼联	乾隆二十七年（1762）	刘方溥	乾隆二十七年任南康知府	行楷	对联	南康府谯楼	《庐山历代石刻》第169页
44	《虞东顾夫子教思碑》	乾隆三十一年（1766）	查浩	长泰县令	篆额楷书	古文	山南白鹿洞书院	《白鹿洞书院碑刻摩崖选集》第71页
45	《白鹿洞书院童生加额增膏火碑记》	乾隆三十一年（1776）	陈子恭	南康知府	楷书	古文	山南白鹿洞书院	《白鹿洞书院碑刻摩崖选集》第91页

续表

序号	石刻名称	刻石时间	作者	任职简况	书体艺术	体式	现存状况	资料来源
46	《鹿洞书院续规》	乾隆庚寅年（1770）	靖道谟	白鹿洞书院洞主	楷书	古文	山南白鹿洞书院	《白鹿洞书院碑刻摩崖选集》第40页
47	《华盖松》	乾隆四十六年（1781）	仲鹤庆		行书	题诗	山南白鹿洞书院	《庐山历代石刻》第166页
48	《体用一源知行并进》	乾隆五十年（1785）	郭祚炽撰文，胡光耀书丹，江峙南刻石		楷书	古文	山南白鹿洞书院	《白鹿洞书院碑刻摩崖选集》第56页
49	《重修畅观亭记》	乾隆六十年（1795）	白全德			记叙	山北马祖寺	《庐山诗文金石广存》第519页
50	《游东林寺》	康乾年间	吴应棻	雍正十三年（1734），任湖北巡抚	草书	题诗	山北东林寺	《庐山诗文金石广存》第515页

续表

序号	石刻名称	刻石时间	作者	任职简况	书体艺术	体式	现存状况	资料来源
51	天下第六泉	乾隆年间	曹秀先	官至礼部尚书		题识	山南观音桥（原刻漫漶，后人凿刻）	《庐山诗文金石广存》第579页
52	《重修白鹿洞书院记》	嘉庆九年（1804）	秦承恩	官至刑部尚书	篆额楷书	古文	山南白鹿洞书院	《白鹿洞书院碑刻摩崖选集》第16页
53	重建双桥记	嘉庆十八年（1813）	方体			记叙	山北石门洞	《庐山诗文金石广存》第518页
54	重建浔阳驿七桥记	嘉庆二十三年（1818）	朱启			记叙	山北锦涧桥	《庐山诗文金石广存》第520页
55	《重修白鹿洞书院增添膏火碑记》	道光四年（1824）	程含章	官至工部左侍郎	楷书	古文	山南白鹿洞书院	《白鹿洞书院碑刻摩崖选集》第92页

续表

序号	石刻名称	刻石时间	作者	任职简况	书体艺术	体式	现存状况	资料来源
56	《重修白鹿书院枕流石桥碑记》	道光十一年（1831）	杨树基	南康知府	楷书	古文	山南白鹿洞书院	《白鹿洞书院碑刻摩崖选集》第32页
57	《重修白鹿书院记》	道光二十二年（1842）	余成教	铅山县教谕，鹅湖书院山长	楷书	古文	山南白鹿洞书院	《白鹿洞书院碑刻摩崖选集》第17页
58	《重修白鹿洞流芳桥记》	道光二十二年（1842）	帅方蔚	翰林院编修，主讲白鹿洞书院	楷书	记叙	山南白鹿洞书院	《白鹿洞书院碑刻摩崖选集》第33页
59	《帅子文夫子教思碑》	道光二十二年（1842）	张凌云撰文；刘鹏书		楷书	古文	山南白鹿洞书院	《白鹿洞书院碑刻摩崖选集》第72页

续表

序号	石刻名称	刻石时间	作者	任职简况	书体艺术	体式	现存状况	资料来源
60	《重修流芳桥碑记》	道光二十八年（1850）	邱建猷	道光二十八年任南康知府	楷书	古文	山南白鹿洞书院	《白鹿洞书院碑刻摩崖选集》第34页
61	《吴棣奇夫子教思碑》	同治十一年（1872）	郭杨薰撰文；陈延策书丹；吴兴三刻	白鹿洞书院诸生	篆额楷书	古文	山南白鹿洞书院	《白鹿洞书院碑刻摩崖选集》第73页
62	《特授南康府正堂加十级纪录十次曹为晓谕事》	光绪三年（1877）			楷书	古文	山南白鹿洞书院	《白鹿洞书院碑刻摩崖选集》第82页
63	紫阳手植丹桂	光绪四年（1878）	曹秉睿		行书	题识	山南白鹿洞书院	《庐山石刻》第132页
64	《己卯春重游秀峰寺》	清光绪五年（1879）	王凤池	南康知府	行书	题诗	原星子县文物管理所	《庐山历代石刻》第177页

续表

序号	石刻名称	刻石时间	作者	任职简况	书体艺术	体式	现存状况	资料来源
65	寿	光绪九年（1883）	刘建德	光绪年间任石门县知县	楷书	题识	山南白鹿洞书院	《白鹿洞书院碑刻摩崖选集》第86页
66	《重修白鹿洞书院碑记》	光绪十年（1884）	陈宝琛	江西学政	楷书	记叙	山南白鹿洞书院	《白鹿洞书院碑刻摩崖选集》第19页
67	庐山第一主峰	光绪三十三年（1907）	王以慜	南康知府	行楷	题识及对联	山南汉阳峰顶	《庐山历代石刻》第180页
68	庐山牯牛岭简易初等小学碑记	宣统改元（1909）	王以慜	同上		记叙	山北牯牛岭	《庐山诗文金石广存》第520页
69	甘众桥记	清	陆梦龙			记叙	山北石门涧	《庐山诗文金石广存》第518页

民国时期碑刻：

序号	石刻名称	刻石时间	作者	任职简况	书体艺术	体式	现存状况	资料来源
1	牯岭义冢	民国五年（1916）	官商公		楷书	墓志	山北牯岭	《庐山石刻》第167页
2	修御碑亭碑	民国六年（1917）	胡瑞霖		楷书	记叙	山北仙人洞	《庐山石刻》第28页
3	黄龙寺	1918年	康有为		似魏碑	题识	山北黄龙寺	《庐山历代石刻》第176页
4	大林寺冲划界碑	民国八年（1919）	袁延阖题，文定祥书	九江知事		记叙	山北上大林寺	《庐山诗文金石广存》第520页
5	《重修白鹿洞祠宇碑记》	民国九年（1920）	戚扬撰文，宛少云刻石	民国初年为江西省省长	楷书	记叙	山南白鹿洞书院	《白鹿洞书院碑刻摩崖选集》第20页

续表

序号	石刻名称	刻石时间	作者	任职简况	书体艺术	体式	现存状况	资料来源
6	《白鹿洞流芳桥重修记》	1924 年	陈富庆撰文，刘澄寰书	陈富庆任星子知事	楷书	记叙	山南白鹿洞书院	《庐山历代石刻》第 187 页
7	东林寺柳碑重现记	1926 年	康有为		行草	记叙	山北东林寺	《庐山历代石刻》第 176 页
8	《重建庐山东林寺文殊阁碑志》	1931 年	许正泽	和尚		记叙	山北东林寺	《庐山历代诗文金石广存》第 515 页
9	半山亭	民国二十一年（1932）	林森	国民党官员	行书	题识	山北好汉坡	《庐山石刻》第 95 页
10	大林寺修建放生池碑记	民国二十一年（1932）	李拙翁	彭泽县县长，隐居庐山	碑正面为篆书，碑阴为楷书	记序	山北上大林寺	《庐山诗文金石广存》第 520 页

续表

序号	石刻名称	刻石时间	作者	任职简况	书体艺术	体式	现存状况	资料来源
11	放生池	民国二十一年（1932）	李拙翁	彭泽县县长，隐居庐山	楷书	题识	山北花径	《庐山石刻》第88页
12	花径景白亭碑	民国二十一年（1932）	陈三立撰文；吴霭林书丹；李凤高篆额		篆额楷书	古文	山北上大林寺	《庐山诗文金石广存》第520页
13	《王家坡听瀑亭记》	民国二十一年（1932）	陈三立		楷书	古文	山南碧龙潭	《庐山石刻》第108页
14	《静观亭记》	民国二十一年（1932）	吴宗慈		楷书	古文	山北铁船峰	《庐山诗文金石广存》第524页
15	天池寺清凉台修路记	民国二十二年（1933）	吴宗慈			记叙	山北天池寺	《庐山诗文金石广存》第522页

续表

序号	石刻名称	刻石时间	作者	任职简况	书体艺术	体式	现存状况	资料来源
16	夏牧师定川先生庐山纪念勒石	民国二十八年（1939）	田种玉		楷书	记叙	山北牯岭	《庐山石刻》第162页
17	三族归仁（为王海山题）	二十世纪二十年代	黎元洪	1916年出任民国大总统	楷书	题识	原星子县蛟塘镇芦花塘村	《庐山历代石刻》第192页
18	书《墨子篇》	1936年	冯玉祥	国民党将领	隶书	古文	山南玉渊潭	《庐山历代石刻》第195页
19	《鹿洞书院感咏》	二十世纪三十年代	周辉甫	二十世纪三十年代游白鹿洞书院	隶书	题诗	山南白鹿洞书院	《庐山历代石刻》第190页
20	《阵亡将士纪念碑》	1946年	黄保德、蒋光鼐、艾爨	国民党将领	行楷	题识	山北牯岭北望江亭	《庐山历代石刻》第198页
21	德教不泯（为王海山题）	民国时期	刘道源	国民党军海军任职	行楷	题识	原星子县蛟塘镇芦花塘村	《庐山历代石刻》第193页

续表

序号	石刻名称	刻石时间	作者	任职简况	书体艺术	体式	现存状况	资料来源
22	名重乡邦（为王海山题）	民国时期	胡汉民	国民党中央政治会议主席、立法院院长	楷书	题识	原星子县蛟塘镇芦花塘村	《庐山历代石刻》第193页
23	道德高尚（为王海山题）	民国时期	刘峙	国民党军高级将领	行书	题识	原星子县蛟塘镇芦花塘村	《庐山历代石刻》第192页
24	《重修白鹿洞流芳桥记》	民国时期	陈富庆撰文；刘澄寰书	星子县知事	楷书	古文	山南白鹿洞书院	《白鹿洞书院碑刻摩崖选集》第35页
25	《仙人洞题碑》	民国时期	孙衡甫		行书	题诗	山北仙人洞	《庐山石刻》第29页
26	仙人洞/仙踪渺黄鹤/人事忆白莲	民国时期	吴浸阳		隶书	对联	山北仙人洞	《庐山石刻》第29页
27	甘泉一勺	民国时期	朱植圃	汉口巨贾	隶书	题识	山北花径	《庐山石刻》第83页

碑刻（刻石时间待考）：

序号	石刻名称	刻石时间	作者	任职简况	书体艺术	体式	现存状况	资料来源
1	《谕白鹿洞诸生》		冯敏功		行书	古文	山南白鹿洞书院	《白鹿洞书院碑刻摩崖选集》第93页
2	云中寺界				楷书	题识	山南仰天坪	《庐山石刻》第127页
3	虎溪桥		徐□武		隶书	题识	山北东林寺	《庐山石刻》第156页

参考文献

[1]本书所引石刻原文，均出自陶勇清.庐山历代石刻[M].江西美术出版社,2010.

[2]张国宏.庐山与宗教[M].江西人民出版社,2008.

[3]甘筱青.庐山文化大观[M].江西人民出版社,2009.

[4]周銮书.庐山史话[M].江西人民出版社,1996.

[5]贺伟.会讲故事的庐山石刻[M].江西美术出版社,2007.

[6]吴宗慈编，胡迎建校注.庐山诗文金石广存[M].江西人民出版社,1996.

[7]徐新杰.庐山金石考[M].星子县印刷厂,1985.

[8]李宁宁,高峰.白鹿洞书院艺文新志[M].江西人民出版社,2008.

[9]江西省政协文史和学习委员会编.鄱阳湖文化志[M].江西人民出版社,2015.

[10]丛文俊.中国书法史[M].江苏教育出版社,2009.

[11]萧衍.历代书法论文选(上册)古今书人优劣评[M].上海书画出版社，1979.

[12]陈传席,陶勇清.历代庐山书画赏析[M].江西美术出版社,2010.

[13]徐自强，吴梦麟.古代石刻通论[M].紫荆城出版社,1997.

[14]钟明善.于右任书法艺术管窥[M].西安交通大学出版社,2007.

[15]骆承烈.石头上的儒家文献[M].齐鲁书社,2001.

[16]赵超.中国古代石刻概论[M].文物出版社,1997.

[17]胡文和.中国道教石刻艺术史[M].高等教育出版社,2004.

[18]仲崇泽.庐山[M].吉林出版集团有限责任公司,2013.

[19]张坤民.可持续发展论[M].中国环境科学出版社,1997.

[20]崔凤军.风景旅游区的保护与管理[M].中国旅游出版社,2001.

[21]吴宗慈.庐山志（上、下册）[M].江西人民出版社,2000.

[22]徐顺民,熊炜.庐山学——庐山文化研究[M].江西人民出版社,2001.

[23]徐效刚.庐山典籍史[M].江西高校出版社,2001.

[24]李才栋.白鹿洞书院史略[M].教育科学出版社,1989.

[25]王宪章.古代庐山文人与道教[M].宗教学研究,1995,14（1）.

[26]上海书画出版社编.历代书法论文选[M].上海书画出版社,1979.

[27]王秀明.白鹿洞书院[M].吉林文史出版社,2010.

[28]金其桢.中国碑文化[M].重庆出版社,2002.

[29]蒋勋.汉字书法之美[M].广西师范大学出版社，2009.

[30]马新宇.图说中国书法[M].吉林人民出版社，2011.

[31]孙美兰.艺术概论[M],高等教育出版社,1989.

[32]贺伟.石刻里的故事[M].江西教育出版社，2016.

[33]徐四海主编.毛泽东诗词全集[M].东方出版社，2016.

[34]陶渊明著，逯饮立校注.陶渊明集·归去来兮辞[M].中华书局，1979.

[35]欧阳镇.江西藏传佛教传播发展述论.江西文史[M].江西人民出版社，2017.

[36]文师华，戴晓云主编.赣文化通典(书画卷) [M].江西人民出

版社，2014.

[37]朱小宁,龙剑平.文天祥被俘后求生心理历程探析.江西文史[M]江西人民出版社，2017.

[38]文廷式著,汪叔子编.文廷式集卷七"笔记"（中）[M].中华书局，1993.

[39]宗白华.美学散步[M]，上海人民出版社，1981.

[40]李泽厚.美学三书[M].天津社会科学院出版社，2003.

[41]潘耒.小方壶斋舆地丛钞（游庐山记），第四帙：275.

[42]杜海军.石刻之文体特性刍论[J].兰州学刊，2016（11）.

[43]钱成贵.江西艺术史[M].文化艺术出版社,2008.

[44]逢成华.书法艺术鉴赏18讲[M].苏州大学出版社，2016.

[45]何世剑.中国艺术美学与文化诗学论稿[M].江西人民出版社，2013.

[46]廖国一，李欣妍.独秀峰摩崖石刻[M].广西师范大学出版社，2013.

[47]柳宗元，柳河东集[M].上海人民出版社，1974.

[48]孙玮蔓.金石气的能指和所指[D].上海师范大学，2012.

[49]陈道义.古代汉字书法装饰之道[D].兰州大学，2008.

[50]王梦笔.北魏《始平公造像记》与《石门铭》摩崖比较研究[D].兰州大学，2006.

[51]贾梦强.书刻艺术研究[D].渤海大学，2015.

[52]孙琪.齐山摩崖石刻调查与研究[D].安徽大学,2014.

[53]董建华.临夏回族自治州古代碑刻的史料价值研究[D].兰州大学，2006.

[54]刘金亭.明代石刻书法研究[D].吉林大学.2015.

[55]童子乐.古代庐山隐士文化研究[D].华中师范大学,2013.

[56]郑艳萍.庐山文化遗产的保护与利用研究[D].广西师范大学,2006.

[57]焦傲.北宋石刻诗研究[D].河北师范大学,2008.

[58]刘琳琳.近十年石刻研究文献综述（2004～2014）[D].吉林大学,2014.

[59] 周旭.论书法金石气[J]:浙江工业大学学报（社会科学版）,2006.

[60]王德义,李鸿智. 李邕和赵孟頫书体艺术之比较[J].牡丹江师范学院学报(哲学社会科学版),1997 (3).

[61]胡海胜.庐山石刻景观的格局分析[J].中南林业科技大学学报（社会科学版）,2008（4）.

[62]李中原.隶书流变及审美特色[J].深圳大学学报（人文科学版）, 2004（2）.

[63]邹秀火,陈炎.浅议匡庐石刻[J].南方文物,1998（2）.

[64]胡迎建.论历代庐山石刻的文史价值[J].鄱阳湖学刊.2010.

[65]欧阳毛荣.庐山牯岭石刻及其书法艺术[J].九江师专学报,1995（2）.

[66]李海荣.试论六朝铭文石刻的书体演变[J].南京社会科学,2007（6）.

[67]刘清扬.论草书基本型与标准草书[J].西华师范大学学报(哲学社会科学版）, 2013(2).

[68]张总.泰山石刻的佛学价值[J].泰山学院学报,2003（5）.

[69]张捷.基于人地关系的书法地理学研究[J].人文地理,2003（5）.

[70]刘涛.古代的"题壁"[J].中国文物报,2002（8）.

后 记

    这本小书必定是一份不尽合格的研究生毕业答卷！

    自幼我就有一颗想读书、好读书的心，读大学以来，对于学术研究，仍然充满着好奇之心，但深感差之千里。直到2014年，有幸被江西科技师范大学文学院录取，学习艺术学理论专业，让我顿感神秘的学术之门透射出耀眼的光芒。在读研三年期间，我得到了导师胡迎建先生的悉心指导和郑苏淮教授的不断鼓励，文学院诸多老师的指点、同学的帮助、父母和家人的支持，才让我带着自信、微笑和一颗虔诚的心踏进学术之门。

    本书是在我的硕士学位论文基础上拓展而来，说来我的硕士研究生论文的选题一波三折，最终取历代庐山石刻研究为题，一是出于自幼而来的兴趣爱好；二是出于我在校时，对庐山地理及概况已有了解；三是我的导师胡迎建先生对庐山石刻曾下过不少功夫，有所建树，也有欲深入而未竟的想法。自开题以来，笔者多次去往庐山风景名胜区和星子县（今属庐山市），寻古人之迹，感石刻之美，在锦绣谷、仙人洞、花径、三叠泉、五老峰、含鄱口、三宝树、秀峰、白鹿洞书院等石刻聚集之地伫足观赏、琢磨、体会、感悟，领略石刻所散发出来的无限魅力，却意犹未尽，并在庐山博物馆和庐山石刻博物馆了解到许多关于石刻的图片和文字介绍，受益匪浅。

书中诸多一手资料均由导师胡迎建先生提供，胡迎建先生学识渊博、治学严谨、为人谦虚、学术成果丰硕，值得我一生尊崇。

庐山文化是厚重的，庐山石刻文化是厚重的，希望拙作对庐山地区石刻的整理和分析这一研究，对江西地域文化、庐山文化特别是庐山石刻文化的弘扬尽绵薄之力，力图研究全面而到位，并能有一定的学术分量。深知仅此书难以概括历代庐山石刻文化的博大精深，在成书过程中，笔者遇到诸多问题和困难：首先是庐山石刻数量之多、分布之广，需要花费大量的时间和精力去考察和探索；其次是资料不足，很多石刻的记述十分模糊，甚至没有相关资料可查，在附录中，整理了庐山摩崖石刻和碑刻，并将考证信息完整的置于前，信息缺失的置于后，希望在进一步学习和研究中日渐完善；再次，庐山石刻所涉及的书法、人物众多，使笔者在梳理的过程中遇到比较大的阻力，加之本人才疏学浅、文笔拙钝，以致本书有诸多不足之处，敬请专家学者、师长、读者不吝斧正。

本书的出版，得益于江西师范科技大学文学院的全力支持，对江西科技师范大学文学院，尤其是郑苏淮教授深表谢意，感谢江西人民出版社吴艺文老师为本书的顺利出版所提供的帮助！

刘阳

2019 年 5 月 1 日

于前往广州的列车上